KURT ALLGEIER

Die Wunderheiler

KURT ALLGEIER

Die Wunder-heiler

Heilungen mit der Kraft des Geistes
und des Glaubens

Es gibt sie: Wie kommen sie zustande?
Sind sie dauerhaft?
Welche Leiden
sind auf diese Weise heilbar?

DIANA VERLAG ZÜRICH

Printed in Austria
ISBN 3-905414-94-5
© 1990 by Diana Verlag AG, Zürich
Alle Rechte – auch das der photomechanischen
Wiedergabe – ausdrücklich vorbehalten
Umschlaggestaltung: Graupner & Partner, München
Umschlagillustration: Illustrator: Terry Pastor/
Agent: Andrew Archer
Druck und Bindung: Wiener Verlag, Himberg bei Wien

Inhalt

2. Teil: DIE GLAUBENSHEILER

3. Teil: VERSUCH EINER ZUSAMMENFASSUNG

Einleitung

Das alles ist doch recht unheimlich — und im Grunde widersinnig. Es beunruhigt uns in zunehmendem Maße, weil wir nicht länger so tun können, als gäbe es die Heilung nicht, die sich wie ein Wunder vollzieht: oftmals ganz plötzlich, in den meisten Fällen in ziemlich hoffnungsloser Situation — immer ohne erkennbaren Eingriff. Menschliche Vernunft muß sich dagegen sträuben und auch den Weg für andere Erklärungsmöglichkeiten offenlassen. Skepsis ist angebracht.

Auch dann noch, wenn zwei Röntgenaufnahmen zeigen, daß von einem Moment auf den anderen ein fehlendes Knochenstück von etwa fünf Zentimetern Länge ersetzt wurde, obwohl niemand den Patienten auch nur berührt hat? Wenn einwandfrei jeder Täuschungsversuch ausgeschlossen werden kann, weil der Patient vor und nach der Heilung von einem renommierten Ärztekollegium untersucht wurde — von Ärzten, die größtenteils nicht an das Wunder glauben? Niemand mehr mag das Wort Wunder in unseren Tagen. Die Mediziner sprechen lieber von sogenannten Spontanheilungen, geben aber gerne zu, daß es unerklärliche Heilungen auch in sehr hoffnungslosen Fällen geben kann — und zwar ohne spezielle Behandlung, ein Medikament oder eine Operationstechnik. Es geschieht immer wieder an Krebskranken, die heimgeschickt werden, weil sich die Ärzte außerstande sehen, noch etwas für sie zu tun. Ohne daß es eine Erklärung dafür gäbe, wird der eine oder andere gegen jegliche vernünftige Einsicht dennoch wieder gesund. Solche Fälle sind nicht alltäglich, doch jeder Arzt hat sie schon erlebt. Ist es nicht höchste Zeit, diesem Phänomen nachzugehen, um möglicherweise herauszufinden, welche Heilkräfte das Wunder vollbrachten, an das niemand mehr glauben wollte?

Die Heiler lehnen das Wort Wunder meist ebenfalls ab. Sie fürchten, damit in eine falsche Ecke gestellt zu werden. So gibt es tatsächlich einige sehr tüchtige Heiler, die nur deshalb in diesem Buch nicht erwähnt werden, weil sie nicht unter dem Titel Wunderheiler erscheinen wollten.

Warum eigentlich? Ich glaube, es gibt zwei Gründe: Auf der einen Seite versuchen heute Heiler — vor allem jene in Ostblockländern —, ihre Behandlungsmethoden aufgrund bioenergetischer Kräfte zu erklären. Sie wollen nichts mit jenseitigen Kräften, mit einer Hilfe aus dem Bereich des Heiligen zu tun haben und schon gar nicht als Gläubige betrachtet werden.

Auf der anderen Seite möchten die Heiler nicht für Heilige gehalten werden. Denn das Wunder — diese Vorstellung hat sich in Jahrtausenden eingebürgert — ist, falls es tatsächlich existiert, den Heiligen vorbehalten. Heilen und heilig — zwischen den beiden Begriffen gibt es ja einen direkten Zusammenhang.

Wenn sich nun aber herausstellen sollte, daß jeder das Wunder der Heilung vollbringen kann, weil dieses Wunder die natürlichste Sache der Welt ist?

Der dänische Philosoph und Theologe Sören Kierkegaard (1813—1855) sagte einmal, daß es zwei Wege gäbe, sich selbst zum Narren zu machen: »Entweder man glaubt, was nicht ist — oder man glaubt nicht, was ist.« Machen wir uns also in der gegenwärtigen Situation zum Narren, wenn wir an das Wunder glauben — oder wenn wir es leugnen? Dazu zwei ganz aktuelle Beispiele:

In der Sowjetunion ist im Frühjahr 1989 ein Wunderheiler zum Deputierten des Volkskongresses der UdSSR gewählt worden. Dr. Nikolai Kasjan ist Arzt, betreibt eine Praxis in der ukrainischen Stadt Kobeljakij. Doch er heilt nicht mit Medikamenten. Und er operiert auch nicht. Er legt seinen Patienten die Hände auf. 400 bis 500 sind es täglich. Die Sprechstunde beginnt um 2 Uhr in der Nacht. Dr. Kasjans Hände streichen den Kranken die Wirbelsäule entlang. So »ortet« er das Leiden. Dann streicht er die Krankheiten, sind sie gefunden, einfach weg. In wenigen Sekunden. Seine Heilungserfolge, laut Presseberichten aus Rußland: 80 Prozent!

So ändern sich die Zeiten: Dr. Kasjans Vater war so etwas wie ein Chiropraktiker, ein Heiler, der mehr im Gefängnis als zu Hause lebte, weil er heilte, ohne Arzt zu sein. Achtmal ist er verhaftet worden, weil er es einfach nicht lassen konnte, seine Kräfte zum Heil der Mitmenschen in Anwendung zu bringen.

Auch Dr. Kasjan ist schon als Scharlatan von Kollegen angezeigt worden, weil er auf ungewöhnliche Methoden nicht verzichten wollte, nachdem er als Kind, hoffnungslos an Tuberkulose erkrankt, nicht von Ärzten, sondern von einer weisen alten Frau mit Kräutern und Dachsfellen gerettet wurde. Um allen Anfeindungen aus dem Weg zu gehen, absolvierte er aber ein Medizinstudium. Und Perestroika brachte auch in dieser Hinsicht einen frischen Wind: Für naturbegabte Heiler soll es auch in der Sowjetunion künftig freie Entfaltungsmöglichkeiten geben.

Das ist die eine Geschichte.

Die zweite ereignete sich in Italien, dem Land, in dem momentan unglaublich viel mit Magie und obskuren Praktiken experimentiert wird:

Der Vatikan sah sich veranlaßt, einem Bischof das Heilen zu verbieten!

Der Hintergrund dieses Verbotes: Erzbischof Emmanuel Millingo, höchster Repräsentant der katholischen Kirche in Sambia, 58 Jahre alt, wurde nach Rom zitiert, als dort bekannt wurde, daß er in Lusaka seit Jahren Heilungsmessen zelebrierte. Halb Afrika pilgerte schon zur Heilung nach Sambia. Der Vatikan erinnerte sich an das Aufsehen, das der wundertätige Kapuzinerpater Pio in San Giovanni Rotondo mit seinen Wundern in den 60er Jahren ausgelöst hatte, und holte den heilenden Erzbischof nach Rom, um ihn besser im Auge behalten zu können.

Doch bald scharten sich auch hier kranke Menschen um den farbigen Bischof. Seine Messen waren anders als die anderen. Immer wieder standen Leute aus dem Rollstuhl auf, fingen ein lautes Halleluja zu singen an und verkündeten allen, sie wären geheilt, das Wunder hätte sich ereignet. Der Erzbischof heilte auch, indem er Teufeln und bösen Geistern gebot, schleunigst zu verschwinden. Obwohl Millingo hoch und heilig versicherte, er selbst wäre kein Heiler, und er bete nur, das übrige wäre Gottes Werk, schritt der Vatikan im April 1989 ein, als der Erzbischof anfing, auch andere Städte zu bereisen, um dort zu heilen. Exzellenz Emmanuel Millingo bekam »Heilverbot«.

Doch der Erzbischof ist keineswegs der einzige, der das Heilen in der Kirche wiederentdeckt hat. Millionen bekennen sich heute zur Charismatischen Bewegung, die Mitglieder aller Konfessionen und Sekten erfaßt hat. In vielen Kirchen und privaten Gebetskreisen wird um Heilung gebetet, legt man Kranken wie in urchristlichen Zeiten die Hände auf. Dort heilt man auch wieder mit Dämonenaustreibungen.

Erleben wir im Strom esoterischer Umtriebe einen Rückfall in mittelalterlichen Aberglauben — oder wurde eine Tür aufgestoßen, die tatsächlich in ein neues Zeitalter hineinführt, in eine Zeit, in der das Wunder begriffen und selbstverständlich angewendet wird?

Ein Blick zurück in die Geschichte zeigt uns, daß solche Fragen keineswegs neu, sondern uralt sind — und immer schon gestellt wurden.

Im Ägypten der alten Pharaonen gab es drei Standesgruppen, die sich nach genau festgesetzten Regeln mit der Gesundheit und mit der Heilung befassen durften. Es waren die Priester, die Ärzte und die Heiler.

Wenn jemand erkrankte, mußte zuerst der Priester gerufen werden. Er sollte den Patienten vom Fluch der Götter und von den Belästigungen durch verstorbene Seelen — nicht zuletzt von Verwünschungen und vom Fluch noch lebender Mitmenschen befreien. Denn die Krankheit verstand man vor vier, fünf Jahrtausenden als Schädigung der Seele durch böse Kräfte.

So betete der Priester am Krankenbett:

> »O Isis, so groß in magischer Macht: Erlöse ihn! Befreie ihn von allem, was schlecht und übel und bösartig ist. Nimm alle Krankheiten weg, ob sie von einem Gott oder einer Göttin verursacht wurden, von verstorbenen Seelen oder Männern und Frauen, die ihm feindselig gesinnt sind. Mache es genauso, wie du einstmals deinen Sohn Horus befreit hast.
>
> Denn er kam aus dem Wasser und trat ins Feuer. Er soll nicht in die Falle dieses Tages fallen.
>
> Wir haben gesprochen. Nun sei wieder jung und stark. O Re, laß deine Schlange sprechen. Osiris, laß uns wissen, was du vorhast. Siehe, du hast ihn vor Übeln bewahrt, vor Krankheiten, verursacht von Göttern und Göttinnen, verursacht von verstorbenen Seelen, verursacht von feindselig gesinnten Männern und Frauen.«

Half dieser »Exorzismus« nicht, so wurde der Arzt konsultiert. Wie wir aus erhaltenen Schriften, etwa dem »Papyrus Ebers«, wissen, waren das Leute, die im Grunde nur eines können mußten: lesen. Es gab nämlich sorgfältig genau aufgezeichnete Heilvorschriften, die in großen Rezeptsammlungen zusammengefaßt waren. Angeblich stammten sie von Gott Osiris selbst. Diese Schriften mußte der Arzt lesen können. Und er war streng angewiesen, sich bis ins kleinste Detail an die Angaben zu halten. Solange er sich an seine Vorschriften hielt, konnte ihm nicht das geringste widerfahren, ob der Patient nun gesund wurde oder starb. Wich er jedoch auch nur ein Jota von den Vorschriften ab, dann hatte er sein Leben verwirkt. Auch hier erkennt man Parallelen zur heutigen Situation!

Da die Rezeptsammlungen sehr umfangreich waren, spezialisierten sich die Ärzte schon damals. Es gab Frauenärzte, Chirurgen, Experten für Kopfschmerzen, Verdauungsstörungen, Knochenbrüche, Verletzungen — und so weiter.

Für alle Ärzte galt eine ganz strenge Regel: Sie durften immer erst nach dem Priester ans Krankenbett treten — und niemals vor dem vierten Tag der Erkrankung. Bis zu diesem Zeitpunkt sollte der Arzt abwarten, ob die Natur in der Lage wäre, sich selbst zu helfen. Schließlich hatte man beobachtet — auch das ist in den alten Medizin-Handbüchern vermerkt —, daß sich die Wende zur Gesundung sehr oft um den dritten Tag einstellt.

Konnten weder Priester noch Arzt dem Patienten helfen, dann gab es gewissermaßen eine letzte Instanz — auch daran hat sich bis heute kaum etwas geändert: der naturbegabte Heiler. Er legte dem Kranken die Hände auf, vielleicht versuchte er auch eine Beschwörungsformel, und kleidete das Ganze in eine eindrucksvolle Zeremonie. Damals wie heute ging man also zum Heiler, wenn alle anderen Versuche der Heilung gescheitert waren.

Man klammerte sich, praktisch schon ohne Hoffnung, an den letzten Strohhalm. Und dieser letzte Versuch war damals gleichermaßen unheimlich wie heute: Was geschah dabei wirklich? Wurden gute oder böse Geister zu Hilfe gerufen? Verschrieb man seine Seele etwa einem Dämon, den man nie wieder loswerden konnte? War die Heilung, nämlich die Befreiung von einem bösen Zauber, nicht mit der Verletzung dessen verbunden, der den Schadenzauber angewandt hatte?

Fragen über Fragen, die sich bis heute kaum verändert haben.

Tatsächlich — darum geht es hier in erster Linie — hat es den Heiler immer und überall gegeben — zu allen Zeiten und in allen Kulturkreisen. Sie trugen unterschiedliche Namen. Jede Gruppe und meistens sogar jeder einzelne von ihnen hatte seine besondere Methode und erklärte seine Heilkräfte auf seine persönliche Weise. Doch taten sie letztlich nicht alle, bewußt oder unbewußt, dasselbe?

Sie versuchten, das Wunder zu vollziehen, das scheinbar Unmögliche möglich zu machen und das zu erreichen, was menschlichem Ermessen nach nicht mehr erreichbar war.

Seit Jahrtausenden hat man versucht, das Heilungswunder zu enträtseln. Die Antworten blieben immer nur Teilantworten. Im Grunde kam man über die Vorstellungen der alten Ägypter nicht wesentlich hinaus. Sie hatten ja bereits zwei Möglichkeiten als Krankheitsursache und entsprechend auch als Heilkraft erwogen: Einflußnahme von Göttern und verstorbenen Seelen — und menschliche Seelenkräfte wie Segen und Fluch.

In den letzten zweitausend Jahren ist das Wunder als übernatürliches, vielleicht sogar widernatürliches Ereignis mehr und mehr in den Bereich der Engel und Dämonen gehoben worden: Für den Normalsterblichen blieb es unerreichbar. Es wäre deshalb vermessen gewesen, darum zu beten. War das Wunder und das Gebet um das Wunder in den christlichen Urgemeinden noch eine Selbstverständlichkeiten gewesen, so entartete es sehr bald zum reinen Beweis, daß Gott persönlich eingegriffen habe, um uns damit ein deutliches Zeichen zu geben. Die Heilungen durch Jesus Christus wurden nicht mehr als helfende Nächstenliebe oder gar als Naturbegabung gesehen, sondern nur noch als Beweis seiner göttlichen Natur. Und wenn sich später im Laufe der Geschichte ein Wunder ereignete, dann mußte das wiederum ein Hinweis darauf sein, daß dieser Mensch ein Heiliger war, den Gott mit dem Wunder als solchen auswies — oder daß er sich dem Teufel verschrieben hatte und deshalb auf dem Scheiterhaufen verbrannt werden mußte. Ein menschliches Talent oder eine besondere Begabung zum Heilen wurde nicht mehr anerkannt.

Einen Zweifel am Wunder selbst hat es freilich niemals gegeben. Niemand stellte die Frage, ob ein Wunder überhaupt möglich sei.

Erst seit rund zwei Jahrhunderten ist die Wunderheilung selbst in Frage gestellt — weil sie nicht mehr in das mechanistische Weltbild moderner Wissenschaft passen wollte. Da sich das Wunder nicht erklären ließ, konnte es ganz einfach auch nicht existieren. Ereignete es sich trotzdem, dann nahm man es einfach nicht zur Kenntnis oder suchte nach anderen Erklärungen.

Heute wollen selbst manche Theologen nicht mehr an das Wunder glauben. Sie haben die Bibel »entmythologisiert« und selbst die Heilungen Jesu als fromme Märchen hingestellt, die einst für schlichte Gemüter ihren Sinn gehabt haben mögen, heute aber nicht mehr ernsthaft für wahr gehalten werden könnten.

Damit hat die Diskussion um die Wunderheilung eine Wende erfahren. Seit den großen Denkern wie Descartes, Hume, Voltaire geht es nicht mehr um die Frage, was hinter dem Wunder stecken könnte, sondern eigentlich nur noch darum, ob das Wunder möglich ist oder nicht.

Noch stärker als andere Naturwissenschaften hat die Medizin sich geweigert, das Wunder anzuerkennen. Das ist verständlich: Der Patient will keinen Arzt, der sich auf etwas Unerklärliches oder gar Unglaubliches beruft, er wendet sich an den Experten, der aufgrund seiner Studien und eigener praktischer Erfahrungen genau weiß, wie der Körper funktioniert, was ihm im Falle einer Erkrankung fehlt und welche Medikamente oder Methoden helfen können. Man erwartet von ihm eine Aktion, die er erklären und begründen kann und für die er hinterher auch geradesteht. Wenn ihm ein Fehler unterläuft, wird er verklagt.

In den letzten Jahrzehnten hat sich allerdings immer deutlicher gezeigt, daß die Heilung mit dieser medizinischen Methode nur bis zu einem bestimmten Grad erreichbar ist. Der menschliche Organismus ist kein Reagenzglas, in dem biochemische Prozesse jeweils nach demselben Muster ablaufen. Bei Gesundheit und Krankheit spielen Faktoren mit, die den physikalischen und chemischen Gesetzen offensichtlich übergeordnet sind. Bei der Heilung scheint gar nicht so wichtig zu sein, wie ein Medikament wirkt, sondern viel mehr, wie der Körper darauf reagiert.

Diese Reaktionen aber können so unterschiedlich sein, daß Medikamente nicht mehr die erwartete Wirkung zeigen, sondern genau das Gegenteil bewirken. Beruhigungsmittel machen wild, Schmerztabletten verursachen Kopfschmerzen, Abführmittel führen zu Verstopfung. Es gibt aber auch den sogenannten Placebo-Effekt, der es so schwierig macht, die Wirksamkeit eines neuen Mittels zu testen: Wenn der Patient fest glaubt, er bekäme ein neuartiges, besonders starkes Mittel, dann wird er möglicherweise auch mit einem reinen Zuckerpillchen gesund, das keinerlei Wirkstoff enthält. Und auch das ist dann ein Wunder.

Die Fragen, warum ein Mensch erkrankt und was ihn wieder gesund machen kann, sind also viel komplexer und vielschichtiger, als bis vor kurzem noch angenommen wurde.

Es fiel der Medizin in unseren Tagen nicht ganz leicht, die Disziplin Psychosomatik in ihr Lehr- und Forschungsprogramm aufzunehmen. Doch es wurde immer zwingender deutlich, daß es zwischen Körper und Seele weit mehr Wechselbeziehungen und gegenseitige Beeinflussungen gibt, als bisher angenommen wurde. Noch ist dieses Fach kaum etabliert, da kündigt sich bereits ein neues an, die Psychoneuro-Immunologie, eine Fachrichtung, die das Wechselspiel zwischen psychisch-geistigen Faktoren und dem Immunsystem zu enträtseln versucht. Denn die Wissenschaftler konnten nicht länger darüber hinwegsehen, daß

nicht nur psychische Konflikte und Probleme die
Gesundheit belasten, sondern daß selbst flüchtige
Gedanken, vor allem aber eine falsche Einstellung
zu den Lebenswerten und -zielen die Körperfunktionen empfindlich stören, speziell auch die Abwehrkräfte des Körpers lahmlegen können.

Mit einem rein mechanistischen »Nachfüllen«
der fehlenden Stoffe, mit der bloßen Vernichtung
von Krankheitserregern, mit dem Wegschneiden
bösartiger Tumoren ohne Einsicht in die Hintergründe des Entstehens bleibt die moderne Medizin
eine reine Reparatur-Heilkunst, perfekt im Not-
fall — aber letztlich untauglich, zur wahren Gesundheit zurückzuführen.

Diese Einsicht setzt sich mehr und mehr durch.
Wenn ein Patient an Bluthochdruck leidet, kann
man ihm gewiß Medikamente geben, die den Körper entwässern, um das Blutvolumen zu verrin-
gern. Man kann auch sein Blut »verdünnen«;
schließlich lassen sich die Gefäßmuskeln zum Er-
schlaffen bringen: Mit alldem läßt sich der Blutdruck senken. Doch die Frage, warum der Körper
so gefährlich falsch reagiert, bleibt ungeklärt.
Möglicherweise bräuchte man nicht einmal das
harmloseste Medikament, sondern nur ein menta-
les Training zur inneren Entspannung und Ent-
krampfung.

Und was hat das alles mit dem Wunder, dem geistigen Heiler zu tun?

Wir alle, nicht nur die Mediziner, stehen im Augenblick an einem Scheideweg. Wir sind gezwungen, uns stärker denn je auf die Frage zu konzentrieren, wie die Heilung, die wahre Heilung nämlich, die zur vollen Gesundheit führt, überhaupt

funktioniert — und was Gesundheit ihrem Wesen nach ist.

Erst wenn wir hier einen deutlichen Schritt vorwärtsgekommen sind, können wir die verschiedenen Heilmethoden überhaupt beurteilen und neue Wege suchen, damit wir wieder gesünder, heiler werden.

Die Suche nach gültigen Antworten muß notwendigerweise über den Bereich enggefaßter Wissenschaft hinausführen. So schreibt Dr. Edgardo L. Bieri, der spirituelle Heiler aus dem Tessin:

> »Die aktuellen Entdeckungen und Feststellungen der Experimentalphysik lassen mehr und mehr erkennen, daß ein Bereich existiert, der der klassischen Forschung entgeht, ein suprawissenschaftlicher Bereich. Vor allem die neuen Entdeckungen, die das Atom betreffen, leiten eine Ära ein, die zwingend auf das Neuland des Transzendentalen führt.«

Mit der Arbeit an diesem Buch habe ich versucht, einen unvoreingenommenen, offenen Schritt in dieses Neuland zu wagen. Ich habe viele Heiler persönlich besucht, um von ihnen zu erfahren, was sie tun und wie sie ihr Tun zu erklären versuchen.

Die Auswahl der Heiler in diesem Buch will nicht besagen, daß hier die Tüchtigsten zusammengefaßt wurden und nur sie etwas zu leisten imstande wären. Sicherlich gibt es Hunderte von Heilern, die dasselbe, vielleicht sogar mehr können. In diesem Buch kam es mir darauf an, die Bandbreite des spirituellen Heilens aufzuzeigen — und des Heilens im Glauben.

Denn nur darum geht es letztlich: Wenn es tatsächlich Menschen gibt, die mit der Kraft des Geistes, mit bisher noch weithin unerforschten Bioenergien oder auch mit der Hilfe von Wesen aus einer anderen Welt zur wahren Gesundheit führen können, dann darf uns nichts aufhalten, diesem Wunder nachzuspüren. Denn dann wäre es doch durchaus möglich, daß diese Wunderheilkraft in jedem von uns schlummert; daß wir nur etwas Mut bräuchten, in uns schlummernde Kräfte zu wecken; daß wir, wie manche Heiler es nennen, für andere zum Kanal für kosmische Heilkräfte werden könnten.

Gibt es in unseren Tagen ein wichtigeres, faszinierenderes Thema?

Mir ist selbstverständlich bewußt, daß sich gerade auf dem Gebiet der Geistheilung und auch der Gebetsheilung in unseren Tagen manch einer tummelt, der nur an sein eigenes Heil, nicht an die Gesundheit seiner Mitmenschen denkt. Zu viele bilden sich darüber hinaus ein, nur weil sie einmal einen kleineren Erfolg hatten, sie müßten nun unbedingt zum Heil der ganzen Menschheit wirken. Nichts könnte schäbiger und verwerflicher sein, als den Ärmsten der Armen, nämlich den hoffnungslos Kranken, das Geld abzunehmen oder ihnen falsche Hoffnungen zu machen.

Doch gerade solchen Leuten soll mit diesem Buch das Wasser abgegraben werden. Der Leser erfährt, woran er den wahren Heiler erkennen kann, was ihn auszeichnet — und wie man ihn findet.

Ich habe mich um eine möglichst objektive Darstellung des Phänomens Wunderheilung bemüht — wenngleich ich offen gestehen will, daß ich seit meiner Kindheit aufgrund eigener Erfahrungen an das Wunder glaube und vielen, vielen Menschen wünschte, sie hätten den Mut, es entgegenzunehmen.

Meine stille, aber große Hoffnung geht dahin, es möchten viele Ärzte und Heilpraktiker dieses Buch als Informationsquelle benutzen. Denn nichts scheint mir im Augenblick wichtiger als sachliche Information.

Sehr herzlich darf ich mich bei den Heilern bedanken, die bereit waren, mit mir zusammenzuarbeiten. Es war ein hartes Stück Arbeit, sie davon zu überzeugen, daß es hier nicht um Sensationslust, sondern um eine längst fällige Darstellung des Heilens geht.

1. TEIL

Die Geistheiler

Dr. med. Leonhard Hochenegg

Der Wunderheiler von Tirol

Zweifellos verfügen manche Menschen über außergewöhnliche Kräfte. Sie können mit ihren Händen Krankhaftes im Körper ihrer Mitmenschen ertasten oder sogar aus der Ferne erspüren. Auf diese Weise sind sie fähig, verblüffend exakte Diagnosen zu stellen.

Andere sind bei Diagnosen nicht unbedingt treffsicher, dafür geht von ihnen ein Kraftstrom aus, der im Kranken als Heilkraft zu wirken vermag. Die Kraft, die sie vermitteln, ist zumindest in der Lage, körpereigene Heilkräfte, die am Erlöschen sind, zu reaktivieren.

Wieder andere, die keine bioenergetischen Kraftströme besitzen, heilen mit Gedankenkraft. Sie »wissen«, was dem Patienten fehlt und was zu seiner Heilung nötig ist. Intuitiv »schauen« sie vielleicht sogar in den Körper des Patienten hinein. Und wenn sie von biologischen Strukturen und biochemischen Prozessen vielleicht auch nicht das mindeste verstehen, so sind ihnen im Augenblick des Heilens doch alle Zusammenhänge völlig klar. Mit medizinischen und biologischen Experten können sie sich in deren Fachsprache verständlich machen, mit Ausdrücken, die sie später überhaupt nicht verstehen.

Mit Gedankenkraft können besonders begabte Heiler sogar über viele Tausende Kilometer hinweg Heilkräfte zur Anwendung bringen.

Und das ist noch nicht alles: Es gibt neben den »natürlichen Begabungen« auch noch Heiler — und es sind heute wohl die meisten spirituellen Heiler —, die für sich keinerlei Kraft oder Begabung in Anspruch nehmen, sondern sich lediglich als Kanal verstehen, durch den die Heilkraft aus dem Kosmos oder aus dem Jenseits zum Kranken hinüberfließt. Manche glauben, sie seien eine Art Transformator, der kosmische Energie in Heilkraft umwandelt. Und der eine oder andere ist überzeugt davon, daß er selbst kosmische Energien nicht nur transformieren, sondern auch verstärken kann. Schließlich trifft man den Heiler, der sich auf Helfer im Jenseits beruft. Manchmal ist es nur einer, meistens sind es mehrere. Der Heiler fungiert nur nach den Anweisungen seiner jenseitigen Helfer. Verstorbene Mediziner stellen durch ihn die Diagnosen, Chirurgen im Jenseits führen seine Hand bei Operationen. Apotheker nennen ihm die wirksamsten Medikamente.

Es gibt die unterschiedlichsten Typen von Heilern, zumindest sind die Selbstdarstellungsversuche der Heiler sehr unterschiedlich.

Ein Mann, der offensichtlich nicht nur auf dem einen oder anderen Gebiet begabt ist, sondern sie alle miteinander verbindet und in seiner Person vereinigt, ist Dr. Leonhard Hochenegg in Hall in Tirol. Seine unerklärlichen, wiederholt untersuchten und nachgewiesenen Bioenergien sind so stark, daß sich Pflanzen ihm zuneigen, wenn er ihnen die Hände entgegenstreckt. Lichtröhren beginnen aufzuleuchten, wenn er sie in die Hand nimmt und seine Kräfte aktiviert. Radarfallen stellen für ihn keinerlei Problem dar. Er spürt sie rechtzeitig, irgendwo in der Bauchgegend — und zwar so deutlich, daß er selbst den Gerätetyp an »harten« oder »weichen« Strahlen erkennen kann. Dr. Hochenegg ist entsprechend noch niemals geblitzt worden.

Doch alle diese »Talente« sind gewissermaßen nur Kuriositäten am Rande. Der Facharzt für Psychiatrie und Neurologie »kann« noch viel mehr — und Nützlicheres! Wenn er sich darauf konzentriert, sieht er die Aura seiner Patienten. An der Farbe des Strahlenkranzes rund um den Körper seines Gegenübers und an seiner Leuchtkraft kann er ablesen, ob der Betreffende gesund oder krank ist und wo sich ein Krankheitsherd im Körper befindet. Und wenn Dr. Hochenegg Krebskranken die Hände auflegt, schrumpfen Tumore.

Wie dieser außergewöhnliche Arzt seine Kräfte einzusetzen hat, erfährt er über einen »eigenen Draht« nach drüben. Um das zunächst Unbegreifliche begreiflich zu machen, müssen wir die Geschichte Dr. Hocheneggs von Anfang an erzählen und versuchen, die verschiedenen Talente sinnvoll einzuordnen.

Hochenegg, das ist in Tirol und in Wien ein berühmter Name. Die Familie hat eine Reihe angesehener Wissenschaftler, Universitätsprofessoren, Pioniere der Technik hervorgebracht. So konnte es auch für den kleinen Leonhard, den Sohn des

Leiters der Innsbrucker Universitätsbibliothek, geboren am 24. Januar 1942, von vornherein kein anderes Ziel geben als den Akademikerberuf. Von klein auf entwickelte er, wie sein berühmter Onkel, ein besonderes Interesse an technischem Gerät.

Schon mit 12, 13 Jahren machte Leonhard beim Umgang mit seinen elektrischen und elektronischen Geräten aber eine verwirrende Beobachtung: Wenn er sich ärgerte oder schlechter Laune war, wenn sich also irgendwelche negativen Regungen in seiner Seele rührten, dann spielten auch die Apparate verrückt. Dann brannten Kondensatoren durch, platzten elektrische Birnen, verschmorten elektrische Leitungen, als wäre ein plötzlicher, starker Stromstoß in die Anlagen hineingefahren. Selbst Telefone, Waschmaschinen, Radio, Elektroherd gaben ihren Geist auf, wenn ein »geladener« Leonhard auch nur in ihre Nähe kam.

Etwa ein Jahr nach der Entdeckung solcher »Kräfte« wurde dem Jungen klar, daß das, was da offensichtlich von ihm ausging, nichts Unheilvolles war, einzig anwendbar zur Zerstörung von Geräten, zu Schabernack und Lausbubenstreichen. Leonhard entdeckte den Heileffekt seiner Kräfte. Wenn er Geschwistern oder Freunden die Hand auf eine schmerzende Stelle legte, dann verschwanden diese augenblicklich.

Für die spätere Entwicklung dürfte sehr wichtig, ja entscheidend gewesen sein, daß das Erstaunliche, was sich in Leonhards Umfeld ereignete, von der Familie Hochenegg beinahe wie etwas Selbstverständliches hingenommen wurde. Niemand

28

sah in dem Jungen einen Zauberer, niemand forderte ihn auf, seine Fähigkeiten vor neugierigem Publikum zu demonstrieren — doch ebensowenig machte man dem Jungen die Hölle heiß mit Verboten oder Drohungen. Leonhard bekam die Chance, seine Kräfte zu entfalten — ohne daß er unter dem geringsten Druck stand. Da er schon als Kind nicht das geringste Bedürfnis verspürte, sich ins Rampenlicht zu drängen und allen Leuten zu zeigen, daß er etwas Besonderes war, wußten tatsächlich über die Familie hinaus nur sehr wenige von den bioenergetischen Kräften Leonhards.

Eine zweite Fähigkeit hielt der Junge noch strenger geheim — doch von ihr machte er reichlich Gebrauch, vor allem später in der Studienzeit: Wenn er sich vor einer Prüfung auf seinen Professor »einstellte«, dann wußte er umgehend und absolut sicher, wie die Prüfungsfragen lauten würden. Etwa zwei Tage vor den Examen kannte er den gesamten Ablauf der Prüfung. Dadurch war es ihm natürlich möglich, sich jeweils ganz gezielt vorzubereiten. Er mußte immer nur das lernen, was in den Prüfungen gefragt wurde. Leonhard Hochenegg besitzt demnach neben seinen heilsamen Energien noch hellseherische, präkognitive Fähigkeiten. Auch sie hat er ganz selbstverständlich in seinen Alltag integriert.

Am Tag nach dem Supergau in Tschernobyl beispielsweise, als wir Normalsterblichen von den Gefahren, die auf uns herabregneten, noch keine Ahnung hatten, wollte Frau Hochenegg unbedingt mit den Kindern eine Karwendeltour machen. Doch ihr Mann weigerte sich ganz entschieden. »Nein, heute nicht!« widersetzte er sich sehr bestimmt. »Es liegt etwas Bedrohliches in der Luft. Wir dürfen nicht in die Berge fahren, sondern müssen im Haus bleiben.« Frau Hochenegg kannte ihren Mann und wußte, daß es keinen Sinn hätte, ihn umstimmen zu wollen. Er wußte eben mehr.

Einen Tag später erfuhr sie, was er gewußt oder gespürt hatte: die Radioaktivität, die dem explodierten Kernkraftwerk entwichen war.

In einer Nacht im Spätherbst 1988 schreckte Dr. Leonhard Hochenegg aus dem Schlaf hoch. Seiner Frau erzählte er mit keuchendem Atem: »Entsetzlich! Ich habe ein ganz schlimmes Erdbeben miterlebt. Auf meiner Brust türmten sich tonnenschwere Trümmerbrocken. Ich glaubte ersticken zu müssen und zerquetscht zu werden. Ich spürte den Tod nahe wie nie zuvor. Und ich sah ganz deutlich, daß viele, viele tausend Menschen das erleben werden. Es wird ein fürchterliches Erdbeben geben!«

Am Tag darauf berichtete das Fernsehen über das Erdbeben im Kaukasus, bei dem rund 70 000 Menschen unter den Trümmern den Tod fanden.

Das ganz Erstaunliche an Dr. Hochenegg ist nun, daß er sich nicht das geringste auf seine ungewöhnlichen Fähigkeiten einbildet, er hat nicht einmal seinen Beruf darauf aufgebaut. Er brach sein Studium nicht ab, um möglichst schnell an das große Geld heranzukommen, sondern ging beinahe aufreizend langsam und gründlich — und ohne die geringste Angst, es könnte etwas verloren oder verpaßt werden — seinen Weg. Erst machte er seinen Doktor, dann schloß er eine Facharztausbildung an. Schließlich arbeitete er sechs Jahre lang als Oberarzt in der Psychiatrischen Universitätsklinik in Innsbruck.

Und auch das ist noch nicht alles. Nebenher begann er, sein Wissen über die Pflanzenheilkunde gründlich zu vervollständigen. In jeder freien Minute streifte er durch die Tiroler Berge — auf der Suche nach immer noch wirksameren Heilpflanzen. Und dann führten ihn Studienreisen auf seiner rastlosen Suche bis auf die Philippinen. Dort lernte er die Tochter des berühmten Geistheilers Gandiose Rendon kennen — und lieben. Fatima Rendon wurde seine Frau. Sie schenkte ihm sieben Kinder.

Noch immer war Dr. Hochenegg nicht zum »Wunderheiler« avanciert. Erst 1979, mittlerweile 37 Jahre alt, eröffnete er seine Praxis in Hall in Tirol. Seit diesem Augenblick setzt er ganz selbstverständlich neben dem medizinischen Wissen und neben seinem riesigen Erfahrungsschatz im Umgang mit Heilkräutern auch seine ungewöhnlichen, starken Energien als Heilkräfte ein. Die Patienten reisen mittlerweile aus allen Teilen Europas und gelegentlich aus den USA an. Geduldig sitzen sie im engen Flur oder — wenn dieser überfüllt ist — im weiten Steinhof hinter der mittelalterlichen Hofeinfahrt und warten auf den »Heilmagier«, der längst für Zehntausende zur letzten Station der Hoffnung geworden ist.

Alle wissen es: Wenn sie endlich drankommen, ist es keineswegs sicher, daß ihnen Dr. Hochenegg die heilenden Hände auflegen wird, daß sie, wie schon so viele vor ihnen, vom elektrischen Schlag durchzuckt werden, wenn der Doktor ihnen die Hand reicht. Nicht eben selten entscheidet Dr. Hochenegg: »Sie brauchen diesen oder jenen Heiltee.« Oder er leitet eine medikamentöse Behandlung nach streng schulmedizinischen Regeln ein, wie es jeder andere erfahrene Arzt auch tun würde. Das mag dann, wenn man von weither und mit den ganz bestimmten Erwartungen angereist ist, in Hall etwas Außergewöhnliches zu erleben, zunächst eine tiefe Enttäuschung auslösen. Sie wird allerdings rasch abgebaut durch die Einsicht: »Dr. Hochenegg weiß immer, was richtig ist. Er tut das, was mir hilft. Der weite Weg hat sich so oder so gelohnt.«

Gelegentlich muß Dr. Hochenegg auch eingestehen — und das tut er dann wiederum geradeheraus und ohne den kleinsten Versuch, lange darum herum zu reden —, daß seine Kräfte momentan erschöpft sind. Er und die Patienten müssen dann einsehen, daß es keinen Sinn hat, eine Behandlung mit Handauflegen zu versuchen. Beide müssen Geduld aufbringen, bis sich der »Energiespiegel« wieder angehoben hat.

Wie wohltuend ehrlich wäre es doch, wenn auch andere wie Dr. Hochenegg Begabte den Mut hätten, einzugestehen: »Heute geht es nicht!« Statt dessen fürchten viele Heiler, das Eingeständnis einer Schwäche könnte als Unfähigkeit ausgelegt werden. Und dann beginnen sie zu tricksen.

Allerdings muß man sofort hinzufügen: Dr. Hochenegg hat es sehr viel leichter als viele andere. Er ist Arzt, der stets auf eine ganz »normale« Behandlung ausweichen kann, wenn die natürlichen Kräfte aussetzen. Und er besitzt nicht nur eine, sondern eine ganze Reihe paranormaler Fähigkeiten, was ihm wiederum erlaubt auszuweichen. Wenn die Bioenergien nicht strömen, dann ist vielleicht das Wissen um das richtige Medikament um so stärker. Und wenn nichts hilft, hat er immer noch seine Heilkräuter — beileibe keine Verlegenheitslösung.

Noch eines muß man wissen, will man sich Dr. Hochenegg anvertrauen oder versucht man, hinter das Geheimnis seiner Kräfte zu kommen: Das »Wunder« kann nicht in jedem Fall in der Heilung bestehen. Manchmal ist es schon ein Wunder, daß dem schwerkranken Patienten noch einige schöne, beschwerdefreie Lebensmonate geschenkt werden.

Wie immer in solchen Fällen kommen nahezu alle Patienten, die in seinem Vorzimmer sitzen, viel zu spät. Sie haben längst alle anderen Therapie-Möglichkeiten durchprobiert. Zum »Wunderheiler« geht man erst, wenn Ärzte und Heilpraktiker einem die letzte Hoffnung genommen haben. So ist es nur selbstverständlich, daß auch Dr. Hochenegg in manchem Fall nicht mehr helfen kann. Allein eine einzige Heilung müßte man angesichts der verzweifelten Situationen schon als Wunder bezeichnen.

Vielleicht muß man das gleich zu Beginn einmal ausdrücklich festhalten: Für das »Wunder« gibt es keine Garantie. Niemals und von keinem! Der Heiler kann zwar dem einen oder anderen Heilung versprechen, weil er in diesem speziellen Fall die entsprechende Sicherheit verspürt. In anderen Fällen aber hofft er auf das Wunder. Denn allzu oft weiß er mit Bestimmtheit, daß alle Bemühungen umsonst sind.

Selbst dann ist zwar keine Heilung mehr zu erreichen — doch immer noch ein »Wunder«. Dr. Hochenegg erklärt es so: »Wenn beispielsweise ein

Engländer im letzten Stadium mit Bronchialkrebs zu mir kommt, und ich sehe, daß er bestenfalls noch drei Monate zu leben hat, dann habe ich mehr erreicht, als in diesem Fall zu erreichen war, wenn ich es schaffe, daß er die letzten drei Monate seines Lebens beschwerdefrei und einigermaßen glücklich verbringen darf, um danach friedlich einzuschlafen. Ein solches Ziel darf man keinesfalls geringachten.«

Immer wieder ereignet sich bei Dr. Hochenegg aber auch das wahre Wunder.

Im Sommer 1988 kam zum »Wunderheiler von Tirol« eine junge Mutter von drei Kindern. Sie hatte Brustkrebs. Im Gehirn, oberhalb der Schläfen, hatten sich schon Metastasen gebildet. Die Patientin bot ein Bild des Jammers.

Dr. Hochenegg gab nicht auf. Er heilte die Frau — einzig und allein mit Handauflegen. Mit seinen Händen »erspürte« er die Lage der Metastasen. Auf die entsprechenden Stellen legte er zehn Minuten lang seine kraftsprühenden Hände. Nach zehn Behandlungen dieser Art waren alle Tochtergeschwülste weg. Auch im Röntgenbild ließ sich keine Spur von ihnen mehr finden.

Drei Monate später war die junge Frau wieder da. Es hatten sich erneut Knoten gebildet. Sollte der Krebs zurückgekehrt sein?

Nein. Bei den Knoten handelte es sich lediglich um gutartige Wucherungen, die problemlos entfernt werden konnten.

Ein Fall von vielen, die den Ruhm Dr. Hocheneggs in alle Welt verbreiteten. Einer von weit über 60 000 Patienten, die in zehn Jahren den Weg nach Hall in Tirol einschlugen. Was verspüren die kran-

ken Menschen, wenn ihnen der »Wunderdoktor«
die Hand auflegt?

Bei der ersten Berührung zucken die meisten zusammen, als hätten sie die blanken Drähte einer
unter Strom stehenden Leitung berührt. Wenn der
Arzt ihnen dann die Hände auflegt, verspüren sie
eine prickelnde Wärme. Sie haben das intensive
Gefühl, als würden Organe, wie etwa die Leber,
»nachgefüllt«, als ströme etwas in sie hinein, das
dort als Heilkraft zu wirken beginnt.

Könnte das alles nicht nur reine Einbildung sein?
Die Auswirkung einer geschickten Suggestion?
Kann man bei entsprechender Erwartung nicht sogar ohne Hilfe eines anderen die eigenen Hände
und Füße zum Glühen bringen? Gewiß. Möglicherweise spielen auch solche Dinge in vielen Fällen mit. Doch hinter den Heilungen Dr. Hocheneggs steckt noch wesentlich mehr. Technische Geräte kann man nicht mit suggestiven Methoden
zerstören. Und auch Pflanzen lassen sich nichts
»einreden«. Dr. Hochenegg ist nicht der Mann, der
mit stechendem, beschwörendem Blick seine Patienten in Hypnose versetzt. In seinem ganzen Auftreten wirkt er eher schüchtern, fast ein wenig hilf-
los. Was er ausstrahlt, ist nicht Überzeugungs-
kraft, sondern Herzlichkeit, Güte, Hilfsbereit-
schaft, ein sympathisches, unkompliziertes, irgendwie kindhaft gebliebenes Wesen.

Im Grunde stellt man sich so keinen Heiler vor.

Auch die Umgebung, in der er wirkt, ist mehr als
einfach, nüchtern und völlig frei von jedem exoti-
schen, okkulten Anstrich. Man findet in seiner
Praxis weder Pyramiden noch magische Dreiecke,
noch Runen, aber auch keine hypermodernen

technischen Apparaturen. Statt dessen sind die beiden Behandlungszimmer, ein winziger Raum neben einem etwas größeren, unter einem mittelalterlichen Gewölbe liegender Raum, angefüllt mit Teemischungen und Tinkturen. Das Behandlungszimmer des Arztes in jener Zeit, als dieses Haus errichtet wurde, also vor rund 800 Jahren, kann nicht viel anders ausgesehen haben. Die Praxis eines »Prominentenarztes« jedenfalls stellt man sich so nicht vor, und ein solcher lebt und arbeitet sicherlich auch anders. Dr. Leonhard Hochenegg steht morgens um acht Uhr in seiner Praxis und arbeitet täglich bis etwa gegen drei Uhr nachmittags durch. Schon drei Stunden später, gegen sechs Uhr, beginnt seine zweite »Schicht«, die nur selten vor Mitternacht endet. Urlaub? Für Dr. Hochenegg heißt das bisher nur: Halbierung der Patientenzahl, Wegfall der Abendschicht.

Wie aber sieht nun beispielsweise die Behandlung eines Patienten aus, der seit Jahren an einer multiplen Sklerose leidet, der den Rollstuhl nicht mehr verlassen kann und bei einfachsten Lebensäußerungen auf Hilfe angewiesen ist?

Der Patient muß sich für zwei, drei Wochen Aufenthalt in Hall einrichten. Täglich legt ihm dann Dr. Hochenegg für etwa zehn Minuten die Hände auf. Vielleicht verabreicht er ihm nach gründlicher neurologischer Untersuchung zusätzlich ein Naturheilmittel, das er selbst zusammengestellt hat.

Das alles hat nicht den geringsten sensationellen Anstrich.

Und doch kann Dr. Hochenegg festhalten: Rund 50 Prozent der Patienten mit einer multiplen Sklerose kehren zumindest mit einer deutlichen Besserung zurück, und zwar unabhängig von dem Gesundheitszustand, in dem sie angereist waren. Weitere 30 Prozent müssen sich mit einer leichten Besserung zufriedengeben. Etwa 20 Prozent merken von der Behandlung nicht viel. Das Krankheitsbild verändert sich nur unwesentlich.

Das sind nun doch sensationelle Zahlen, die meines Wissens nirgendwo sonst und mit keiner anderen Therapie erreicht werden können. Dr. Hochenegg fügt noch hinzu — und das klingt keineswegs protzig, sondern fast bescheiden: »Es gibt ein paar, die mit einer schweren multiplen Sklerose zu mir kamen und seither total geheilt sind.«

Eine solche Aussage darf eigentlich keinen, der sich mit Heilversuchen beschäftigt, ruhen lassen. Denn wenn das tatsächlich stimmt, dann offenbart sich hier eine Heilchance, die es zu ergründen gilt. Ganz sicher darf man sich nicht mit der Feststellung zufriedengeben, daß Dr. Hochenegg eine ganz seltene Ausnahme ist, wo hingegen wir Normalsterblichen uns mit bescheideneren Mitteln zufriedengeben müssen, weil uns die spezifische Begabung fehlt, so wie ja auch nicht jeder musikalisch oder technisch oder künstlerisch begabt sein kann.

Was aber, wenn wir tatsächlich mehr oder weniger stark alle solche Begabungen besitzen, sie lediglich von Kind an verkümmern lassen, um dann nicht mehr darauf zu achten und schon gar nicht daran zu glauben? Was, wenn unser übermächtiger Kopf hier etwas ganz Natürliches nicht hochkommen lassen will?

Die eigentliche Stärke und das, was Dr. Leonhard

Hochenegg aus der Allgemeinheit heraushebt, ist seine selbstverständliche Offenheit, verbunden mit einer unstillbaren Neugierde. Nie in seinem Leben ließ er sich auf einen Teilabschnitt festlegen, um diese oder jene Heilmittel als das einzige richtige Universalmittel anzupreisen und sich ihm ganz zu verschreiben. Dr. Hochenegg hat etwas von einem Paracelsus an sich. Ebenso wie jener versucht er, das Geheimnis von Gesundheit und Heilung von allen denkbaren Seiten her anzugehen, um es dann vom innersten Wesen her zu begreifen.

»Heilung«, so sagt er, »beginnt mit dem ersten gegenseitigen Blick, dem ersten Händedruck und dem ersten Wort der Begrüßung. Ich muß dann mit dem Patienten so sprechen, daß er mich verstehen kann, daß jedes Wort und jede Gestik zur Heilung beiträgt. Er muß spüren, daß sein Leid von mir begriffen wurde und ich nicht nur helfen will, sondern mit ihm fühle.«

Dr. Hochenegg weiß nur zu gut, daß jeder Therapie-Erfolg letztlich davon abhängt, daß die Gesamtpersönlichkeit des Patienten bereit ist mitzumachen, bereit von den Gedanken, den Vorstellungen, dem Intellekt her, bereit mit allen Willenskräften, Emotionen und körperlichen Voraussetzungen.

»Es kann in vielen Fällen nicht genügen, Kräfte in den Körper des Patienten strömen zu lassen. Erst muß die geistige und die seelische Brücke geschlagen werden, damit die Heilkräfte ankommen, angenommen und richtig eingeordnet werden«, sagt Dr. Hochenegg. Über einen längeren Zeitraum hinweg widmete er sich sehr intensiv süchtigen

Menschen, die allein nicht von Alkohol, von Drogen, von übermäßiger Essenslust wegkommen konnten, darunter befanden sich etwa 40 Heroinsüchtige. Mit einer speziellen Form hypnotischer Suggestion und gleichzeitiger medikamentöser Behandlung erreichte er erstaunlich große Erfolge.

Fast schon typisch für Dr. Hochenegg ist aber eine weitere »Spezialität«: Er bringt Menschen bei, die Kapazitäten ihres Gehirns besser auszuschöpfen. Das heißt: Mit speziellen Geräten beeinflußt er die Gehirnströme so, daß sie sich verstärkt im Alpha-Bereich bewegen. Je nach Wachheit und nervlicher Anspannung schwingen unsere Gehirnströme rascher oder langsamer. Normalerweise machen die Alphawellen, die im Zustand großer Entspannung und Ruhe vorhanden sind, nur bis zu zehn Prozent der Gehirnstromaktivität aus. Mit einem Training unter Anleitung Dr. Hocheneggs lassen sie sich bis auf 40 Prozent steigern. Dr. Hochenegg bringt den Leuten damit bei, Merkfähigkeit, Gedächtnis, Konzentrations- und Schlagfertigkeit ins schier Unglaubliche zu steigern. Bei entsprechenden Tests mit Studenten hat sich gezeigt, daß sie dank der Hilfe Dr. Hocheneggs plötzlich fähig waren, schwierige Texte in kürzester Zeit auswendig zu lernen. Noch erstaunlicher dabei: Die Lerninhalte saßen so fest und waren jederzeit so prompt abrufbar, daß die Studenten bei Prüfungen beste Ergebnisse erzielten.

Wie kommt ein Arzt — noch dazu einer, der über so beispiellose Fähigkeiten verfügt — dazu, sich auch noch mit der besseren Ausnutzung der Gehirnkapazitäten zu befassen?

»Ganz einfach und höchst logisch«, meint Dr. Hochenegg. »Ich kann eine kranke Leber nicht heilen, als wäre das ein völlig autonom für sich existierender Bestandteil des menschlichen Körpers. Unser Körper ist kein Gerät, aus vielen Einzelteilen zusammengebaut, sondern eine absolute Einheit. Solange es im Kopf nicht stimmt, kann auch die Leber auf Dauer nicht einwandfrei funktionieren. Und umgekehrt. Das heißt: Als Arzt muß ich mich immer und in jedem Fall um den ganzen Menschen mit Geist, Leib und Seele kümmern.«

Ist das die Heilkunst von morgen?

Wie sehr Dr. Hochenegg dem heute noch Unfaßbaren vertraut, zeigt ein Beispiel aus seiner eigenen Familie. Vor ungefähr fünf Jahren war ein Kind, gerade vier Jahre alt, so unglücklich gestürzt, daß seine Kopfhaut etwa sechs Zentimeter lang aufriß. In der klaffenden Wunde konnte man den Schädelknochen des Kindes sehen. Dr. Hochenegg mußte sich sehr schnell entscheiden, was in dieser Situation geschehen soll: War es für das Kind besser, er packte es in das Auto und fuhr mit ihm auf schnellstem Weg in die Klinik? Der Weg würde mindestens eine halbe Stunde in Anspruch nehmen. Danach käme die Aufnahme in der Ambulanz, die sorgfältige Reinigung der Wunde, das Zurechtschneiden der Wundränder, das Nähen.

Oder mußte er in diesem Fall selber etwas tun?

Dr. Hochenegg fuhr nicht in die Klinik, weil er seinem Kind das lange Warten und die damit verbundenen Strapazen ersparen wollte. So nahm er das Kind auf seinen Schoß und hielt ganz einfach die Ränder der Wunde zusammen. Und im Nu hatte sich die Wunde geschlossen. Heute sieht man zwischen den Kopfhaaren des Kindes nur noch eine winzige Narbe.

Eigentlich sollte man denken, hier wäre der Bericht über den Wunderheiler von Tirol zu Ende. Die faszinierende Geschichte eines außergewöhnlichen, vielleicht sogar einmaligen Talents.

Bis Mitte des Jahres 1988 wäre das auch richtig gewesen. Doch dann ergab sich wieder einmal im Leben und in der Heilkunst des Haller Arztes etwas vollkommen Neues.

Eines Tages läutete bei ihm das Telefon. Am Apparat war ein Medium aus Münster in Westfalen. Hanspeter Paulussen stellte sich vor und sagte Dr. Hochenegg, er habe aus der geistigen Welt im Jenseits den Auftrag erhalten, sich mit einem Arzt Leonhard in Tirol in Verbindung zu setzen. Mittlerweile habe er nahezu alle Leonhards abgeklappert, so daß er, Leonhard Hochenegg, eigentlich der Gesuchte sein müsse.

Damit begann eine merkwürdige Zusammenarbeit — im wahrsten Sinn des Wortes: Die Anrufe aus Münster kamen fortan in unregelmäßigen Abständen, waren aber immer sehr präzise und detailliert: »Heute um 12.43 Uhr kommt zu Ihnen ein etwa 50jähriger Mann. Er ist etwas rundlich, trägt einen dunklen Anzug. Dieser Mann hat Lungenkrebs. Sie sollen ihm die Hand zwölfmal auflegen. Keine Spritze! Nur Handauflegen. Er wird wieder gesund.«

Dr. Hochenegg war zunächst mehr als skeptisch, entschloß sich aber dann, die Sache zu prüfen.

Kurz nach 12 Uhr betrat ein Mann, auf den die Beschreibung in etwa paßte, das Sprechzimmer. Dr. Hochenegg stellte bald fest, daß dieser Mann an einer Erkrankung des Lymphsystems, nicht an Lungenkrebs litt. Sollte sich das Medium in Münster geirrt haben? Oder war die eigene Diagnose falsch?

Dr. Hochenegg behandelte den Patienten so, wie er es für richtig hielt. Kaum hatte er ihn verabschiedet, betrat der richtige Patient mit Lungenkrebs das Sprechzimmer. Es war exakt 12.43 Uhr. Dieser Mann, der nie etwas von Hanspeter Paulussen in Münster gehört hatte, konnte mit der telefonisch empfohlenen Behandlung geheilt werden.

Es ist unglaublich.

Doch so schnell war Dr. Hochenegg nicht zu überzeugen. Er nahm sich vor, das Medium und dessen Ankündigungen exakt zu testen. Die Gelegenheit dazu ließ nicht lange auf sich warten. Eines Tages wurde er aus Münster heftig kritisiert. Das Medium warf ihm vor, er dürfe seine Behandlungen nicht so schlampig durchführen, sondern müsse sich darum bemühen, die angegebenen Zeiten strikt nach Anweisung einzuhalten. »Kaufe dir eine Zeituhr und stelle dann genau zehn Minuten ein, nicht neuneinhalb und auch nicht elf«, ermahnte ihn Paulussen eindringlich. Dr. Hochenegg versprach, das zu tun, dachte aber nicht daran, sich eine Zeituhr anzuschaffen. Inzwischen, so dachte er sich, bin ich doch erfahren genug, genau zu wissen, wie ich meine Kräfte anzuwenden habe! Ich spüre es doch, wenn ausreichend Energie durch meine Hände geflossen ist!

Sicherlich, gelegentlich hatten Patienten schon mal nach dem Handauflegen über Kopfschmerzen oder andere kleinere Beschwerden geklagt. Und das war dann ein Zeichen dafür gewesen, daß die

42

Behandlung zu intensiv gewesen war. Doch eine Uhr als Zeitgeber, das schien Dr. Hochenegg denn doch reichlich übertrieben zu sein.

Prompt erfolgte aus Münster die Rüge: »Du hast dich wieder nicht genau an die Zeit gehalten. Warum kaufst du dir nicht endlich eine Zeituhr«? tadelte der Kontaktmann zum Jenseits. Dr. Hochenegg versuchte sich herauszureden, indem er behauptete, die Uhr wäre bestellt. Doch Paulussen ließ sich nicht bluffen. Er wußte, daß die Uhr weder bestellt noch gekauft war. Wieder gab Dr. Hochenegg das Versprechen, die Uhr endlich anzuschaffen. Aber wieder kaufte er sie nicht, er lieh sie sich nur aus. Das Medium in Münster lobte ihn wegen der exakten Einhaltung der Zeiten — und fügte hinzu: »Und nun gib die Uhr wieder zurück und sträube dich nicht länger, eine zu kaufen!« Hanspeter Paulussen war nicht hinters Licht zu führen.

Dr. Hochenegg ließ sich von der Sicherheit seiner Aussagen mehr und mehr überzeugen. Gelegentlich schickte der Mann aus Münster einen Patienten, den er kannte. Immer häufiger ließ er Dr. Hochenegg auf dessen Anfrage hin wissen, welche Behandlungsform die richtige sein würde und ob eine Behandlung noch zum Erfolg führen konnte. Und das alles, ohne den Patienten jemals gesehen zu haben. Sein Wissen besitzt er seiner Meinung nach von Jenseitigen. Dr. Hochenegg versichert mir, daß diesem Helfer bisher nicht in einem einzigen Fall ein Fehler unterlaufen sei. Wenn er sagt: »Lege ihm oder ihr zehn Minuten die Hände auf, dann wird er oder sie wieder gesund«, dann kann man sich absolut darauf verlassen. Die Therapie hat Erfolg, der Patient wird wieder gesund. Wenn er bedauert: »In diesem Fall kannst du nicht mehr heilen — wohl aber noch helfen. Lindere die Schmerzen und sorge dafür, daß diese Frau noch ein paar Wochen ein gutes Leben führen darf«, dann nützen alle Anstrengungen, die Heilung trotzdem herbeizuführen, überhaupt nichts.

Ob diese Zusammenarbeit noch lange andauern wird, ist allerdings fraglich. Zu Beginn des Jahres 1989 hat Dr. Hochenegg aus Münster erfahren: »Leonhard, deine Ausbildung ist jetzt abgeschlossen.« Vielleicht sind damit auch die Informationen und Instruktionen über den medial begabten Kontaktmann überflüssig geworden?

Als ich dem Wunderheiler von Tirol Ende Januar 1989 wieder einmal gegenübersitze, ist er selbst am meisten gespannt, wie es für ihn weitergehen wird. Nur eines ist sicher: Dr. Hochenegg wird weiter heilen. Und er wird nicht aufhören, es immer noch perfekter, noch sicherer zu tun, auch wenn es unglaublich erscheint.

François Marrelli

Der Kanal für Woham,
Inani, Kerrouf und Yalem

Das Phänomen ist seit vielen Jahrtausenden bekannt und immer wieder aufs neue geschildert
worden: Ganz »normale«, unauffällige Menschen
erlitten einen schweren Schock, nachdem sie ver-
schüttet worden waren, eine schwere Verletzung
davongetragen oder eine bedrohliche Krankheit
durchgemacht hatten. Plötzlich, als hätte dieser
Schock eine blockierte Tür geöffnet, besaßen sie
das »zweite Gesicht«, wie man das früher nannte.
Sie konnten in die Zukunft blicken, Dinge sehen,
die sich in einer Entfernung von vielen hundert
oder gar tausend Kilometern ereigneten. Sie »wußten« und »sahen« es, wenn Mitmenschen vom Tode
gekennzeichnet waren, und konnten vorhersagen: »Dieser Mensch muß heute noch sterben!«
    François Marrelli, geboren am 17. Dezember
1961, erlitt den Schock seines Lebens zweimal:
Das erstemal, noch ehe er richtig geboren war,
das zweitemal mit 14½ Jahren nach einem schweren Unfall. Bei diesem jungen, in sich gekehrten
Mann aus Mulhouse (Mülhausen) im Elsaß drängt
sich dem Beobachter unwillkürlich die Frage auf:

Gehört es vielleicht zur Voraussetzung des guten Heilers, daß er selbst größtes Leid erfahren — und bewältigt hat? Muß er durch eine harte, sehr harte Schule gehen, ehe er anderen zu helfen vermag?

Im oberbayerischen Stephanskirchen treffe ich François zweimal. Bei der zweiten Begegnung bietet er mir an, eine »Sitzung« abzuhalten. Er will mir zeigen, wie er mit den Menschen arbeitet, die zu ihm kommen.

Zuerst bittet er mich um mein Geburtsdatum. Er zeichnet es auf, und ehe ich noch begriffen habe, was er da tut, hat er ein Din-A 4-Blatt mit Zahlen vollgekritzelt. Nichts als Zahlen, die sich alle aus den drei Zahlen meines Geburtsdatums ergeben haben.

Und dann erzählt er mir aus meinem Leben: »Sie befanden sich mit fünf, sechs Jahren in einer schweren gesundheitlichen Krise, die Sie beinahe das Leben gekostet hätte. Die zweite Lebenskrise kam, als Sie etwa 25 Jahre alt waren. Damals haben Sie das Studium abgebrochen und einen völlig neuen Weg eingeschlagen. Auch mit der sehr schnellen Heirat war ihre Krise noch nicht überwunden. In der Folgezeit sind Sie achtmal umgezogen, von einer Stadt und einer Wohnung in die andere. Seit etwa elf Jahren erst wissen Sie, wohin Sie gehören. Seither schreiben Sie Bücher.«

Das alles stimmte, auf das Jahr genau. François erzählte mir noch viele Details aus meinem bisherigen Leben. Und alle waren richtig. Jeder Satz gewissermaßen ein Volltreffer. Er schilderte mir meine Frau, meine Kinder, deren Werdegang. Es wurde immer unheimlicher. Dieser junge Mann schien mein Leben zu kennen, als würde er in einem aufgeschlagenen Buch lesen.

Dabei war François keineswegs in Trance. Er blickte mich an, während er sprach. Er beantwortete meine Fragen, ohne im geringsten gestört zu sein.

Nun legte er sich neue Blätter zurecht, und wieder fuhr seine Hand, als würde sie von einer geheimen Macht geführt, in irrsinnigem Tempo über das Papier. Dabei entstanden seltsame fremde Zeichen, die ich nicht entziffern konnte. Er jedoch las sie — und sagte mir damit, wie mein Leben weitergehen würde, welche Probleme ich zu erwarten hätte, was an glücklichen Umständen auf mich zukommen, welche Reisen ich unternehmen würde.

Nach neuen Kritzeleien, die wieder einige Bogen Blatt Papier füllten, verriet mir François, von welcher Seite ich Hilfe zu erwarten hätte und wo Kräfte am Werk wären, die meine Arbeit zu blockieren versuchten. Selbstverständlich handelte es sich bei diesen »Mitarbeitern« nicht um noch lebende Menschen, sondern um Verstorbene. Das Verrückte dabei war wiederum, daß François mir die Leute, meistens waren es verstorbene Verwandte, nicht nur so präzise schildern konnte, daß ich sie wiedererkannte, sondern daß er sie auch noch beim richtigen Namen nannte. »Ihr Vater hatte eine Schwester, die sehr jung gestorben ist. Sie hatte blaue Augen, ganz hellblonde Haare, trug eine Bauerntracht, ich glaube, ich habe sie so im Schwarzwald einmal gesehen: lange dicke Röcke, die fast bis auf den Boden reichen, eine kurze schwarze Samtjacke, eine farbige Schürze aus Seide. Die Haare sind geflochten und in einem Kranz um den Kopf gelegt, hinten mit einem schwarzen Schleifchen zusammengehalten. Das Mädchen hieß Carolin...«

Erst von meiner Mutter habe ich nach diesem Gespräch erfahren, daß mein Vater tatsächlich eine kleine Schwester hatte, die so hieß. Sie starb nach einem Sturz in sehr jungen Jahren.

Meine Familie stammt tatsächlich aus dem Schwarzwald, was François ebenfalls nicht wissen konnte. Nicht auf natürliche Weise, wie wir Normalbürger etwas in Erfahrung bringen.

Wie kam François zu solchem Wissen — viel interessanter noch: Wie kam er zu seiner »automatischen« Schrift, zu seinen Heilungen, zu seinen »geistigen Operationen«, die er durchführt, ohne die kranken Menschen überhaupt zu berühren — aber doch so, daß sie hinterher eine sichtbare Narbe besitzen?

François entstammt einer italienischen Familie. Er wurde in San Giovanni in Fiore geboren. Und schon als er zur Welt kam, ereigneten sich merkwürdige Dinge: Unmittelbar nach der Geburt zeigte das Kind keine Lebenszeichen mehr. Es hatte aufgehört zu atmen, sein Herzschlag schien auszusetzen. Man hielt den Jungen für tot und schickte nach dem Priester. Als er nach einer halben Stunde endlich eintraf, um das Kind gleichzeitig zu taufen und ihm die Letzte Ölung zu geben, da erst begann François zu leben. Als der erste Tropfen des Weihwassers seine Stirn berührte, fing er an zu schreien.

Mit etwas mehr als 13 Jahren erfuhr er zum erstenmal, daß er außersinnlicher Wahrnehmung fähig ist. François hatte beim Schwimmen einen kleinen Unfall, nichts Bedeutendes, doch eine Stunde

48

später fühlte er sich plötzlich sehr elend. Er war benommen und bekam ohne ersichtlichen Grund 41 Grad Fieber. Dem Arzt, der ihn untersuchte, gab er Antwort — in einer fremden Sprache, die niemand verstehen konnte. Die Mutter befürchtete, ihr Kind wäre verrückt geworden oder von bösen Geistern besessen. Der Arzt hielt den Zustand für ein akutes Delirium.

Nach wenigen Stunden war alles wieder vorbei. Im Grunde suchte auch niemand mehr nach einer Erklärung des Vorfalls. Er war ja vorbei, und alles schien wieder völlig normal.

Doch der äußere Anschein täuschte. Tatsächlich wurde das Leben des kleinen Jungen von Stund an anders. Denn nun ereigneten sich merkwürdige Dinge:

Kurz nach dem Fieberanfall stand François nach einer sehr unruhigen Nacht, in der er schlecht geschlafen hatte, müde und zerschlagen vor dem Spiegel im Badezimmer. Er blickte sich fast mitleidig an und dachte noch bei sich: »Das wird ein schlimmer Tag! In der Schule werde ich wohl weiterschlafen!« Und während er sich noch kritisch betrachtete, verblaßte sein Bild im Spiegel mehr und mehr. Und dann war es ganz weg. François konnte sich nicht mehr sehen. Der Spiegel war irgendwie neblig verhangen. Er bekam Angst und fürchtete, seine Krankheit mit dem hohen Fieber sei zurückgekehrt.

Aber plötzlich war wieder ein Bild im Spiegel zu sehen. Es zeigte aber nicht den schlecht ausgeschlafenen Jungen, sondern ein fremdes Zimmer mit einem riesigen Bett. Darin lag ein alter Mann, den er ebenfalls nicht kannte. Seine Züge waren aber in allen Einzelheiten zu erkennen. Um das Bett herum standen einige weinende Frauen.

Das Bild versetzte François in panische Angst, und er begann laut zu schreien. Im selben Augenblick war das Bild verschwunden. Die Mutter klopfte an die Badezimmertür, um zu fragen, ob ihrem Sohn etwas zugestoßen sei. Als ihr François versicherte, es wäre alles in bester Ordnung, ermahnte sie ihn: »Beeile dich. Es ist schon Viertel vor acht. Du kommst sonst zu spät in die Schule!«

Als François am späten Nachmittag aus der Schule heimkehrte, begegnete er vor dem Haus seinem Bruder mit der Nachricht: »Papa und Mama sind nicht da. Sie mußten nach Italien fliegen. Großvater ist gestorben. Heute morgen.«

Wie sich dann herausstellte, ist der Großvater, den François seit frühester Kindheit nicht mehr gesehen hatte, genau in dem Augenblick gestorben, als François sein Bild im Spiegel erblickte, zwanzig Minuten vor acht Uhr. Die Umstände hatten sich genauso abgespielt, wie er sie gesehen hatte: Die Verwandtschaft war um das Sterbebett versammelt, die Frauen weinten und schluchzten. Solche ungewöhnlichen Erlebnisse häuften sich fortan. François versuchte sie einfach zu übersehen, er war ein sehr lebhafter, unternehmungslustiger Junge, der ganz andere Interessen hatte. Beispielsweise tanzte er — schon mit 14 Jahren — sehr gerne und hatte den großen Wunsch, einmal Tanzlehrer zu werden.

Das Schicksal hatte etwas anderes mit ihm vor. Und weil er freiwillig dazu nicht bereit war, wurde er regelrecht gezwungen. Mit 14½ Jahren erlitt er bei einem Autounfall sehr schwere Verletzungen.

Seine Wirbelsäule war gebrochen. Völlig gelähmt lag der Junge im Bett. Das Leben schien bereits zu Ende zu sein. »Mit dem Tanzen ist es vorbei«, sagten ihm die Ärzte. Wahrscheinlich würde er für den Rest seines Lebens an den Rollstuhl gefesselt bleiben, wenn es ihm überhaupt gelingen sollte, das Bett jemals wieder zu verlassen. Gibt es etwas Schlimmeres, das man einem quicklebendigen Jungen sagen könnte?

»Warum gerade ich«, haderte François mit dem Schicksal. Er konnte nicht begreifen, wieso es ausgerechnet ihn so hart getroffen hatte. Doch er war andererseits nicht bereit, dieses Los einfach so hinzunehmen. Und er hielt sich nicht lange mit Grübeln und Klagen auf. Unentwegt plagte er seine Ärzte mit Fragen: »Was ist mit mir los? Was geht in meinem Körper vor, daß ich mich nicht mehr rühren kann? Warum ist mein Körper nicht imstande, den Schaden zu reparieren?«

Die Ärzte gaben sich viel Mühe, ihm die Zusammenhänge darzustellen. Doch François verstand das alles nicht.

In dieser schwierigen Situation besann er sich auf seine mediale Begabung und beschloß, sie einzusetzen. Er ließ sich alle greifbare Literatur über parapsychologische Phänomene bringen und las ein Buch nach dem anderen. Und sein Wunsch, sich selbst zu helfen, wuchs und wurde übermächtig. Er entdeckte, daß es hinter der sichtbaren, greifbaren Welt eine andere geben muß, die viel wichtiger ist — und die sich auch über medizinische Diagnosen hinwegzusetzen vermag.

François versuchte, mit anderen, übersinnlichen Augen in sich hineinzuschauen, den Unfallschaden wirklich zu sehen, ganz real — und dann den Heilkräften den Befehl und die richtigen Anweisungen zu erteilen, wie sie den Schaden reparieren könnten. Das tat er neun Monate lang — mit wachsendem Glauben an die Möglichkeit der Heilung, mit eiserner Entschlossenheit. Er wollte wieder gehen, nein tanzen können. Und er glaubte immer fester daran, daß dies möglich sein müsse.

Das Wunder geschah tatsächlich. Nach zwölf Monaten harten Leidens und Ringens konnte François wieder gehen. Und es ist nicht die kleinste Behinderung zurückgeblieben.

Noch einmal machte er den Versuch, der Führung des Schicksals auszuweichen, so zu tun, als wäre in dem zurückliegenden Jahr nichts geschehen. Er kehrte in sein früheres Leben zurück, um es dort fortzuführen, wo es nach dem Unfall unterbrochen worden war. Doch er mußte sehr schnell einsehen, daß diese Rückkehr nicht mehr möglich war. Einige Anläufe, in ein Berufsleben einzusteigen, scheiterten kläglich. Er konnte weder als Kellner noch als Kaufmann, auch nicht als Friseur oder Mitarbeiter in einem Schönheitssalon Fuß fassen. Das war vorbei.

In ihm wuchs der Wunsch, Zeit zu finden für Mitmenschen, ihnen zuzuhören, ihnen mit der Erfahrung des Leidgeprüften zu helfen, eigene Not zu bewältigen, sie weiterzuführen in ein sinnvolles, wesentlicheres Leben.

Mit nur 18 Jahren hatte er sich dazu durchgerungen, ein eigenes Büro aufzumachen, um Hilfesuchende medial zu beraten. Doch auch das war wiederum nur ein erster Anfang. Es bedurfte eines weiteren Schicksalsschlages, aus ihm den zu machen, der er heute ist.

Als François knapp 20 Jahre alt war, sah er hellseherisch den Unfalltod seines Freundes vorher. Als es dann wirklich kurze Zeit später dazu kam, war er geschockt und völlig durcheinander. Er empfand schwerste Schuldgefühle, weil er nichts unternommen hatte, aufgrund seines Wissens den Unfall zu verhindern — wußte aber gleichzeitig, daß dies überhaupt nicht möglich gewesen wäre. Er empfand eine vernichtende Ohnmacht: Was sollte das Wissen nützen, wenn man, wie in diesem Fall, so gar nichts damit anfangen konnte?

Gleichzeitig drängten sich ihm stärker Fragen um Leben und Tod auf: Was war mit dem Freund geschehen? Warum mußte er so früh sterben: Existierte er noch irgendwo? Vielleicht in einer anderen, jenseitigen Welt? Wird er vielleicht eines Tages als Wiedergeburt in diese Welt zurückkehren?

Auf der Suche nach befriedigenden Antworten kam François auch in spiritistische Kreise. Er wollte einfach wissen, ob es tatsächlich die Möglichkeit gibt, mit Verstorbenen in Verbindung zu treten.

François war etwa 22 Jahre alt, als er in einem spiritistischen Zirkel, zu dem ihn seine Schwester Barbara Solazzo gebracht hatte — sie ist ebenfalls medial begabt —, Kontakt mit dem verstorbenen Freund bekam. Und er erhielt von ihm tatsächlich Antworten auf seine Fragen und Auskunft über verstorbene Familienmitglieder. Der verstorbene Freund nannte ihm auch »Kontaktpersonen« im Jenseits, die fortan mit ihm zusammenwirken würden.

François erfuhr auch, er besitze die Fähigkeit, sich selbst in Trance zu versetzen, so daß Verstorbene durch ihn sprechen könnten. Das alles bestätigte sich in rascher Folge.

Ich erzähle das alles so, wie es mir François selbst erzählt hat, unvoreingenommen, ohne selbst irgendwie Stellung zu beziehen. Ich möchte ihn zu Wort kommen lassen, nicht meine Meinung darlegen. Denn nur so, meine ich, kann es uns gelingen, ein wenig in diese schwierige Materie einzudringen.

Seinem Bericht zufolge kam François in Kontakt mit verstorbenen Verwandten, Freunden, über sie aber auch mit Heiligen und hohen Wesenheiten. Und er bekam vier persönliche »Helfer« zugeteilt, die ihm fortan zur Seite standen: Inani ist sein geistiger Seelenführer, der »Meister meines Bewußtseins«, Kerrouf hilft ihm bei der Erstellung medizinischer Diagnosen und der Aufdeckung der eigentlichen Krankheitsursachen, Woham assistiert bei den Heilungen, und Yalem führt die »psychischen« oder auch geistigen Operationen durch. François ist also davon überzeugt, daß ihm immer dann, wenn er als Heiler tätig wird, ein komplettes Expertenteam zur Verfügung steht.

Mit diesem Team im Hintergrund begann er im Alter von 23 Jahren zu operieren. Wie das vor sich geht, das schildert er an einem Beispiel:

Eines Tages kam eine Freundin zu ihm, weil sie große Beschwerden links unten im Bauch hatte. François, damals seiner Fähigkeiten noch nicht so sicher, schickte das Mädchen zum Arzt: »Du mußt dich gründlich untersuchen und eine Röntgenaufnahme oder ein Ultraschallbild machen lassen.«

54

Die Freundin kehrte mit dem Ultraschallbild und der ärztlichen Diagnose zurück: Bauchhöhlenschwangerschaft! Der Termin für die Operation war bereits festgesetzt.

François tat das Mädchen leid. Er wollte irgend etwas tun, damit sie nicht umsonst zu ihm gekommen war. Deshalb sagte er: »Komm, ich will dich magnetisieren. Damit kann ich dir wenigstens die Schmerzen wegnehmen.«

Er fing an, seine Hände im Abstand von etwa 15 Zentimetern über den Körper des Mädchens zu führen. Schon war er in tiefe Trance gefallen. In diesem Zustand stellte er noch einmal die Diagnose, und dann teilte er seiner Freundin mit, er werde sie nun operieren. Er richtete die Fingerspitzen gegen den Unterleib des Mädchens, ohne es aber zu berühren. Dann begannen seine Daumen wie von selbst zu kreisen und zu schnalzen. Das dauerte etwa 15, 20 Minuten lang. François erwachte aus dem Trancezustand und versicherte der Freundin: »Nun ist alles in Ordnung. Du brauchst dir keine Sorgen mehr zu machen.«

Die Freundin kannte ihn und wußte von seinen außergewöhnlichen Begabungen. Doch in diesem Fall konnte sie sich nun beim besten Willen nicht vorstellen, daß irgend etwas geschehen sein könnte. Deshalb blickte sie ihn nur sehr skeptisch an und sagte: »Ich weiß zwar nicht, was du da gemacht hast. Doch ich zweifle ernsthaft, daß es etwas nützt.« Immerhin: Die Schmerzen waren weg. Mehr konnte François ihr nicht erklären. Er wußte nicht, was sich während der Trance ereignet hatte. Und ihm war auch völlig klar, daß man normalerweise einen Fötus, der außerhalb der Gebärmutter, in der Bauchhöhle, heranwuchs, nicht entfernen konnte, ohne den Bauch zu öffnen und ihn heraus- zuholen. Kopfschüttelnd verabschiedete sich die Freundin, um sich ins Krankenhaus zu begeben. Wahrscheinlich dachte sie: »Nun ist der arme Fran- çois übergeschnappt!«

Am nächsten Tag meldete sie sich aufgeregt am Telefon. »Stell dir vor, was ich unter der Dusche entdeckt habe: Ich habe auf einmal eine Narbe am Bauch, so, als wäre ich wirklich operiert worden. Sie ist nicht frisch, sondern sieht aus, als wäre sie bereits etwa ein Jahr alt. Doch man kann sie deut- lich erkennen, sogar die Nadeleinstiche der Naht.«

Und noch etwas erzählte sie, ebenso aufgeregt: »Die Operation ist überflüssig geworden. Beim Echogramm stellte sich heraus, daß es weder eine Geschwulst noch einen Fötus gibt. Der Arzt hat mich weggeschickt mit dem Vorwurf, ich hätte mich wohl inzwischen von einem anderen Arzt operieren lassen.«

So ist das eben in der Medizin leider viel zu oft: Eher zieht man irgendeine Täuschung, eine ver- schwiegene Operation etwa, in Betracht, die in der kurzen Zeit gar nicht möglich gewesen wäre, als daß man der Frage nachgeht: Was ist wirklich pas- siert? Es hätte sicherlich auch keinen Sinn gehabt, dem Arzt zu erklären, daß eine völlig unblutige »psychische Operation« stattgefunden habe.

Hat sie stattgefunden — oder gibt es eine andere Erklärung für das Wunder?

François erklärt die Vorgänge so, wie sie ihm, seiner Überzeugung nach, von »drüben« erklärt wurden: Wir Menschen besitzen nicht nur einen Körper, den greifbaren, sichtbaren, materiellen, sondern drei Körper: den physischen, den energetischen und den Ätherkörper.

Für jede Krankheit im körperlichen Bereich gibt es nicht nur eine seelische, sondern auch eine geistige Ursache. Es ist zu wenig, wenn die Medizin heute psychosomatische Störungen anerkennt. Die Zusammenhänge zwischen dem Empfinden und Denken sind viel komplizierter und tiefgreifender. Zu den seelischen Problemen wie etwa dem Zwiespalt zwischen Bedürfnissen und Wünschen kommt die Grundeinstellung zum Leben, kommen karmische Probleme und nicht zuletzt Wille und Neigung, sich selbst zu zerstören. Es gibt sehr viele Menschen, die sich innerlich weigern, gesund zu werden, weil dieser Zustand scheinbar die einzige Möglichkeit ist, Aufmerksamkeit auf sich zu lenken und Zuwendung zu erfahren. Solche Patienten sagen zwar, sie möchten gesund werden, doch diese Zustimmung erfolgt nicht auf der unbewußten Ebene. Innerlich lehnen sie die Heilung ab.

François ist aufgrund seiner vielen tausend Behandlungen und Beratungen überzeugt davon, daß rund 90 Prozent aller Krebskranken nur rein äußerlich ja zur Heilung, innerlich aber nein sagen.

Der Effekt der Geistheilung, der Übertragung kosmischer Energien, bestehe nun genau darin — und deshalb kann seiner Meinung nach der Heiler auch dort noch eingreifen, wo die sogenannte Schulmedizin nichts mehr auszurichten vermag —, daß die vermittelten Energien sich von solchen unbewußten Sperren nicht abhalten lassen, sondern sie durchbrechen. Die Natur gibt dem Menschen wieder, was sie ihm genommen hat. Auf diese Wei-

se kann also das Wunder zustande kommen —
selbst dann, wenn der Patient gar nicht damit rech-
net und nicht darauf wartet. »Die Natur ist grenzenlos. Nur der Mensch selbst setzt sich Grenzen.«

Solange der Mensch gesund ist, erklärt der Heiler weiter, befinden sich unsere drei Körper, der
Ätherkörper, der Energiekörper und der physische Körper, in voller Harmonie. Das Gehirn funktioniert als Signalgeber perfekt und schickt die
richtigen Informationen an die Schaltzentralen im
Körper. Jede Zelle unseres Gehirns ist program-
miert. Und dieses Programm der Gehirnzellen pro-
grammiert unseren Körper.

Gibt es nun geistige und unmittelbar damit zu-
sammenhängend auch seelische Probleme, also
eine gewisse Zerrissenheit in uns selbst, dann werden von den Gehirnzellen falsche Informationen
in den Körper geschickt, der alsbald beginnt,
falsch zu funktionieren. Bis zu diesem Punkt spielt
sich alles noch auf der energetischen Ebene ab.
Der Ätherkörper — man könnte ihn sich als die
Form vorstellen, die alle psychischen Eigenschaften und Veranlagungen zusammenhält — ist zunächst noch nicht gestört. Wird nun allerdings die
entstandene Fehlfunktion nicht behoben, sondern
dauert sie an, dann bricht die Krankheit aus, weil
dann auch der Ätherkörper verletzt ist.

Der Heiler arbeitet nach François' Meinung auf allen drei Ebenen gleichzeitig. Meistens nimmt er Einfluß über den Kopf, also über das Gehirn: Er vermittelt Energien, kosmische Energien, die durch ihn in
Heilenergien umgewandelt werden. Damit werden
die Gehirnzellen gewissermaßen neu program-
miert, so daß sie wieder die richtigen Informatio-

nen an die Zellen weitergeben. Dabei nehmen die Energien folgenden Weg: Zuerst wirken sie auf den Ätherkörper; wenn dieser wieder »heil« ist, greifen sie an der Stelle der Fehlfunktion des energetischen Körpers ein, korrigieren diesen Fehler und regulieren damit auch den körperlichen Fehler, so daß sich dieser wieder selbst zu heilen vermag.

Festzuhalten gilt demnach: Der Heiler vermag aus sich heraus nichts. Seine Begabung liegt nicht im Besitz und in der Anwendung irgendwelcher magischer Kräfte, die ihm innewohnen. Er ist lediglich der Kanal für eine Energie, die man zu allen Zeiten schon kannte. Im Hinduismus heißt sie »Chi-Energie«, in der Kabbala »Kah«. Es handelt sich um das, was Chinesen als Yin und Yang bezeichneten. Aufgabe des Heilers ist es, die Energie durch seinen eigenen Körper fließen zu lassen und zu übertragen — und zwar auf den ganzen Körper des Kranken. Wo sie letztlich gebraucht wird, das zu wissen ist für den Heiler unwichtig. Sie fließt dorthin, wo sie gebraucht wird. Der Körper selbst »weiß«, wo eine Störung gegeben ist und wo die Energien gebraucht werden. Er läßt die Woge so mächtig anrollen, daß sie alle Sperren durchbricht — selbst die im Unbewußten.

Gibt es demnach überhaupt noch unheilbare Krankheiten? Nach Meinung von François nicht. Das Wunder ist immer möglich — vorausgesetzt, der Kranke darf geheilt werden. Das aber liegt nicht in der Hand des Heilers, sondern »an höherer Stelle«. Nur Glaube und Liebe können ihm im unbewußten Prozeß der Erkrankung den Weg weisen — und eine Haltung der Demut vor dem Unbegreiflichen.

François Marelli hat sich und seine Fähigkeiten auch von der Wissenschaft testen lassen. Über ein Jahr lang ließ er sich von Professor Hans Bender in Freiburg »durchleuchten«, wobei der Parapsychologe selbstverständlich immer wieder nach rein »natürlichen« Erklärungen für seine Fähigkeiten suchte, beispielsweise nach einer Antwort auf die Frage: Was steckt hinter dem »automatischen Schreiben« während der Sitzungen in unleserlichen Schriftzeichen. Offenbar, so fanden Sachverständige heraus, handelt es sich bei der Schrift um eine Mischung aus Hebräisch, Altindisch und Tibetanisch, eine Art Sanskrit, vielleicht so etwas wie eine Urschrift. Ein Hindu ist in der Lage, Bruchstücke der Skizzen zu entziffern, ein Hebräer kann ganze Passagen lesen. François versteht jedes Wort. Er ist der Meinung, dieses Schreiben hätte mit dem automatischen Schreiben nichts zu tun, sondern es gebe wieder, was ihm vom kollektiven Unbewußten mitgeteilt werde. Die Sprache und Schrift dieses kollektiven Unbewußten aber kenne keine Sprachbarrieren, kein Französisch, kein Englisch, kein Deutsch. Im Augenblick des Kontakts mit dem Unbewußten könne jeder diese Schrift lesen. Wenn er die Zeichen niederschreibe, gäbe es keinen Unterschied mehr zwischen seinem eigenen Bewußtsein und dem seines Gegenübers. Alles fließe zusammen, denn im kollektiven Unbewußten befinde sich das Wissen des Gegenübers ebenso wie das eigene und wie das vieler anderer Menschen. Die »Auswahl« aber, daran glaubt François Marelli, wird getroffen von den geistigen Führern, die ihm auf diese Weise Informationen zufließen lassen.

60

Matthew Manning

Das Wunder-Versuchskaninchen

Kein anderer Heiler ist bislang so gründlich und so häufig in naturwissenschaftlichen Labors, angeschlossen an tausend Kabel, verbunden mit den kompliziertesten Meßgeräten, überprüft worden wie der Engländer Matthew Manning. Der jugendlich wirkende Mann mit den langen Haaren und dem eindrucksvoll sanften Blick, den man sich eher hinter einem Schlagzeug als im Krankenzimmer vorstellen kann, tritt ungemein bescheiden und zurückhaltend auf. Er weist es weit von sich und wird fast ärgerlich, wenn man in ihm einen Wunderheiler sieht oder ihn gar als solchen bezeichnet. Und doch pilgert inzwischen ganz England in sein Institut in Bing St. Edmunds in Suffolk. Zu den Hilfesuchenden gehören Großbritanniens erste Familien. Einer seiner glühendsten Verehrer ist Englands Thronfolger, Prinz Charles, der sich offen zu alternativen Heilmethoden bekennt und mit dazu beigetragen hat, daß Geistheiler in britischen Kliniken tätig sein dürfen. Die Frau des Prinzen, Lady Diana, hat er vom Heuschnupfen geheilt — und zwar mit suggestiven Anweisungen, die er auf ihren Wunsch hin auf Tonbänder gesprochen hat. Und auch Herzogin Sarah, die Schwägerin von Prinz Charles, soll, so wollen die Engländer wissen, ihre überflüssigen Pfunde nach der Geburt ihres ersten Kindes mit Hilfe von Matthew Manning wieder losgeworden sein.

Sein Talent entdeckte Matthew mit etwa 15 Jahren, also während der Pubertät. Er merkte plötzlich, daß er seinen Mitmenschen verblüffende Streiche spielen und ihnen damit einen gehörigen Schrecken einjagen konnte. So begannen plötzlich die Bilder an der Wand um den Nagel zu rotieren, an dem sie aufgehängt waren. Oder es tanzten Vasen über den Tisch, und Bücher stürzten, wie von Geisterhand bewegt, aus dem Regal.

»Ich tat das nicht absichtlich, nicht bewußt. Ich wollte das nicht und trug auch nichts dazu bei. Doch irgendwie passierten diese Dinge immer genau im richtigen Augenblick«, sagt Manning. Also: Wenn er zu Unrecht getadelt worden war oder wenn er unbewußt jemandem eine Lektion erteilen wollte, dann zeigten sich »automatisch« paranormale Phänomene, Spuk nach Art von Poltergeistern.

Wenn Matthew in ein Fernsehstudio eingeladen wurde, stellte man vorsichtshalber sämtliche Geräte doppelt auf, weil ja doch wieder die Scheinwerfer platzten oder Kameras ausfielen. Irgend etwas ereignete sich bei seinem Auftauchen immer. Und selbstverständlich nahm man an, er würde das ganz gezielt anstellen, sich bewußt als »Poltergeist« betätigen. Doch Matthew hätte nicht einmal gewußt, was zu tun wäre, um die Phänomene zu bewirken. In seiner Gegenwart ereigneten sie sich einfach, gewissermaßen selbständig.

Manchmal erschienen — ebenfalls zu seiner eigenen Verblüffung — Schriften an der Wand, um nach einigen Sekunden wieder zu verschwinden. Und wenn man sich bei Tisch über eine verlorene Tabaksdose unterhielt, konnte es geschehen, daß sie plötzlich von der Decke herabfiel, als hätte sie da oben nur auf das richtige Stichwort gewartet.

Matthew fand seinen Spaß an solchen »Spielereien«. Er zierte sich nicht, seine »Kunststückchen« vorzuführen. Wie Uri Geller konnte er ein Besteck verbiegen. Und er schaffte das sogar, ohne es auch nur zu berühren. Wie Dr. Hochenegg brachte er Leuchtstoffröhren zum Leuchten, wenn er sie in die Hand nahm.

Einmal war er in Madrid, um sein Buch »Der Psychokinet« zu signieren. Im Kaufhaus wurde er von einer riesigen Menschenmenge erwartet. »Ich konnte mir nicht vorstellen, daß diese Leute nur gekommen waren, um von mir ein signiertes Buch zu bekommen«, erzählt Matthew. »Und so war es auch. Die Leute erwarteten eine Art Zirkusvorstellung. Doch ich war nicht in der Stimmung, für sie eine große Show abzuziehen. Als nichts geschah, wurden die Leute unruhig. Die Spannung stieg mehr und mehr an. Schließlich rief jemand laut auf englisch: Der kann ja gar nichts. Das ist ein Schwindler!

Im selben Augenblick war der Teufel los. Auf einen Schlag gingen im Kaufhaus alle Lichter aus. Die elektrischen Rolltreppen blieben stehen, die Registrierkassen ließen sich nicht mehr öffnen. Sogar der Springbrunnen vor dem Kaufhaus hörte auf zu plätschern. Fieberhaft suchte man nach dem Fehler, doch alle Stromkontakte waren in Ordnung, die Sicherungen intakt. Bei den umliegenden Geschäften brannte das Licht und funktionierte der Strom.

Da erkannte man die Ursache: Natürlich, Matthew Manning hat das angestellt! Endlich hatten die Leute ihre Sensation. Der Rummel überschlug sich geradezu. Fluchtartig konnte ich mich ihm entziehen. Im selben Augenblick, als ich das Kaufhaus verließ, gingen die Lichter wieder an, begannen die Rolltreppen zu laufen, klingelten die Kassen wieder. Und auch der Springbrunnen plätscherte wie zuvor.«

Matthew zog durch die Lande und wurde ein berühmter Mann, den die einen für ein Genie, andere für eine seltene Begabung, nicht wenige aber auch für einen abgefeimten Schwindler hielten. Am meisten störte ihn, daß die Leute von ihm immer nur abwegige Dinge erwarteten: Können Sie mit Gedankenkraft ein Flugzeug abstürzen lassen? Oder Geschosse in falsche Ziele umlenken? Oder bewirken, daß Autos auf der Straße zusammenstoßen?

»Niemand schien sich dafür zu interessieren, ob ich mit meinen paranormalen Fähigkeiten auch etwas Positives bewirken könnte! Nur das Zerstörende, Gewaltsame, Schwarzmagische schien zu interessieren.«

Das war der Moment, an dem Matthew einzusehen begann, daß diese Kräfte sicherlich nicht nur dazu da sind, die Sensationslust der Menschen zu befriedigen. Doch noch war er nicht soweit, seinen Weg zu erkennen.

Das Phänomen Manning hat natürlich auch Wissenschaftler wie Professor Hans Bender, den Be-

gründer des Instituts für parapsychologische Forschung an der Universität Freiburg, nicht ruhen
lassen. Er reiste eigens nach England, um dort den
jungen Briten unter Laborbedingungen zu testen.
Doch auch er kam nicht weiter als bis zur Feststellung, es handle sich bei Matthew Manning um ein
echtes Poltergeist-Phänomen. Und Bender folgten
andere, die Manning unter die Lupe nahmen.

Selbstverständlich hätte Matthew Manning bei
seinen verblüffenden Auftritten bleiben können,
vielleicht wäre er auch, wie Uri Geller, als Berater
großer Erdölfirmen oder Bergwerksunternehmen
steinreich geworden. Doch es kam ziemlich bald
der Tag, an dem er mit seinen Show-Darbietungen
Schluß machte.

»Ich sah rasch ein«, so gesteht er, »am Ende meines Lebens würde ich nicht viel mehr hinterlassen
als einen Haufen verbogener Löffel und Gabeln.
Während der zahlreichen Experimente, die man
mit mir anstellte, wurde aber auch festgestellt, daß
ich in der Lage bin, mit meinen Kräften Krankheitserreger wie Bakterien und Viren abzutöten.
Das hat mich davon überzeugt, daß meine Berufung darin besteht, anderen Menschen zu helfen,
wieder gesund zu werden.«

Das tut er seither, meist in seinem Institut, vor
dem die Patienten Schlange stehen, obwohl er jede
Publicity scheut und so gut wie nichts dazu beiträgt, in den Massenmedien aufzutauchen. Im Win-
ter 1987 gab Matthew Manning im Kursaal in Ba-
den-Baden eine seiner ganz selten gewordenen
Demonstrationen seines Könnens. Der Saal war
mit rund 400 Gästen bis auf den letzten Platz ge-
füllt. Es waren hauptsächlich kranke Menschen

gekommen, viele von ihnen im Rollstuhl, die von ihm das Wunder erhofften. Aus Luxemburg war Rainer Holbe mit einem Fernsehteam angereist, um diesen Auftritt für seine Fernsehreihe »Unglaubliche Geschichten« festzuhalten. Seltsamerweise interessierte sich sonst kein Massenmedium für den jungen Wundermann aus England. Die Angst, sich mit der Berichterstattung zu blamieren, ist bei uns immer noch, im Gegensatz zu anderen Ländern, viel zu groß. An diesem Abend befaßte sich Matthew vorwiegend mit Rheuma-Kranken. Es war sehr eindrucksvoll zu sehen, wie manche von ihnen kaum mehr in der Lage waren, ihre Glieder zu bewegen, wieviel Mühe es sie kostete, auf die Bühne hochzuklettern — und wie frei und leicht sie nach der Behandlung ihre Arme in die Höhe streckten und die Stufen herunterkamen.

Matthew Manning hat droben auf der Bühne nichts anderes getan, als diesen Menschen die Hände aufzulegen, seine Hände über ihren Kopf zu halten, mit den Händen an ihrem Körper entlangzustreifen, ohne die Patienten direkt zu berühren.

Eine ältere Dame beispielsweise streckte ihm ihre völlig verkrüppelten, deformierten Hände entgegen. Matthew Manning hielt seine Hände darüber — und man konnte zusehen, wie sich die Glieder streckten. Danach waren die Finger sogar wieder etwas beweglich, so daß die Frau ein Papier hochhalten konnte, was ihr seit Jahren nicht mehr möglich gewesen war.

Auf diese Weise hat Matthew Manning in den wenigen Jahren, in denen er als Heiler tätig ist, schon vielen Hundert Menschen geholfen — selbst

66

bei schwersten Leiden. Doch darüber spricht er nicht gerne.

»Ich helfe, so gut ich kann und soviel ich kann«, sagt er bescheiden. Er versteht seine Heilkunst nicht als Alternative zur Medizin, sondern als er-gänzende Hilfe, die immer Hand in Hand mit einer ärztlichen Behandlung gehen sollte.

»Ich bin kein Wunderheiler«, betont er noch einmal. »Wenn nämlich die Kranken selbst nicht mithelfen, vermag ich selbst wenig auszurichten. Ich aktiviere lediglich die Heilkräfte, die in jedem von uns stecken.«

Seiner Vorstellung nach kann eine Heilung nur zustande kommen, wenn es Heiler und Patient ge-lingt, sich auf gleicher Schwingung zu treffen. »Das bioenergetische Feld zwischen dem Patien-ten und dem Heiler muß harmonisieren. Anders gesagt: Beide sollten sich auf der gleichen Schwin-gungsebene befinden. Sympathie spielt bei der Heilung eine ganz große Rolle.«

Damit meint er: Wenn es dem Heiler nicht ge-lingt, ein Mindestmaß an Vertrauen und Zunei-gung zu gewinnen, dann ist die Chance einer Hei-lung deutlich herabgesetzt. Wenn der Patient den Heiler unsympathisch findet, spielt sich gar nichts ab.

Diese Tatsache dürfte heute jeder Arzt bestäti-gen.

Matthew Manning und Dr. Leonhard Hochenegg haben die Konsequenz daraus gezogen: Wenn Manning bei einem Patienten keinen Erfolg hat, wenn er also spürt, daß er vom Patienten innerlich abgelehnt wird — eine Antipathie, die man nicht ohne weiteres einfach wegwischen kann —, dann schickt er ihn zu Dr. Hochenegg. Und umgekehrt. Beide wissen und geben unumwunden zu: Manchmal funktioniert es bei dem einen nicht, während der andere mühelos helfen kann. Interessanterweise kennen Dr. Hochenegg und Matthew Manning einander nicht, sie sind sich nie begegnet. Doch zwischen beiden scheint es irgendeinen direkten Draht zu geben, eine Art Seelenverwandtschaft vielleicht. Denn wenn einer von beiden einen Patienten zum anderen schickt, dann ist das fast schon so etwas wie eine Garantie, daß geholfen werden kann.

»Manning schickt mir gelegentlich Patienten, denen ich sofort Linderung verschaffen kann. Ebenso gebe ich schwerkranken Menschen seine Adresse, wenn ich nicht helfen kann«, bestätigt Dr. Hochenegg.

Eine Zusammenarbeit, die sicherlich für beide spricht!

Für Matthew Manning gibt es keine unheilbaren Krankheiten — wohl aber den Fall, daß auch der Heiler nicht helfen kann. Er widmet sich mit Vorliebe chronischen Leiden wie Rheuma und Krankheiten, die irgend etwas mit psychischen Problemen zu tun haben. Zu ihm kommen nicht zuletzt Patienten mit schweren Depressionen und Suchtkranke. Auch in diesem Punkt gibt es eine deutliche Parallele zu Dr. Hochenegg.

Wie versteht Matthew Manning seine Heilung?

»Der Schlüssel ist wohl die bildliche, sehr konkrete Vorstellungskraft — sowohl beim Heiler wie auch beim Patienten. Wenn beispielsweise eine Frau mit heftigen Kreuzschmerzen zu mir kommt, dann stelle ich mir diesen Schmerz ganz plastisch vor, als eine rote Masse, die sich an das Rückgrat angelagert hat. Die nächste Vorstellung ist dann die: Ich ziehe diese rote Masse mit einem großen Schwamm aus dem Körper und drücke dann den Schwamm aus. Ich sehe ganz deutlich vor mir, wie das vor sich geht, wie der Schwamm sich mit dem Rot füllt und wie ich das Übel dann auspresse. Und das wiederhole ich so lange, bis es nichts mehr gibt, was der Schwamm noch aufsaugen könnte. Ich habe den Schmerz also ganz wirklich aus dem Körper gesogen.«

Matthew Manning setzt gleich hinzu, daß sich bei solchen Heilungen der Patient aktiv beteiligen muß. Sein großes Anliegen ist deshalb, die Patienten zu einer positiven Lebenseinstellung hinzuführen, zum positiven Denken.

»Denn Erfolg in der Heilung hat nur, wer positiv denkt. Ich bin deshalb dazu übergegangen, den Menschen beizubringen, wie sie sich selbst helfen können. Es gibt kaum eine Krankheit, die nicht auf die spezielle Technik anspräche, die ich entwickelt habe und die jeder lernen kann. Das gilt selbst für Krankheiten, die man bisher für unheilbar hielt.«

Wie sieht diese spezielle Technik aus?

Letztlich unterscheidet sie sich nicht wesentlich von dem, was schon der französische Apotheker Emile Coué (1857—1920) vor rund 100 Jahren kranken Menschen beibringen wollte, und was in unseren Tagen der US-Krebsarzt Dr. Carl Simonton, Onkologe in Fort Worth, Texas, seinen Krebspatienten einzureden versucht. Es ist einmal das autosuggestive Training: Mir geht es von Tag zu Tag besser. Ich werde gesund! Zum anderen kommt die möglichst bildhafte Vorstellung hinzu, wie die

Heilkräfte im Körper sich daranmachen, alle Störungen zu beheben und Schäden zu reparieren. Dr. Simonton hat krebskranken Soldaten gesagt: Ihr müßt euch die Krebszellen als feindliche Festungen vorstellen — in allen Einzelheiten, so wie ihr Festungen kennt. Die Abwehrkräfte sind Flugzeuge. Macht euch klar, daß euch eine riesige Luftflotte zur Verfügung steht. Und mit jedem Flugzeug stürzt ihr euch nun todesmutig hinunter auf die Festungen. Und ihr seht, wie eine nach der anderen zerstört wird! Die Heilungsraten Dr. Simontons lagen mit dieser Methode deutlich über anderen.

Ganz ähnlich macht es Matthew Manning: Am Anfang seiner Therapie steht die Entspannung. Wenn sie erreicht ist, muß die Imagination hinzukommen, die Vorstellung, wie das Übel beseitigt werden soll.

Der Heiler erzählt ein Beispiel: Eine ältere Dame mit schwersten Durchblutungsstörungen (Arteriosklerose in den Unterschenkeln) kam zu ihm. Die Ärzte sahen keine Rettung für das linke Bein und hatten bereits einen Operationstermin zur Amputation festgesetzt. Doch die Frau ging zuvor zu Matthew Manning — in der Hoffnung, er könnte ihr Bein retten. Der Heiler behandelte sie und sagte ihr dann, sie müsse die Behandlung nun selbst fortsetzen. »Ich sagte zu ihr: Setzen Sie sich dreimal am Tag in einen bequemen Sessel. Versuchen Sie sich zu entspannen und stellen Sie sich dann mit geschlossenen Augen Ihre Blutgefäße in den Beinen vor. Kriechen Sie mit einer großen Wurzelbürste hinein und fegen Sie die Adern sauber. Bürsten Sie so lange, bis die Arterienwände wirklich blitzblank sind.«

Matthew Manning versichert: »Diese Frau kam drei Monate später zu mir und erklärte mir freudestrahlend, daß die Operation abgeblasen werden konnte. Die Ärzte hatten zu ihrer großen Verwunderung festgestellt, daß die Gefäße wieder durchgängiger und elastischer geworden waren. Die Frau gestand mir auch: Ich bin allerdings nicht mit einer Bürste durch meine Adern gekrochen, sondern ich habe mir vorgestellt, daß ein Fisch hindurchschwimmt und die Ablagerung auffrißt.«

Eine junge Frau aus Offenburg/Baden, die Matthew Manning in seinem Institut in Suffolk besucht hatte, erzählte mir: »Es ist unbeschreiblich, was ich nach einer Gürtelrose (Herpes zoster) durchgemacht habe. Ich glaubte, die Schmerzen würden mich noch zum Wahnsinn treiben. Ein halbes Jahr nach Ausbruch des Leidens war ich unfähig, meinen Beruf als Abteilungsleiterin einer großen Firma weiterhin auszuüben. Kein Arzt, kein Medikament konnte mir helfen. Schließlich kamen sogar noch Lähmungserscheinungen zu den Nervenschmerzen hinzu. Ich war ein Wrack und so am Ende, daß ich mit dem Gedanken spielte, diesem so erbärmlich gewordenen Leben ein Ende zu bereiten. Da sah ich die RTL-plus-Sendung von Rainer Holbe und entschloß mich, nach England zu fliegen. Ich weiß nicht, was dort wirklich geschehen ist. Matthew Manning fuhr mit seinen Händen über meinen Körper — und die Schmerzen, die mich seit mehr als einem Jahr praktisch unaufhörlich geplagt hatten, waren weg.

Noch viel wichtiger für mich wurde aber, daß ich als ein ganz anderer Mensch nach Hause zurückkehrte. Plötzlich gelang mir alles, was ich anpackte. Ich bekam bald eine noch bessere Stellung, ich traf Georg, der mein Mann wurde. Mir kam es vor, als hätte nicht ich mich, sondern die ganze Welt sich verändert. Die Menschen sind alle netter geworden. Das mag sehr dumm klingen, aber ich empfinde es so. Und das alles nach einem kurzen Handauflegen und einem Gespräch, das nicht länger als 20 Minuten gedauert hat. Mögen andere darüber denken, was sie wollen. Für mich ist ein Wunder geschehen.«

Genau das aber sagen viele Menschen, die Matthew Manning begegnet sind: Von ihm geht etwas aus, das man nicht beschreiben kann. In seiner Nähe fühlt man sich ungemein wohl. Und dieses Wohlergehen hält an, über Monate und Jahre. Das ist wohl das Beste, was man über einen Menschen sagen kann, der sich um leidende Menschen kümmert.

Matthew Manning hat seine Fähigkeiten auch an der Medizinischen Fakultät der Universität von Kalifornien in Los Angeles von Dr. Lorenz Chapman testen lassen. Man setzte einige Versuchspersonen in einen Raum, Matthew Manning getrennt von ihnen und ohne daß sie von seiner Anwesenheit wußten, in einen anderen. »Ich entspannte mich zunächst völlig. Dann stellte ich mir vor, wie ich in den anderen Raum zu den Versuchspersonen gehe, ihnen die Hand auf die Schulter lege und ihnen einzureden versuche, sie müßten sich rasch retten, weil das Gebäude brenne. Nach etwa 15 Sekunden schon zeigten die Meßgeräte Reaktionen der Leute. Hinterher bestätigten sie, sie hätten plötzlich eine alarmierende Hitze empfunden.«

Matthew Manning setzt hinzu: »Viele Menschen

glauben, solche Experimente hätten überhaupt nichts mit Heilung zu tun. Für mich sind sie jedoch eindeutige Belege dafür, daß alle Lebewesen auf irgendeine Weise miteinander verbunden sind. Wir alle, so glaube ich, sind ein Teil voneinander. Alles, was Leben besitzt, ist ein Teil der unbewußten Verkabelung. Unsere Gedanken beeinflussen alle Lebewesen, sowohl uns selbst als auch andere heilend.«

Stephanie Merges

Du bist mehr, als du denkst

Obwohl ich im Stau auf der Autobahn nach Salzburg steckengeblieben war und über eine halbe Stunde zu spät in ihre Praxis nach Rottach-Egern kam, empfing mich die vielbeschäftigte »Heilerin vom Tegernsee« heiter, gelöst. Nicht der geringste Anflug von Ärger, Nervosität, Hetze. Und auch mich selbst überkam in den sehr anheimelnd, rustikal-ländlich eingerichteten Räumen voller natürlicher Hölzer, wunderschöner Pflanzen und bequemer Sessel sofort ein Gefühl absoluter Ruhe und Entspanntheit. Weit und breit nicht ein einziges medizinisches Gerät. Auf ihrem Schreibtisch steht lediglich ein moderner Computer, in den sie gerade neueste Daten eingibt. In einem Nebenraum ist eine perfekte Stereoanlage installiert, umgeben von einigen hundert Bändern mit Musik und eigenen Texten. In drei weiteren Räumen steht jeweils eine bequeme Liege, an deren Kopfende rechts und links zwei Lautsprecher angebracht sind. Eine Lampe verbreitet gedämpftes Licht. Ein Zimmer ist in einem hellen Rot gestrichen, ein zweites in angenehmem Grün, ein drittes in einem blauvioletten Ton.

Ich bin im »Institut für psychosomatische Behandlung und Hypnosetherapie« in Rottach-Egern, das Frau Merges dort in den letzten zehn Jahren aufgebaut hat.

Stephanie Merges, geboren in Leipzig, aufgewachsen größtenteils in Berlin, bis 1979 in Frankfurt/Main, Jahrgang 1940, sitzt mir völlig entspannt im Lotossitz im weiten, weichen Sessel gegenüber. Diese moderne, gepflegte Frau, die wenigstens zehn Jahre jünger aussieht, als sie wirklich ist, und die man sich auch gut als Chefin eines Konzerns vorstellen könnte, strahlt eine ganz wunderbare Heiterkeit und Sympathie aus. Und diese Heiterkeit ist nach einem Gespräch von mehr als zwei Stunden noch ebenso frisch und unverbraucht, wie sie es zu Beginn gewesen war. Nicht die geringste Ermüdung, nicht die leiseste Ungeduld, auch wenn meine Fragen noch so vordergründig oder abseitig sind. Immer wieder ertappe ich mich dabei, daß nicht ich sie, sondern sie mich unter die Lupe genommen hat. Ganz unaufdringlich, aber von einer unstillbaren Neugierde und großer Anteilnahme geprägt. Würde ich nicht selbst zum Aufbruch drängen, sie hätte von sich aus dem Gespräch wohl kein Ende gemacht.

Stephanie Merges ist die einzige deutsche Geistheilerin, die noch beim Vater aller modernen Heiler, dem großen Harry Edwards, in England zur Schule gegangen ist und die nach fünfjähriger harter »Lehre« 1977 in einer achttägigen Prüfung durch die berühmte Diana Craig vom deutschen Zweig der NFSH, der Deutschen Vereinigung für Geistige Heilweisen, gewissermaßen das Diplom bekam. Harry Edwards bezeichnet sie als den

»wunderbarsten und strahlendsten Menschen, den ich je getroffen habe«. Sie erzählt, daß er seinerzeit, Anfang der 70er Jahre, überwältigend liebevoll mit ausgestreckten Armen auf sie zugekommen sei, ihr beide Hände gereicht und sie sofort ermuntert habe, ihre außergewöhnlichen Fähigkeiten in den Dienst der Menschheit zu stellen.

Über den Weg, der zu dieser Begegnung und zu ihrem neuen Leben geführt hat, spricht Frau Merges nicht gerne. »Das ist Vergangenheit, etwas Abgeschlossenes, das unendlich weit zurückliegt.« Doch so viel erzählt sie mir dann doch: Schon als Kind unterhielt sie sich mit anderen Kindern über die Aura bei Menschen, Tieren und Gegenständen. Frau Merges ist fest davon überzeugt, daß alle Kinder die natürliche Fähigkeit besitzen, diese Aura zu sehen. Sie weiß aber auch, daß sie nie mit Erwachsenen darüber gesprochen hat — wie das wohl kein Kind tut. Im Laufe der Jahre achtete sie dann immer weniger auf dieses Aura-Sehen, das sie gleichwohl heute noch beherrscht und jederzeit »aktivieren« kann.

Auch war das Hellsehen in ihrer Familie nichts Außergewöhnliches. Der eigenen Mutter hätte sie zu keiner Zeit irgend etwas vormachen können, weil sie jedes Vorhaben schon im vorhinein gewußt, zumindest geahnt hätte. »Ich glaube, daß so ziemlich jede Mutter, was ihr Kind betrifft, Ahnungen besitzt, die über das ›Normale‹ hinausgehen.« Die Mutter wunderte sich auch nicht, daß ihre Tochter immer wieder Proben eigener Hellsichtigkeit lieferte, indem sie etwa Schulkameraden künftige Ereignisse vorhersagte.

Nur, wie das in aller Regel so geschieht: Niemand wäre auf die Idee gekommen — auch Stephanie selbst nicht —, den Begabungen besonderes Interesse zu widmen. Die ursprünglichen Lebensvorstellungen und Absichten zielten in ganz andere Richtungen. Stephanie studierte in Paris und London, wurde Fremdsprachensekretärin für Englisch und Französisch — und heiratete. Ein völlig »normales« Leben schien vorgezeichnet.

Dann allerdings folgten Schicksalsschläge, die sie zwangen, diesem bis dahin ziellosen Leben eine feste Richtung zu geben: Die Ehe scheiterte, als Frau Merges noch nicht ganz 30 Jahre alt war. Sie besaß keinerlei Selbstvertrauen, sah ein, daß es in ihrem Leben so gut wie nichts gab, worauf sie hätte stolz sein können. Alles, was sie angepackt hatte, so kam es ihr vor, war Stückwerk geblieben, wenn nicht sogar ein einziger großer Scherbenhaufen. Dann wurde sie auch noch so schwer krank, daß es für die Zukunft kaum mehr Hoffnung gab.

»Als ich meinte, am Ende zu sein, begann mein Leben. Wie Mosaiksteinchen fügten sich die Scherben wunderbar zu einem neuen Ganzen.«

Als man Frau Merges eröffnete, sie müßte sich sehr schweren Operationen unterziehen, dachte sie bei sich, daß es doch noch einen anderen Weg geben müsse. Auf der Suche nach diesem Weg stieß sie auf eine Heilpraktikerin, die mit Magnetismus behandelte. Sie erfuhr von den philippinischen Heilern, die mit bloßen Händen operieren. Doch der Magnetismus erwies sich bald als unergiebig, und erst viele Jahre später reiste sie auf die Philippinen, um sich an Ort und Stelle zu überzeugen, was dort wirklich vor sich ging.

Inzwischen spielte ihr »der Zufall« Adressen von

Geistheilern in England in die Hände. Dorthin fuhr sie und lernte Gilbert Anderson, den damaligen Generalsekretär der National Federation of Spiritual Healing (NFSH), kennen. Und sie wurde nach der eigenen Behandlung als Schülerin angenommen, weil man ihre großen Talente, Hellsichtigkeit und Geistheilen, erkannt hatte. Mit großer Sorgfalt und Behutsamkeit wurden diese Talente entwickelt.

Sie durfte dabeisein, wenn Harry Edwards heilte. Er forderte sie auf, den Patienten ihre Hand aufzulegen, und legte seine Hand über die ihre, so daß sie den Heilstrom spüren konnte, der durch ihre Hand hindurchfloß. Und wenn sie dann ihre Willenskräfte einsetzte, um das »Wunder« zu schaffen, wies er sie darauf hin: »Nein, du willst jetzt helfen. Das ist falsch. Nicht wir sind die Heiler. Du mußt dich ganz zurücknehmen, dein eigenes kleines Ich und alle niedrig schwingenden Energien ausschalten, damit du ein offener Kanal werden kannst für die kosmische Heilenergie.«

Und immer wieder forderte er sie auf, den Weg als Heilerin weiterzugehen: »Tu doch! Mach doch!« Seine eigenen Erfolge haben sie überzeugt. Wenn sie miterleben durfte, daß eine Frau mit einer sogenannten Bambusstabwirbelsäule (Bechterew-Strümpell-Marie-Krankheit) völlig verkrüppelt dastand, sich während der Behandlung aber die Wirbelsäule mehr und mehr streckte, bis die Frau völlig aufrecht stehen konnte, dann waren für Stephanie Merges keine Zweifel mehr möglich: Hier gibt es eine unfaßbar hilfreiche und wirksame Heilchance, die genutzt werden will.

In England wurde sie mit allen Möglichkeiten

des Heilens, des Hellsehens, der »Durchsagen« aus dem Jenseits, mit dem intuitiven Schreiben, dem Malen Verstorbener vertraut gemacht, was keineswegs einfach war. Wenn beispielsweise immer wieder Medien auf sie zukamen und ihr versicherten, sie sähen starke Geisthelfer an ihrer Seite, auf die sie vertrauen dürfte, dann fiel es ihr zunächst sehr schwer, so etwas zu glauben — und zu verkraften. Die Vorstellung war ihr bis dahin völlig fremd, ja irgendwie versponnen vorgekommen.

In der Abschlußprüfung mußte sie dann nicht nur unter Beweis stellen, daß sie die menschlich-qualitativen Voraussetzungen besitzt, als Geistheilerin tätig zu werden, sie mußte ihr Talent als Hellseherin unter Beweis stellen, mußte sichere Diagnosen stellen und zehn Erfolge bei Heilungen nachweisen.

Einer ihrer damaligen Erfolge, die bei der Prüfungskommission Anerkennung fanden, war folgender:

Der Schwiegersohn einer älteren Frau bat um Hilfe. Diese Frau lag in der Klinik im Koma, und es gab wenig Hoffnung für sie. Die Frau war überaus verbittert. Sie lebte seit zwanzig Jahren von ihrem Mann getrennt, der eine Freundin hatte. Sie wollte sich aber trotzdem nicht scheiden lassen und war beherrscht von dem Gefühl, vom Schicksal pausenlos gedemütigt, betrogen und gepeinigt zu werden. Inzwischen war sie in dieser Haltung so unausstehlich geworden, daß niemand mehr etwas mit ihr zu tun haben wollte.

In dieser schier aussichtslosen Situation versuchte Frau Merges eine Fernheilung. Während sie sich auf die alte Frau einstellte, erwachte diese aus dem

Koma. Sie schlug die Augen auf und sagte: »Ich habe noch sehr viel zu erledigen«, stand auf, ging nach Hause und regelte ihre Dinge. Sie versöhnte sich mit ihrer Familie, auch mit ihrem Mann, und war wieder, wie in früheren Jahren, eine liebevolle Mutter. Nach drei Monaten sagte sie: »So, nun ist alles in Ordnung«, legte sich hin und schlief friedlich ein.

Ist das etwa kein Wunder?

Um diese Ausbildung finanzieren zu können, nahm Stephanie Merges die unterschiedlichsten Jobs an. Unter anderem war sie als Diamantenverkäuferin tätig. Und noch etwas versäumte sie als praktisch denkende Frau nicht: Neben der Schulung zur Geistheilerin machte sie die Ausbildung zur Heilpraktikerin. Fünf Tage nach der »Einweihung« als Heilerin zu Pfingsten 1977 legte sie die staatliche Prüfung als Heilpraktikerin ab. Heute steht Stephanie Merges von frühmorgens bis gegen acht Uhr abends in ihrer Praxis — als Heilpraktikerin. Sie behandelt mit zahlreichen natürlichen Heilmethoden: Homöopathie, Irisdiagnose, Reinigungstherapien, alles, was man bei einem »normalen« Heilpraktiker auch bekommen kann.

Am Abend dann, nachdem sie sich entspannt hat, setzt sie sich zu Hause hin zur Fernheilung, nicht selten bis gegen zwei Uhr in der Nacht. Und jeden Dienstagabend legt sie in speziellen Geistheilungs-Veranstaltungen Patienten die Hände auf, kostenlos. Das ist eine merkwürdige Situation für sie: Das Heilpraktikergesetz verbietet ihr geistige Heilung. Natürlich kann sie sich selbst nicht daran hindern, ihre Kräfte in eine ganz normale Behandlung einfließen zu lassen. Meistens geschieht das sogar, ohne daß die Patienten darum wissen.

Aus dieser Not heraus hat sie eine eigene, höchst interessante Therapie entwickelt, die beiden Seiten Rechnung trägt. Diese Therapie hat sie mittlerweile auch schon an einige Therapeuten weitergegeben. Den Hintergrund ihrer Therapie bildet die Einsicht, daß Heilung kein plötzliches Ereignis, normalerweise kein »Sekundenphänomen« ist. Das Wunder ist ein Prozeß, der sich mitunter sehr langsam vollzieht, so langsam, wie das für den Patienten nötig ist. Stephanie Merges selbst ist seinerzeit in England auch nicht plötzlich gesund geworden, sie mußte ihre Krankheit, wie sie selbst sagt, noch eine ganze Weile mitnehmen, bis sie genug durch sie gelernt hatte.

Genauso ist es mit vielen Patienten: »Die Geistheilung bewirkt immer nur soviel, wie für den Patienten nötig ist. Der Kranke bekommt das Rüstzeug, um weiterzugehen. Gelegentlich kommt zwar eine Heilung auch sekundenschnell zustande. Doch vielleicht geschieht das nur, um dem Patienten klarzumachen: Es gibt noch etwas anderes!

Geistheilung funktioniert nur, wenn der Patient bereit ist, mitzumachen und sich zu ändern. Gerade in der Geistheilung begegnen wir sehr vielen Menschen, die Hilfe suchen, welche möglichst nichts kosten und vor allem kein eigenes Engagement erfordern soll. Sie sind nicht bereit, selbst etwas zu tun. Sie wissen in aller Regel zwar, was sie nicht wollen, aber sie wissen nicht, was sie wollen.

Sie erzählen, daß sie von dem oder jenem schlecht behandelt werden; sie wollen wissen, ob sie bald über ausreichend Geld verfügen werden, wie sie dies oder jenes anstellen müssen, um Erfolg zu haben. Immer sind es Dinge, die sie haben möchten. Ganz selten nur kommt die Frage: Was kann ich tun, damit ich mich tief innen gut fühle, damit ich wieder strahlen, lachen und die Schönheit dieser Welt genießen kann?

Sie sind alten suggestiven Prägungen verhaftet: Ich bin krank; ich habe immer nur Pech; mich mag keiner, Vorstellungen, die sie herabziehen.

Deshalb muß zunächst erreicht werden, daß sie sich selbst kennenlernen und anfangen, sich selbst zu vertrauen. Dann müssen sie dazu gebracht werden, alte Erfahrungen aufzuarbeiten und die Fehlinformationen zu korrigieren. Schließlich müssen sie in Blickrichtung auf die Zukunft neue Akzente setzen.«

Was das bedeutet, erzählt Frau Merges an einem Beispiel:

Herr L. ist ein recht erfolgreicher, angesehener Geschäftsmann, nach außen orientiert, mit attraktiver Ehefrau und liebenswerten Kindern. Er arbeitet bis zu siebzig Stunden in der Woche, und trotzdem gelingt ihm der große Durchbruch nicht, wie verbissen er auch immer um jeden Auftrag ringt.

Diesem Mann sagt man großes Fingerspitzengefühl und ein gutes Gefühl nach. Doch leider entfaltet er beides nur im geschäftlichen Bereich. Privat könnte man ihn eher als groben Klotz bezeichnen. Notgedrungen muß die Fassade abbröckeln. Es kommt die Scheidung, zwangsläufig. Die Kinder werden aufsässig, obwohl er sie sehr liebt. Sie versagen in der Schule und finden keinen Zugang zu einem Beruf. Bei ihm selbst setzen Herzbeklemmungen, eine tiefe Müdigkeit und Schlaflosigkeit ein. Auch gibt es geschäftlich immer häufiger Rückschläge. Selbst Angestellte verhalten sich gegen das Geschäftsinteresse und lassen sich gar zu Veruntreuungen hinreißen. Herr L. versteht die Welt nicht mehr: Wieso werden ausgerechnet ihm Lieblosigkeit, Egoismus, Grobheit, ja sogar Geiz vorgeworfen, wo er doch großzügig alles, was er erarbeitet, mit seiner Familie teilt, die Kinder bestens versorgt? Hatte er jemals seiner Frau oder seinen Kindern einen Wunsch abgeschlagen?

Er kann sich auch nicht erklären, warum ausgerechnet bei ihm eingebrochen, warum sein Auto mutwillig demoliert wurde, seine Geschäftspartner ihren Verpflichtungen nicht nachkommen.

Was er nicht zu sehen vermag, ist, daß er alle Menschen um sich herum nur benutzt, sie zu Handlangern seines Imperiums macht, seiner eigenen Interessen. Unentwegt versucht er, sie in die Zwangsjacken seiner Vorstellung zu stecken. Er erkennt nicht, daß es nicht nur auf die Person ankommt, sondern auch auf die Sache an sich, also auf die benutzte, von ihm benutzte und somit in sein Leben gerufene Energie.

Wie kann Herr L. aus dieser Situation herausfinden?

Indem er durch Transformation zu einem wirklichen Partner und einem liebevollen Vater wird, der Zeit und ein Ohr für die Menschen um ihn herum und ein aufbauendes Gespräch mit den Kindern hat. Er wird im Beruf erfolgreich sein, wenn er nicht mehr versucht, das Schicksal in einen Käfig zu zwängen, sondern darauf achtet, die Eigendynamik einer jeden Situation zu erspüren, um dann entsprechend zu handeln. Nur dann kann er erfahren, daß eine größere Harmonie, eine höhere Gesetzmäßigkeit wirksam werden.

Frau Merges ermahnt ihre Patienten: »Wer eine gute Ehe führen möchte, der muß etwas für die Ehe tun und darf die Lösung nicht außerhalb suchen oder sich in Vorwürfen ergehen. Wer gesund sein will, sollte etwas für die Gesundheit tun und sich nicht um die Krankheit kümmern beziehungsweise diese pflegen, indem er ständig von ihr redet und so andere zwingt, durch ihr Zuhören und ihr Mitgefühl ebenfalls Energien in diese Krankheit hineinfließen zu lassen. Wer glücklich sein will, muß etwas dafür tun. Er darf nicht warten, bis das Glück von außen an ihn herangetragen wird. Die Qualität des Glücklichseins hängt von dem Inhalt ab, der hineingegeben wird.«

Solche »Transformationen« versucht Stephanie Merges mit ihrer Therapie zu erreichen, die in ihrer Art so neu ist, obwohl sie seit dem ersten Tag der Praxiseröffnung 1977 mit wunderbarem Erfolg angewendet wird, daß sie noch nicht einmal einen Namen besitzt. Die Patienten legen sich hin und lernen, sich völlig zu entspannen. Dies geschieht nicht zuletzt mit Hilfe einer bestimmten Musik. Dann führt Frau Merges sie zur Ursprache des Menschen, zu Bildern und Symbolen. Die Patienten werden angeleitet, diese Symbole selbst zu deuten. Zuletzt werden sie sogar in die Lage versetzt, in sich hineinzugehen, die Funktion ihrer Organe zu beobachten und mit den Organen ein regelrechtes Zwiegespräch zu führen, Fehler zu registrieren und eigene Krankheiten zu diagnostizieren. Interessanterweise, so versichert mir Frau Merges, sind solche Diagnosen immer absolut richtig und stimmen überein mit dem, was sie als Therapeutin erkannt hat.

»Die unterschiedlichsten Richtungen meiner Ausbildung«, so erklärt sie, »hierbei vor allem meine Fähigkeit, die Seele der Menschen zu erkennen, geben mir die Möglichkeit, sehr schnell Zusammenhänge zu sehen und zum Wesentlichen oder Brennpunkt zu kommen.«

Wie das In-sich-hinein-Gehen in etwa vor sich geht, soll wieder ein Beispiel zeigen: Als Ernst, ein cleverer junger Mann, Kontakt zu seinem Körper aufnahm — erzählt Frau Merges —, begannen wir mit dem Kopf. Seine erste Information war, auf seinem Gehirn läge eine Staubschicht. Er selbst wußte, daß dieser Staub nichts mit intellektuellen Leistungen zu tun haben konnte. Nach der Beseitigung des Staubes war es ihm möglich, wichtige Zusammenhänge zu erkennen, die ihm bis dahin verschlossen geblieben waren. Als wir zum Herz kamen, sah Ernst, daß sein Herz an der unteren Spitze verletzt war und blutete. Er versorgte die Wunde, streichelte sein Herz, doch es wollte nicht aufhören zu bluten. Nun ging er in das Herz hinein und stellte fest, daß die erste Herzkammer aus einem Stahlzylinder bestand. Dieser Zylinder war ebenfalls verstaubt. Die zweite Kammer war dunkel, die erste Kammer dagegen auf der rechten Seite etwas heller, die letzte wiederum dunkel.

Ernst begann damit, den Stahlzylinder aus der Herzkammer auszubauen. Er wußte zu diesem Zeitpunkt noch nicht, daß diese Kammer symbolisch für die Kindheit steht. Bei der zweiten Kammer brachte er die Verletzungen am Ausgang in Ordnung und schloß die Wunde mit Hilfe der Son-

85

ne. Die rechte Seite steht für das bewußte Leben und die Art, wie wir uns einbringen und geben. Tatsächlich, so stellte sich später heraus, sind die Gefühle von Ernst in seiner Kindheit stark verletzt worden. Er hatte sich einen Stahlpanzer zugelegt, litt aber unter dieser Verletzung nach wie vor und war daher unfähig zu lieben.

Nachdem er die linke Herzseite in Ordnung gebracht hatte, führte er einen Dialog mit seinem Herzen und versprach ihm, nun liebevoller mit ihm umzugehen und fortan darauf zu achten, daß das Prinzip der Liebe nun auch von ihm gelebt würde. Das Herz wurde daraufhin insgesamt heller, freilich noch nicht ganz hell. Es glaubt ihm nicht und sagte ihm das auch. Er versprach ernsthaft zu üben und konnte nun eine deutliche Erleichterung seines Herzens verspüren.

Wenn dieser Mensch sein Versprechen nun nicht einlöst, so versichert Frau Merges, wird sich in seinem Leben nichts ändern. Natürlich verstärken wir während der Therapie diesen Aspekt des »Geben-Könnens«, des »Sich-Öffnens« und auch des »Erwachsen-Werdens der Gefühle«. Wird an dieser Stelle aber die Therapie abgebrochen, weil sie unbequem wird, so ist die Chance vertan. Stephanie Merges wünscht sich, sie könnte anhand von Aufnahmen der Patienten vor und nach der Behandlung zeigen, wie sehr sich die Menschen, die den Weg mitgehen, in wenigen Behandlungsstunden verändert haben, wie sie wirklich andere Menschen geworden sind. Tatsächlich braucht kaum einer mal mehr als 35 Doppelstunden. Viele Patienten sind dazu übergegangen, den Urlaub am Tegernsee zu verbringen, um dort die Lebenswende zu erfahren — mit einer Behandlung vormittags, einer nachmittags. Nach vier Wochen kehren sie heim als andere Menschen. Gekostet hat das alles nur DM 75,— pro Stunde.

Das Erstaunliche dabei ist, daß die »Umwandlung« kein vorübergehendes Aufflackern, kein nur momentanes Besinnen darstellt, das langsam wieder schwindet. Die Patienten schreiben Frau Merges auch nach fünf Jahren noch, daß sie gesund und glücklich sind.

Bei schwierigeren Leiden setzt Stephanie Merges die Behandlung mit Fernbehandlungen in den späten Abendstunden fort. Die Patienten liefern dann alle zwei Monate etwa einen Bericht ab, in dem sie schildern, wie es ihnen geht, welche Fortschritte sie gemacht haben und ob eine weitere Behandlung noch nötig ist. Wenn die Post ausbleibt, ist die Behandlung abgeschlossen.

Im Jahre 1985 ist Frau Merges zum erstenmal als Heilerin an die Öffentlichkeit getreten. In Vorträgen und Seminaren versucht sie schon seit 1978, interessierten Menschen den Weg zum Heil, zur wahren Gesundheit zu weisen. Dabei darf sie natürlich selbst nicht heilen, das ist ihr als Heilpraktikerin in der Öffentlichkeit verboten. Deshalb fordert sie jene, die zu ihr gekommen sind, auf, sich gegenseitig zu heilen. Sie selbst ist gewissermaßen nur als »Katalysator« zugegen.

Wie viele andere Heiler ist Stephanie Merges überzeugt davon, daß jeder Mensch heilen kann und das ausgeprägte Talent viel häufiger ist, als allgemein angenommen wird. Nur: Von selbst offenbart es sich nicht. Man muß etwas dazu tun. Wer dazu bereit ist, muß sich allerdings auch darüber im klaren sein, daß es für den, der einmal damit angefangen hat, kein Zurück mehr gibt.

Wie phantastisch die geistigen Heilkräfte wirken, zeigt eine kleine Geschichte am Rande: Frau Merges machte im Rahmen eines Experiments einmal eine Fernbehandlung, unter anderem an einer Frau. Diese Frau lehnte entspannt in einem Sessel, daneben lag ihr kleiner Hund. Während der Behandlung hatte sie ihre Hand auf dem Kopf des Hundes liegen. Nach der Behandlung war der Hund von einer schweren Arthritis geheilt, die ihn seit Jahren geplagt hatte.

Und noch ein paar Gedanken über das Heil-Sein, die Stephanie Merges an alle Leser mitgeben möchte:

»Wenn wir von einer Krankheit reden, so geschieht dies meist so, als hätte uns ein Gottesurteil getroffen und wir stünden in keinerlei Zusammenhang zu ihr. Da schwirrte gerade ein Virus herum, oder wir waren zu dünn angezogen. Auch der Unfall geschah ja nur, weil der andere nicht aufgepaßt hat. Das ist das Getrennt-sein-Denken, auf das ich immer wieder hinweise. Zu allem, was in unserem Leben geschieht, stehen wir in einem Verhältnis, ob nun im positiven oder negativen Sinn, ob bewußt oder unbewußt. Wir stehen in Bezug zu unserer Umwelt.

Wenn nun etwas geschieht, so hat das immer etwas mit uns zu tun und unserer Verhaltens- oder Denkweise.

Auch ein Schnupfen kommt nicht von ungefähr. Versuchen Sie einmal, sich über dieses einfache Beispiel die Zusammenhänge klarzumachen: Wenn Sie merken, Sie bekommen einen Schnupfen, dann überlegen Sie, was Ihnen in der letzten halben Stunde oder an diesem Tag nicht gepaßt hat. Es muß nicht unbedingt die Verhaltensweise eines anderen sein — obwohl dies, bei der herkömmlichen Art zu denken, meistens der Fall ist. Es kann sehr wohl auch etwas sein, das Sie selbst betrifft. Sie sind mit sich selbst nicht zufrieden, sind mit sich selbst ›verschnupft‹. Sie hätten in dieser oder jener Situation anders reagieren sollen. Mit anderen Worten, Sie sind mit sich selbst uneins. Sie haben sich aus Ihrer Einheit herausbegeben. Erst damit konnte das Virus überhaupt eine Ansatzfläche finden. Solange Sie mit sich in Harmonie leben, bekommen Sie weder einen Schnupfen noch haben Sie einen Unfall.

Sie glauben das nicht? Versuchen Sie es beim nächsten Schnupfen. Versuchen Sie zu klären, was Ihnen nicht gepaßt hat, und klären Sie die Situation mit sich. Entweder Sie entscheiden sich, daß Ihr Ärger, Ihr Verschnupftsein angebracht ist, dann behalten Sie eben diesen Schnupfen für ein paar Tage. Es ist ganz in Ordnung, wenn Sie sich zugestehen, daß Sie sich jetzt darüber ärgern wollen. Das ist ein bewußter Prozeß, und somit hinterläßt er keine Spuren. Er wird ausgelebt.

Oder Sie sagen sich: ›Gut, das hat mir jetzt nicht gepaßt.‹ Sie sprechen es an, sagen das dem anderen oder stellen innerlich fest, daß ja nur Ihr kleines Ego betroffen ist und die Sache an sich eigentlich gar nicht so tragisch ist. Verzeihen Sie sich und dem anderen, und richten Sie Ihre Aufmerksamkeit auf eine wichtigere Sache. In diesem Fall kann der Schnupfen in einer halben Stunde wieder verflogen sein.

Alles ist nur ein Bewußtseinsprozeß. Glauben Sie mir, ein Versuch lohnt sich!

Mit einem Unfall ist es genauso. Wenn Sie in sich ruhen, harmonisch und ausgeglichen sind, wird Ihnen kein Unfall zustoßen. Sie werden ahnen, daß da etwas geschehen wird, daß eine Gefahr auf Sie zukommt. Und Sie können ihr ausweichen.

Ich kenne mehr als nur eine Begebenheit, in der Menschen plötzlich aus einem unerfindlichen Grund heraus einen anderen Weg als sonst einschlugen. Hätten sie den normalen Weg gewählt, wäre es unweigerlich zu einem Unfall gekommen. Oder jemand weigerte sich plötzlich hysterisch, ein Flugzeug oder ein Schiff zu besteigen. Eine furchtbare Angst war plötzlich in ihm. Meistens sind es Frauen, denen so etwas passiert. Sie werden schnell verurteilt oder belächelt. Wenn dann aber das Schiff gesunken oder das Flugzeug abgestürzt ist, ist auch der Partner froh, daß seine Liebe siegte und er bei der Partnerin blieb.

Einem vollkommen aufmerksamen Menschen wird kein Unfall zustoßen, denn er steht in Verbindung mit seiner Umwelt. Dies setzt jedoch Liebe voraus. Er muß ein gutes Verhältnis zu sich selbst haben, sich lieben und ausgeglichen sein und dann mit Freude nach außen blicken, sich öffnen. Dann ist er eins mit der Umwelt, in Harmonie mit ihr. Und Harmonie ist Heil-Sein, ist Gesundheit.«

Haben Sie sich selbst schon einmal als Rose empfunden und miterlebt, wie sich ihre Knospe öffnet und herrlich zu duften beginnt? Haben Sie sich zu Hause mit Ihren Blumen liebevoll unterhalten? Sind Sie schon einmal über einen Regenbogen gewandert?

Für die ehemaligen Patienten von Frau Stephanie Merges ist das etwas ganz Selbstverständliches.

90

Dr. Jerzy Rejmer

Philosoph, Philologe —
und Bioenergietherapeut

Das Wort Wunder ist für ihn ein Greuel. Seiner Meinung nach kann nichts auf dieser Welt natürlicher sein als die Heilung. Er braucht auch keinen Glauben, keine jenseitigen Helfer, keine außergewöhnlichen Zustände wie Trance, Hypnose oder dergleichen. Doch davon abgesehen, tut er genau das, was alle anderen Heiler auch tun: Er nutzt die allgegenwärtige Energie, die er Bioenergie nennt. Entsprechend versteht er sich als Bioenergietherapeut. Als solcher ist er in Kliniken neben Ärzten tätig — und von ihnen weithin anerkannt.

Warum nur, so muß man sich fragen, ist dieser hochbegabte, blitzgescheite Mann aus Polen nicht Arzt geworden? Seine Talente, Diagnosen zu stellen und heilen zu können, haben sich doch schon in frühester Kindheit gezeigt! Hätte er es als Arzt nicht wesentlich einfacher gehabt? Wären ihm nicht bessere Möglichkeiten geboten worden, sein Können anzuwenden, ohne in den Geruch des Magiers zu geraten? Ohne immer wieder aufs neue beweisen zu müssen, daß er kein Scharlatan ist, der kranken Menschen nur etwas vorgaukelt?

Seltsamerweise hat Jerzy Rejmer nie den dringenden Wunsch verspürt, Medizin zu studieren. So nebenbei befaßte er sich in seiner Studienzeit zwar mit Anatomie und Physiologie, was ihm später zugute kam, doch Geisteswissenschaften interessierten ihn einfach mehr als das Medizinstudium. Es sieht ganz so aus, als wäre er dazu berufen, unvoreingenommen und, im wahrsten Sinn des Wortes, »unverbildet« die philosophischen Grundlagen für das Verständnis des Wunders zu schaffen, »Schulmediziner« und Heiler zusammenzuführen und beiden Seiten wissenschaftlich fundierte Erkenntnisse über das Wesen der wahren Heilung zu liefern. Er will eben zeigen, daß das Wunder kein Wunder ist. Den Anfang dazu hat er gemacht. Es gibt heute kaum etwas Aufregenderes, als die Arbeit dieses Mannes zu beobachten.

Seine bisherige Bilanz ist beeindruckend. In den Kliniken, in denen er neben Ärzten als Bioenergietherapeut tätig ist, hat man Statistiken über 3837 Behandlungen erstellt. Ergebnis: Dr. Jerzy Rejmer hatte seinerzeit 2699 Frauen und 1138 Männer behandelt. In 80,25 Prozent aller Fälle berichteten die Patienten, sie fühlten sich seit der Behandlung wohl. In 52,67 Prozent der Fälle konnte die heilsame Wirkung in Analysen und medizinischen Untersuchungen auch bestätigt werden. Nur in 4,63 Prozent der Fälle zeigten sich während der bioenergetischen Behandlungen keine wesentlichen Veränderungen. Dabei gilt anzumerken, daß die deutlichen Besserungen sich im Durchschnitt nach nur 3,14 Begegnungen zwischen Bioenergietherapeut und Patient zeigten. Und die Ergebnisse werden noch erstaunlicher, wenn man berücksichtigt, daß sich Dr. Jerzy Rejmer hauptsächlich mit Epilepsien, Lungen-, Augen-, Magenleiden, mit Allergien, Störungen des Drüsensystems und mit Frauenleiden befaßt. Unter seinen Heilungen finden sich auch so dramatische wie das Beseitigen von Krebstumoren. Sie scheinen unter seinen Händen wegzuschmelzen.

Doch was ist ein Bioenergietherapeut überhaupt? Was tut er? Wie kam man zu dieser etwas umständlichen Bezeichnung?

Der Begriff Bioenergie wurde in der Sowjetunion bereits in den 20er Jahren geprägt. Er geht zurück auf den Biologen Professor Alexander Gurwitsch, der seinerzeit eine Strahlung entdeckte, die von allen lebenden Zellen ausgeht. Der Versuch, solche biologischen Energien auf ganz natürliche, »materialistische« Weise für alle unerklärlichen, parapsychologischen Dinge verantwortlich zu machen, führte dann zu Begriffen wie Biokommunikation für Hellsehen, Telepathie für Gedankenübertragung und dergleichen. Die Kraft, der man die unerklärlichen Spontanheilungen zuschrieb, nannte man Bioenergie. Der »Astralleib« der Esoteriker wurde zum Bioplasma, eine Art riesiges Flüssigkeitskristall oder auch ein Knäuel von Blitzen. Auf diese Weise wurde sogar, ohne an den Himmel zu glauben, ein Weiterleben nach dem Tode möglich — mit der Vorstellung, daß dieses Bioplasma nach dem Tod in ätherischer Form weiterlebt. Dschuna galt später als die große Frau mit den ganz besonderen Bioenergien.

Bioenergie, das sei ausdrücklich festgehalten, hat nichts mit der Heilgymnastik »Bioenergetik« nach Wilhelm Reich zu tun. Es ist, so könnte man sagen, der Ostblockbegriff für das westliche PSI (außersinnliche Wahrnehmung).

In einigen Ostblockländern, speziell in Polen, gibt es seit mehreren Jahren den anerkannten Beruf des Bioenergietherapeuten. Wer diesen Beruf ergreifen will, der muß vor dem Beirat für Bioenergie der polnischen Biozentrikgesellschaft in sehr strengen Prüfungen das Diplom erwerben. Er muß beweisen, daß er aufgrund seiner besonderen Fähigkeiten fehlerfrei Diagnosen stellen und erfolgreich Behandlungen durchführen kann. Dabei genügen keineswegs subjektiv gefühlte Befindensbesserungen, sondern die Erfolge müssen überprüfbar, nachmeßbar, objektivierbar — und wiederholbar sein. Es läßt sich leicht vorstellen, daß unter solch strengen Maßstäben nicht eben viele die Hürden schaffen. Entsprechend kann man die Bioenergietherapeuten in Polen an zwei Händen abzählen. Jerzy Rejmer darf den Titel seit 1983 führen. Und er ist zweifellos der Meister der Bioenergietherapeuten — vielleicht im ganzen Ostblock. Seine Hände und seine Augen gleichen hochempfindlichen Meßgeräten, die jede krankhafte Abweichung von der Norm unfehlbar registrieren.

Begonnen hat das alles schon in der Kindheit. Seinen Eltern erzählte der kleine Jerzy, der am 21. März 1953 in Kielce in Polen geboren wurde, er sehe seltsame Strahlen rund um Menschen und Gegenstände. Die Eltern erschraken, denn sie dachten natürlich an irgendeinen Augenfehler ihres Kindes. Deshalb gingen sie mit ihm zum Augenarzt, doch dieser konnte nur feststellen, daß Jerzys Augen völlig gesund waren.

Heute weiß Dr. Rejmer, daß er schon als Kind gesehen hat, was ihm heute eine wertvolle Hilfe bei der Heilung ist: Er sah die sogenannte Aura seiner Mitmenschen, Lichtausstrahlungen rund um den Körper, als wäre dieser von hinten angestrahlt, nur sehr viel intensiver, flackernd, als züngelten kleine Flammen aus dem Körper. Mit der Zeit hat er gelernt, Farbunterschiede, Farbveränderungen, Lücken in der Aura zu sehen und aus der Intensität ihrer Strahlkraft, aus ihrer Größe und Form und eben aus den Farben gesundheitliche Störungen zu erkennen. Es gibt viele Menschen, die von sich behaupten, sie könnten, wenn sie sich darauf konzentrieren, die Aura eines Menschen sehen.

Für Jerzy Rejmer bedeutet die Wahrnehmung der Aura und ihre Deutung heute vor allem ein wichtiges Diagnose-Hilfsmittel.

Allerdings sah er in dieser Fähigkeit ursprünglich nicht gleich den großen Heilauftrag. Auch die Tatsache, daß er seinen Mitmenschen häufig kommende Ereignisse vorhersagen konnte, hat ihn offensichtlich nicht sonderlich beeindruckt.

Er steuerte eine wissenschaftliche Karriere an. Zuerst studierte er Philologie an der Universität in Kielce. 1977 erwarb er sich den Magister mit einer Arbeit über »Weltanschauung und philosophische Probleme in der Literatur, aufgezeigt am Beispiel der Romane von Maria Kuncewiczowa«. Danach ging er an die Universität von Warschau, um dort Philosophie zu studieren. 1983 wurde er mit einer Arbeit über »Origines, Kirchenlehrer und Philosoph« zum Dr. phil. promoviert — im selben Jahr, als er das Diplom zum Bioenergietherapeuten erwarb. 1984 erhielt er einen weiteren Doktortitel im

Fach Therapeutische Philosophie von der World University in Tucson, Arizona.

Auch weiterhin gehörte sein Herz gleichermaßen den Geisteswissenschaften und der Heilkunst. Seit 1980 hielt er an der Fakultät für Philosophie und Soziologie der Wasaw-Universität Vorlesungen als Dozent für Griechisch, gleichzeitig praktizierte er an den ambulanten Kliniken Izis und Biorelax Ltd. als Bioenergietherapeut.

Wie heilt Dr. Jerzy Rejmer?

Zur Erstellung der Diagnose verwendet er zwei Methoden:

Die erste besteht in der Begutachtung der Aura, die er als Biofeld bezeichnet, mit der exakten Feststellung, wo sie schwach, fehlerhaft, verfärbt ist.

Die zweite Methode stellt mehr als nur eine Ergänzung dar. Er läßt seine linke Hand, die Innenseite dem Körper des Patienten zugewendet, über dessen Körper gleiten — in geringem Abstand und ohne ihn zu berühren. Das geschieht ganz langsam. Ein unterschiedliches Wärme-Kälte-Gefühl oder auch ein Prickeln, gelegentlich ein Empfinden wie ausgelöst von einem schwachen Strom, schildern ihm den genauen Zustand der Organe. Man könnte das fast vergleichen mit der normalen Fähigkeit, mit Hilfe der Wärmesensoren in der Hand festzustellen, ob der geheizte Kachelofen überall gleichermaßen warm wird oder ob einige seiner Kacheln noch kalt geblieben sind, ob also der Zug im Ofen stimmt oder ob eine Klappe fälschlicherweise geschlossen ist und den Zugang der Hitze versperrt. Selbstverständlich hat das, was er verspürt, nichts mit Wärmeausstrahlungen zu tun, zumal die Patienten immer bekleidet vor ihm liegen. An den Veränderungen der Empfindungen in der linken Hand kann Dr. Jerzy Rejmer feststellen, wo genau im Körper die Energieflüsse in ihrem Gleichgewicht gestört sind. Und dort findet sich in aller Regel dann auch die Funktionsstörung oder auch schon die organische Schädigung.

Die Bioenergietherapie zur Beseitigung solcher Störungen geschieht nun mit dem Handauflegen, wobei wiederum der Körper nicht direkt berührt wird, oder mit dem Gleiten einer Hand über den Körper — wiederum ohne Kontakt. Damit soll Energie direkt an die energieleere Stelle des kranken Körpers gebracht oder die defekte Aura ausgestrichen werden, so wie man etwas Deformiertes zurechtbiegt. Die kleinen Flämmchen müssen wieder überall gleich stark züngeln und eine gesunde Farbe annehmen.

Im polnischen Fernsehen sind vor einiger Zeit zwei Patienten Dr. Rejmers vorgestellt worden. Bei einem 53jährigen Mann war 1986 von den Ärzten Bronchialkrebs (Lungenkrebs) nachgewiesen worden. Das Plattenepitelkarzinom hatte sich schon so weit ausgebreitet und es saß so ungünstig, daß eine Operation nicht mehr in Frage kam. Als Dr. Rejmer den Patienten zu sehen bekam, befand er sich in einem erbärmlichen Zustand: Fieber, Husten, körperliche Hinfälligkeit. Nach Absprache mit den behandelnden Ärzten übernahm Dr. Jerzy Rejmer die Behandlung. Innerhalb von drei Monaten legte er dem Krebspatienten achtmal die Hände auf. Derweil konnten die Ärzte am Bildschirm verfolgen, wie sich der Tumor veränderte, nämlich kleiner und kleiner wurde. Solche überzeugende Fälle sind einwandfrei dokumentiert. Es gibt die Röntgenaufnahmen vor und nach der Behandlung. Dr. Rejmer arbeitete unter den aufmerksamen Kontrollen der Ärzte. Betrug, Täuschung, subjektive Selbsttäuschungen müssen als Erklärung ausgeschlossen werden.

Ein zweiter Fall ist lediglich eine Art Bestätigung des ersten: Eine junge Frau, erkrankt an einem gutartigen Tumor der Schilddrüse, schilderte ihre Heilung vor den Fernsehkameras: »Mein Name ist Elisabeth Stanilewicz. Ich lebe in Lodz. Eine Geschwulst meiner Schilddrüse wurde von den Ärzten schon festgestellt, als ich noch zur Schule ging. Da sie mir keine großen Probleme bereitete, wurde nichts dagegen unternommen. Bis 1980. Damals machte man ein Szintigramm, das den Schilddrüsentumor bestätigte. Mit Medikamenten konnte man ihn nicht behandeln, eine Operation schien noch verfrüht. Deshalb wurde ich aufgefordert, die Größe des Tumors ständig zu überwachen und mich sofort zu melden, sobald sich der Tumor veränderte. Im Dezember 1982 bestätigte mir ein Endokrinologe die bisherige Diagnose. Im selben Jahr traf ich Dr. Rejmer. Er behandelte mich in fünf Sitzungen. Das Szintigramm, das anschließend gemacht wurde, zeigte, daß der Tumor einfach nicht mehr da ist. Er ist weg. Ich fühle mich seither auch wesentlich besser. Die Behandlungen selbst waren für mich sehr anstrengend. Drei, vier Tage nach jeder Sitzung fühlte ich mich sehr elend. Ich war dann unfähig, auch nur die einfachsten Arbeiten zu verrichten. Ich bekam Herzschmerzen, fühlte mich schwach, nervös und schwindlig. Alle diese Symptome sind rasch abgeklungen und jetzt vollkommen weg. Mein Herz ist heute viel besser als vor der Therapie.«

Wollte man davon ausgehen, daß Heilungen wie die Dr. Rejmers letztlich auf Suggestion und auf einer großen Erwartungshaltung der Patienten beruhen, daß sie, wie etwa Professor Hans Bender behauptet, nur im sogenannten »affektiven Feld« möglich sind, also nur dann, wenn sowohl beim Heiler als auch beim Patienten übermächtige Emotionen im Spiel sind, ja eine ekstatische Kraft freigesetzt wird, die Berge zu versetzen vermag, dann trifft das zumindest hier nicht zu. Denn weder Heiler noch Patientin haben eine vorübergehende Verschlimmerung der Symptome erwartet.

Dr. Rejmers Heilungen beweisen aber auch, daß die Behauptung Professor Benders nicht stimmt, das Wunder sei ein »unvorhersehbares Spontanphänomen und nicht der Erfolg einer kunstgerechten Therapie«. Wie viele andere bewirkt Dr. Rejmer das Wunder gezielt — und immer wieder.

Wie erklärt er es selbst?

Im Grund mit fast denselben Worten wie andere auch: »Die kosmische Energie ist überall. Der Heiler transformiert diese kosmische Energie in Heilenergie. Heilen heißt Stimulieren der Organe beziehungsweise des Biofeldes. Heilen ist die Regulierung des Biofeldes.«

Und woher weiß der Bioenergietherapeut, wie lange er als »Transformator« tätig zu sein hat?

Die in der Hand verspürten Sensationen, etwa das Prickeln oder das Wärmegefühl, zeigen in ihrer Veränderung genau an, wann eine Therapie beendet werden soll. In der Regel müssen therapeutische Anwendungen nicht länger als sechs- bis achtmal durchgeführt werden, meistens genügen schon drei, vier Behandlungen.

Ist seine Therapie eine mehr gezielte oder mehr allgemeine Behandlung?

Dr. Jerzy Rejmer bringt zwei unterschiedliche Therapieformen zur Anwendung, eine spezielle, die auf bestimmte Organe gerichtet ist, und eine generelle, die mehrere Systeme umfaßt. Dabei werden immer entsprechende Regionen der Haut, die mit dem Organ oder den Organsystemen in direkter Verbindung stehen, mitbehandelt.

Dr. Jerzy Rejmer ist nicht der Mann, der mit einem gewissen Machtanspruch vor seine Patienten hintritt, suggestiv, zwingend, mit großen Versprechungen. Sein Auftreten ist eher sanft, sehr zurückhaltend, fast scheu. Trotzdem gewinnt man, sieht man ihm bei der Arbeit zu, den Eindruck, daß er sehr schnell und sehr genau weiß, wie er vorzugehen hat. Seine Zurückhaltung resultiert nicht aus Unsicherheit, sondern sie ist eine Form der Höflichkeit, der Rücksichtnahme, des Respekts. Dieser Mann ist alles andere als ein Magier.

Für uns im Westen ist besonders interessant, daß er zusammen mit anderen in Zug in der Schweiz das Institut für komplementäre Studien der Naturheilkunde, »Biotron AG«, aufgebaut hat. Dort will er dazu beitragen, daß die Wunderheilungen ebenso wie andere natürliche Heilmethoden wissenschaftlich exakt erforscht werden, um möglichst bald handfeste Belege für ihre Wirksamkeit zu erbringen, die auch kritische Gegner zu überzeugen vermögen. In Zug hält Dr. Rejmer Kurse zur Ausbildung von Bioenergietherapeuten ab. Man kann bei ihm das Diplom erwerben. Und man kann sich dort selbstverständlich auch an ihn wenden, wenn man im Krankheitsfall von anderer Seite keine Hilfe mehr bekommen kann.

Dieser Mann ist ein Phänomen, von dem sicher bald noch mehr und noch Gewichtigeres zu hören sein wird. Ihm könnte es gelingen, das Wunder so zu erklären, daß es endlich seinen wenig geschätzten Beigeschmack verliert.

Dr. Jerzy Rejmer, der in großer Bescheidenheit neben dem Arzt an das Krankenbett tritt, ist auch immer wieder bereit, selbst auf den Prüfstand zu treten, um sich und seine Fähigkeiten testen zu lassen. Im Dezember 1982 und noch einmal im März 1983 wollten, um nur zwei Beispiele zu nennen, polnische Wissenschaftler erfahren, ob es die Bioenergie tatsächlich gibt — meßbar! Man machte mit ihm zunächst sogenannte NMR-Tests (Nukleare magnetische Resonanz). Diese Tests wurden mit Hilfe des Spektrometrielabors des Instituts für Organische Chemie an der polnischen Akademie der Wissenschaften in Warschau durchgeführt. Das Testmaterial, chemische Substanzen, wurde vor und fünf Minuten nach der bioenergetischen Beeinflussung durch Dr. Rejmer genauestens »vermessen«. Dabei zeigten sich ganz eindeutige Spektrumsveränderungen (0,3 ppm). Solche deutlichen Veränderungen liegen weit außerhalb jedes Meßfehlers, und sie sind auch nicht durch Zufälligkeiten zu erklären.

Immer wieder läßt sich Dr. Rejmers durch genaue EEG-Kontrollen bei der Behandlung von Epileptikern auf die Finger sehen. 42 Fälle sind in der Izis-Klinik auf diese Weise überprüft worden. Die Tests zeigten, daß die Bioenergie in keinem einzigen Fall zu einer Zunahme der Häufigkeit von Anfällen und auch zu keiner Verschlimmerung führte, was man bei der Zufuhr von Energie eigentlich erwarten sollte, sondern es zeigte sich stets eine stark suppressive Wirkung auf die Krampfattacken. Bei erwachsenen Patienten ließ sich nach jeder Behandlung beobachten, daß sie gesprächiger wurden.

Auch das sind objektive, jederzeit nachprüfbare Beweise.

1986 demonstrierte Dr. Jerzy Rejmer der Wissenschaft, daß er sogar in der Lage ist, Kristalle während der Kristallisation in ihrer Struktur zu verändern. Die Experimente wurden im Psychotronischen Labor der Psychotronischen Gesellschaft in Warschau durchgeführt. Als Material verwendete man Kupferchlorat ($CuCl_2$). Dessen Kristallisation wurde genau vermessen, dann noch einmal, fünf Minuten nach Dr. Rejmers Einflußnahme, überprüft. Auch dabei ergaben sich Veränderungen, die normalerweise nicht zu erklären sind. Und auch diese Veränderungen blieben nicht einmalig, nicht zufällig, sondern konnten wiederholt werden.

Wer immer über das Wunder sprechen und ein Urteil über das fällen möchte, was beim Handauflegen geschieht, der sollte sich zuvor ansehen, was Dr. Jerzy Rejmer, der Pole in der Schweiz, zu leisten imstande ist. Vielleicht muß er danach sein Urteil revidieren.

Tom Johanson

»Jeder Mensch kann heilen.
Es gibt keinen Grund,
nicht auch Heiler zu sein.«

Im Sommer 1989 geriet der Mann, der das behauptet, unversehens in die Schlagzeilen, als bekannt wurde, er hätte vor einigen Jahren den großen Maestro Herbert von Karajan zu Besuch gehabt, wobei es ihm gelungen sei, für Monate eine deutliche Linderung des schmerzhaften Rückenleidens Karajans zu erreichen.

Aus Salzburg kam sofort ein heftiges Dementi.

Doch so etwas ist Tom Johanson gewohnt: Auch einfachere Zeitgenossen scheuen sich noch immer, den Besuch beim »Wunderheiler« zuzugeben. Man könnte sie ja als verschroben hinstellen, und außerdem besteht die Gefahr, daß der Professor, bei dem man zu Hause in Behandlung ist, eine weitere Behandlung ablehnt, sobald er davon erfährt. Spricht es nicht für ein Mißtrauen gegenüber der »Schulmedizin«, wenn man sich einem Wunderheiler anvertraut?

Bei Tom Johanson ganz bestimmt nicht. Denn er gilt unbestritten, das haben mir viele Heiler versichert, als das gegenwärtig größte Talent. Im Gegensatz zu anderen will »Tom«, wie er weit über

Großbritannien hinaus kurz genannt wird, sich und seine Tätigkeit nicht verstecken. Nichts »Geheimnisvolles«, Verborgenes soll dem, was er tut, anhaften. Er arbeitet gewissermaßen öffentlich, in einem Zentrum in London, das jedem Kranken offensteht — und zwar unentgeltlich. Und er arbeitet ohne jede Hemmung auch mit Ärzten zusammen, wenn diese ihn zulassen.

Tom Johanson, im Jahre 1924 geboren, hat sich selbst jahrelang strikt geweigert, als Heiler tätig zu werden. Er glaubte einfach nicht daran, schon gar nicht an eigene Fähigkeiten auf diesem Gebiet. Als ein Mönch ihn dringend aufforderte, seine sehr starken Heilkräfte endlich anzuwenden, erklärte er ihm nur: »Heilen kann nur ein Heiliger. Und das bin ich nicht.« Der Mönch ließ aber nicht locker und lud ihn in sein Zentrum ein. Tom Johanson ging hin — in der Absicht, den Gegenbeweis anzutreten.

Der Mönch schickte ihm einen weitgehend gelähmten Jungen, der von seinem Vater auf einer Bahre hereingetragen wurde.

»Da stand ich«, erzählt Tom Johanson, »und fühlte mich ziemlich schlecht.« Er wollte den Jungen wegschicken zu einem, der vielleicht vom Heilen etwas versteht. Doch der Junge sah ihn flehentlich an und bestand hartnäckig auf einem Heilversuch. »Der Mönch hat mich zu dir geschickt. Er hat gesagt, ich soll zu dir kommen«, sagte er und wartete darauf, daß etwas geschieht.

Tom Johanson mußte etwas tun. So beugte er sich zu dem Jungen hinunter und legte, wie in Trance, seine Hände bald da-, bald dorthin auf den ausgemergelten Körper. Nach etwa 15 Minuten

104

sagte der Junge: »So, jetzt kann ich aufstehen!« Der Heiler zuckte mit den Schultern. Er glaubte nicht daran, doch was blieb ihm denn übrig? Er trat einen Schritt zurück und forderte den Jungen auf: »Nun gut, dann versuch es mal!« Der Junge stand tatsächlich auf und ging — als wäre Gehen für ihn das Selbstverständlichste. Der Vater trug die Bahre hinter ihm her.

Dieses Erlebnis seiner »Bekehrung« erzählt der Heiler gern in Seminaren, um seine Zuhörer aufzumuntern, doch ähnliches zu versuchen. »Denn«, so sagt er, »auch wenn alle Menschen mit so wenig Glauben an ihre Heilkraft, wie ich ihn damals hatte, sich an das Heilen heranwagen, muß es trotzdem möglich sein, daß Kräfte übermittelt werden und durch diese Menschen hindurch auf den Patienten einwirken. Die Heilung hängt von der heilenden Intelligenz ab, die durch uns wirkt. Wenn diese Intelligenz bereit ist, können wir zum Kanal werden. Dann können wir alle Heiler sein.«

Nicht immer hat Tom Johanson so gedacht und gehandelt, und schon gar nicht wäre er auf die Idee gekommen, die Heilkraft als etwas Intelligentes zu beschreiben. Sein Weg dahin war unendlich weit und sehr schmerzlich.

Er beschritt ihn nichtsahnend und sehr zögernd schon mit etwa 20 Jahren. 1937 beschloß Tom, sich dem Kunststudium zu widmen. Er wollte Porträtmaler werden. Das Talent, Menschen zu zeichnen, und zwar so, daß sie mit diesen Zeichnungen unverkennbar charakterisiert wurden, war schon während seiner Schulzeit aufgefallen. Und darin lag auch so etwas wie ein Vorbote für seine spätere Tätigkeit: Tom hielt nicht Äußerlichkeiten in seinen Bildern fest, sondern es gelang ihm stets, in das Wesen der Menschen einzudringen, ihr Inneres nach außen zu holen.

An einer Kunstschule in London unterzog er sich mehrere Jahre lang der intensiven Ausbildung, feilte und verbesserte die Technik des Malens. Seine großen Vorbilder waren Holbein und van Dyck. Ihnen eiferte er nach in dem Bestreben, mit dem Pinsel die Seelen der Menschen auf die Leinwand zu bannen.

Nebenher verdiente er sich seinen Lebensunterhalt als Fensterputzer, Hausierer, Bauarbeiter und Tellerwäscher. Seine Freizeit gehörte sportlichen Aktivitäten. Er war Boxer, Ringkämpfer, Ruderer, Tennisspieler, Gewichtheber. Auch auf diesem Gebiet zeigte sich sein vielseitiges Interesse: Am liebsten hätte er alles ausprobiert, immer neue Erfahrungen gesammelt.

Doch dann fing für Tom Johanson wieder etwas Neues an. Er gründete eine eigene Firma und arbeitete als Werbegrafiker, wiederum mit riesigen Erfolgen. Dank seines Einfallsreichtums und seiner Kreativität war er sehr gefragt und fühlte sich außerordentlich wohl in dieser Welt.

Doch auch diese Arbeit konnte für ihn kein Endziel sein. Nun begann er, wieder so ganz nebenbei, Volkswirtschaft zu studieren. Er machte an der Universität Oxford sein Diplom und absolvierte eine Ausbildung als Werbeleiter, die ebenfalls mit dem Diplom abgeschlossen wurde. Schließlich besuchte er auch noch einen Intensivkurs in Physik und Elektronik. Die Wissensbegierde riß ihn einfach mit und ließ ihn nicht wieder los.

So konnte es nicht ausbleiben, daß er bald in eine

Welt eindrang, die gewöhnlich als unheimlich, okkult, ja verboten gilt. Eines Tages erzählte ihm die Schwiegermutter seines verschollenen Bruders Stan, eine etwas unheimliche Frau, die hellseherisch begabt war, sie habe in einer spiritistischen Sitzung erfahren, wie sein Bruder während des Zweiten Weltkriegs ums Leben gekommen sei. Stan war Marinekanonier auf einem bewaffneten Handelsschiff gewesen, das in den letzten Kriegstagen spurlos verschwand. Es konnte niemals geklärt werden, ob und wie es untergegangen ist. In der spiritistischen Sitzung nun hatte seine Schwiegermutter die Durchsage bekommen, das Schiff wäre auf eine Mine gelaufen und in die Luft geflogen. Niemand hätte das Unglück überlebt.

»Als ich das hörte, konnte ich eigentlich nur lachen«, gesteht Tom Johanson. »Für mich war das alles Quatsch.«

Freilich, seine Neugierde war geweckt. Tom ließ sich breitschlagen und ging mit in eine spiritistische Sitzung. Plötzlich wurde dort das Wort an ihn gerichtet: »Sie sind ein außergewöhnlich begabtes Medium. Sie werden eine wichtige Funktion erfüllen!« lautete die Botschaft.

Damit war eine neue Seite im Lebensbuch des Tom Johanson aufgeschlagen. Er lernte in Kensington ein Medium kennen, das ihn zu dem seinerzeit berühmten Talent Harold Sharpe schickte. Bei ihm ging er nun sieben Jahre in die Lehre, um seine paranormalen Fähigkeiten zu entfalten und zu schulen. Sharpe bestätigte ihm auch, daß er nicht nur über die Kraft des Hellsehens, sondern mehr noch über die des Heilens verfüge.

Doch noch war Tom nicht soweit. An die Möglichkeit, selbst heilen zu können, wollte er immer noch nicht glauben. Dann wurde an der Belgrave Square in London die erste ambulante Heilerklinik eröffnet, die in dieser Form auch heute noch existiert. Tom wurde auserwählt, in dieser Klinik zu arbeiten. Zu seinem eigenen Erstaunen waren seine Erfolge außergewöhnlich.

»Ich hatte damals zwar schon erkannt, daß ich heilen kann, aber ich war mir selbst gegenüber immer noch sehr skeptisch. Ich kann mich erinnern, wie mulmig mir zumute war, als ich zum erstenmal in einem kleinen Raum dieser Klinik den ersten Patienten erwartete. Ich wußte wirklich nicht, wie das ausgehen sollte. Ich betete inbrünstig, daß ich Erfolg haben möge, legte während des Betens meine Hände auf den Kopf meines Patienten. Zu meiner größten Überraschung fühlte sich dieser Patient gleich sehr viel besser.«

So wurde aus dem ungläubigen und zuerst widerwilligen Skeptiker einer der begabtesten Heiler unserer Tage, für den es keine unheilbaren Krankheiten, wohl aber unheilbar kranke Menschen gibt.

Tom heilt nicht mit dem Kopf, sondern rein intuitiv. Er folgt seiner Eingebung. Wenn er dem Patienten die Hände auflegt, versucht er meditativ eine höhere Bewußtseinsstufe zu erreichen. Das ist seiner Meinung nach nur demjenigen möglich, der jahrelang regelmäßig tiefe Meditation durchführt. Nach einer gewissen Zeit, manchmal früher, manchmal später, spürt er dann, daß er »unter Strom« steht. Seine Hände werden warm. Wenn dieser Zustand erreicht ist, läßt er den Dingen seinen Lauf. Wie von selbst finden die Hände die Stellen des Körpers, die seine Energie brauchen. Er legt dort seine Hände auf oder führt, je nach Intuition, eine leichte Massage durch.

Wunderbarerweise haben Ruhm und Wissen diesen bescheidenen, fast schlichten Mann mit den silbergrauen Haaren aber keineswegs überheblich oder hochmütig gemacht. Denn stets gelten seine ersten Worte der Versicherung, daß er von sich aus nichts weiß und nichts kann. Alles stammt aus einer jenseitigen Welt, er selbst darf es an andere Menschen nur weitergeben.

1965 heiratete Tom Johanson das Medium Carol Polge. Sie ist weltberühmt geworden durch ihre »medialen Porträts«: Sie zeichnete und malte Porträts Verstorbener, ohne jemals zuvor sie oder ihr Bild gesehen zu haben. Mit Carol Polge reiste Tom Johanson um die ganze Welt. Viele tausend Menschen wurden durch die erstaunlichen Bilder überzeugt, daß es nach dem körperlichen Tod ein Weiterleben gibt.

Was sind nun nach Tom Johansons Wissen und Erfahrungen die wesentlichen Voraussetzungen für das Wunder? Wie kommt die Heilung zustande?

Der Heiler nennt als wichtigste Punkte: Mitleid, Einsicht, Toleranz, Aufrichtigkeit, Gelassenheit und Glauben. Und er betont es immer wieder und mit deutlichem Nachdruck: »Jeder Heiler ist nur das Werkzeug einer geistigen Intelligenz, die durch ihn wirkt. Es kann sogar sein, daß ein Heiler als Kanal dient, ohne die wirkliche Krankheit und deren Ursache zu kennen. Der heilende Geist braucht sein Wissen nicht. Er wirkt und operiert durch ihn an der richtigen Stelle.«

Was er damit meint, erläutert er an einem Beispiel: Eines Tages behandelte er ein kleines kahlköpfiges Kind, das er für einen Jungen hielt. Es stand in der Reihe vieler Kranker. Tom Johanson legte dem Kind die Hände auf, ohne zu wissen, warum es keine Haare hatte. Als er Monate später wieder in die Stadt kam, trat eine Frau auf ihn zu, um ihm für die Heilung ihres Mädchens zu danken. Das Kind sei völlig gesund und müsse nicht mehr operiert werden. Tom Johanson konnte sich erst wieder an den Fall erinnern, als ihn die Mutter des kleinen Mädchens an die Kahlköpfigkeit des Kindes erinnerte. Nun fragte der Heiler, was dem Kind damals eigentlich gefehlt hatte. Und er erfuhr, daß das Mädchen an einer schweren Nierenerkrankung gelitten hatte. Beide Nieren waren befallen, und die Ärzte hatten befürchtet, daß es noch höchstens sechs Monate zu leben hätte. Als das Kind nach der Begegnung mit Tom Johanson aber zur Operation ins Krankenhaus kam, erkannten sie, daß es völlig gesund war. Die Nierenerkrankung war ausgeheilt.

Diese Geschichte, so meint Tom Johanson, beweist, daß der Heiler nicht wissen muß, was er zu tun hat, welches Organ an welcher Stelle des Körpers einer Behandlung bedarf. Er wird ja nur als Instrument benutzt, als Transformator der heilenden Intelligenz und Vermittler der Energie, die durch ihn wirkt.

Diese Energie kann so stark sein, daß er anfänglich bei seinen Heilversuchen die Patienten regelrecht verbrannte. Seine Finger waren dann feuerrot auf ihrer Haut abgebildet. Später hat er gelernt, seine Heilenergien etwas behutsamer weiterzugeben. Immerhin dienten solche »Verbrennungen«

110

für ihn und für andere als Beweis dafür, daß bei den Heilungen tatsächlich etwas passiert. Und diese Beweise sind später auch unter strengsten Kontrollen von Ärzten, Biologen und Physikern bestätigt worden.

Im Klinikum St. Bartholomew's in London sollte Tom Johanson seine Fähigkeit an Krebskulturen beweisen. Er hielt seine Hände fünf Minuten lang über die Kulturen. Danach waren 50 Prozent der Krebszellen abgetötet. Nach weiteren fünf Minuten war wiederum die Hälfte der Zellen abgestorben. Nach sieben Stunden gab es keine einzige lebende Krebszelle mehr.

Ein anderer Test ist beinahe noch aufschlußreicher: Er wurde mit einem Oszillographen gemacht, der die »Healing Power« meßbar anzeigte. Nun mischte man gesunde und kranke Menschen. Allen legte der Heiler die Hände auf, doch das Meßgerät schlug immer nur dann aus, wenn Tom Johanson gerade einen kranken Patienten behandelte. Bei den gesunden floß keine Energie. Die Hcilenergien fließen also nur dann, wenn sie wirklich gebraucht werden. Bei Gesunden ist sie zwar auch da, wird aber nicht in Anspruch genommen.

Damit wird deutlich, daß es nicht vom Willen oder von Anstrengungen des Heilers abhängt, ob Heilenergien fließen. Die Heilintelligenz besitzt ihre eigenen Gesetzmäßigkeiten und Wirksamkeiten. Und sie sind unabhängig vom Kanal. Einzige Voraussetzung: Er muß durchlässig sein. Und dann wirkt er auch über größte Entfernungen.

Tom Johanson hat das einmal während einer Fernsehsendung demonstriert. Er sah die Frau am Bildschirm, kannte aber weder ihren Namen noch ihr Leiden. Der Heiler nannte sofort das Leiden beim Namen: Ischias mit besonders starken Schmerzen und Ausstrahlungen. Die Patientin am Bildschirm wurde sofort geheilt. Sie konnte sich nach fünf Jahren zum erstenmal wieder bücken und die Hände auf die Fußspitzen legen.

Tom Johanson akzeptiert die unterschiedlichsten Methoden der Heilung, das Handauflegen, das Aurakämmen. Das alles, meint er, kann helfen. Es hat einen psychologischen Effekt, doch es verstärkt die Heilkraft nicht. Einzig entscheidend ist der Wunsch des Heilers, ein Kanal zu sein für die Kraft, die durch ihn wirkt. »Heilen ist einfach. Keep it simple«, sagt er.

Und er weist immer wieder darauf hin, daß wir akzeptieren müssen, daß Heilen nicht immer möglich ist. »Es gibt Fälle, in denen können und dürfen wir nicht heilen.« Manchmal wird die Heilung durch eine Blockade im Geist des Patienten verhindert — oder seine Lebensweise und seine Reaktion verhindern den Heilungsprozeß. Oder die Patienten lieben ihre Probleme, weil sie damit die Aufmerksamkeit ihrer Mitmenschen auf sich lenken. Für manche ist die Krankheit die einzige Möglichkeit, umsorgt und beachtet zu werden. »Zum Heilen gehören immer zwei Menschen, der Heiler und der Patient. Auf beiden Seiten muß es stimmen, damit eine Heilung zustande kommen kann.«

Tom Johanson ist auch dank seiner zahllosen Fernheilungen und Heilungen über das Telefon berühmt geworden. Nicht selten fühlen sich Patienten schon in dem Augenblick gesund, in dem der Heiler am anderen Ende der Leitung den Hörer abnimmt.

Wie funktioniert seiner Meinung nach dieses Fernheilen?

Tom Johanson sagt dazu: »Es ist dringend notwendig, sich in eine meditative Haltung zu begeben und sich das Bild dieses Menschen vorzustellen. Dann muß man sich vorstellen, daß Licht diesen Menschen umgibt. Kennt man nur den Namen dessen, der die Heilung braucht, dann stellt man sich vor, daß Licht diesen Namen umhüllt. Dieses Licht kommt aus dem Innern des Heilers selbst. In diese Gedanken und Imaginationen kann man auch das Krankheitsbild des Patienten mit einbeziehen. Dann braucht man nur noch den ehrlichen Wunsch zu haben, daß dieser Mensch gesund wird. Diesen Wunsch muß man in den Gedankenprozeß einbringen. Und es wird gelingen.«

Tom Johanson erzählt einen besonders interessanten Fall, der vor einiger Zeit für großes Aufsehen sorgte: »Eine Frau aus Deutschland brachte eines Tages ihren Mann mit. Er war Arzt und wollte als sehr skeptischer Zuschauer mit eigenen Augen einmal sehen, was sich in einem solchen Seminar eigentlich tut. Auf dem Podium stand eine Frau mit einem dicken Kropf. Ich sagte zu ihr: ›Gut, wir werden es versuchen.‹ Der Arzt protestierte: ›Das ist ohne Medikamente nicht zu heilen!‹ Ich stand also neben der Frau und bewegte den Kropf mit den Fingern leicht hin und her. Nach einiger Zeit verschwand er wirklich. Und dann war er ganz weg. Die Frau rannte hinaus auf die Damentoilette, um sich im Spiegel zu betrachten. Der Arzt ging ihr nach und überzeugte sich, daß er keiner Halluzination zum Opfer gefallen war. Der Kropf war wirklich weg. Der Arzt, der immer noch nicht fassen konnte, was er eben erlebt hatte, war so begeistert, daß er sofort ein Seminar für 40 Ärzte organisierte und mich zu Demonstrationen einlud. Ich habe vor deren Augen Dinge vollbringen dürfen, die wirklich wie ein Wunder waren. Das hat eine große Verwirrung hervorgerufen.«

Als wäre es ihm peinlich, überhaupt über Erfolge zu sprechen, fügt Tom Johanson sofort hinzu: »Ich bin nicht einmalig. Viele, Sie alle können es. Bedenken Sie, wie ich damals zweifelte am Anfang meiner Laufbahn und eigentlich auch leugnete, heilen zu können — die Intelligenz hat trotzdem durch mich gewirkt.«

Und dann fordert er seine Zuhörer geradezu auf, den Versuch zu wagen: »Wenn jemand bei Ihnen beispielsweise Kopfschmerzen hat, dann legen Sie ihm die Hand auf den Kopf. Stellen Sie sich innerlich diese wunderbare geistige Kraft vor — und sprechen Sie mit ihr. Sagen Sie zu ihr: ›Hilf dieser Person!‹ Dann werden Sie spüren, wie die Kraft durch Ihre Hände strömt. Vielleicht sind Sie dann erstaunt über das, was Sie erleben. Fangen Sie zunächst bei Freunden, Verwandten, beim Partner an. Versuchen Sie zu helfen, wenn weniger ernste Krankheiten vorliegen. Ein technisches Wissen brauchen Sie dazu nicht. Zur Verstärkung der Heilenergie braucht man nur zwei Dinge: Mitleid und Bescheidenheit. Denn wir sind nicht selbst verantwortlich für die Heilung, wir sind nur das Instrument, das Klavier. Ein anderer spielt mit uns.«

Dann warnt Tom Johanson vor Manipulationen an den Chakren — das sind nach altindischer Vorstellung keine biologischen, sondern spirituelle Nervenzentren, die hintereinander auf der Zen-

tralnervenbahn der Wirbelsäule liegen. Mula-
dhara liegt bei den Geschlechtsteilen, Svadhish-
thana beim Solar plexus, Manipura bei der Milz,
Anahata in der Brust, Vishudda am Hals, Ajna zwischen den Augenbrauen, Sahasrara am Scheitel-
punkt des Kopfes. Der Yogi lernt, die Energien vom
untersten Punkt zum obersten zu leiten. Heute gibt
es auch bei uns mancherlei Praktiken, die Chakren zu aktivieren. Dagegen wendet sich Tom Johanson: »Alles, was an den Chakren gemacht wird,
das Reinigen, Aktivieren, Ölen, ist überflüssig. Viele manipulieren herum und verlangen viel Geld dafür. Letztlich wissen sie aber nicht, was sie tun. Die
göttliche Gabe, das ist das einzige, worum man bitten kann. Dann muß man sie so einfach wie möglich übertragen.«

Tom Johanson arbeitet auch heute noch im Heilzentrum in London, Belgrave Square. Dort werden
täglich viele Patienten umsonst behandelt. Man
kann einfach hingehen und sich anmelden. Neben
Tom Johanson sind dort 70 Heiler tätig, die um-
schichtig arbeiten, so daß immer einige zur Verfügung stehen. Es gibt auch die Möglichkeit, über
Fernheilung von dort Hilfe zu bekommen. Man
muß nur Formulare anfordern, sie ausfüllen und
an das Heilzentrum zurückschicken. Die Heiler bitten dann darum, daß ihnen regelmäßig, also etwa
monatlich, Bericht erstattet wird, damit die Behandlung abgebrochen werden kann, sobald sie
nicht mehr nötig ist.

Die Heiler, die an diesem Zentrum tätig sind,
üben einen festen Beruf aus und opfern einen halben oder ganzen Tag in der Woche den kranken
Menschen — wie gesagt, ohne Entgelt.

Mit dem Heilzentrum zusammen arbeiten 50 medial begabte Menschen. Auch sie kann man umsonst in Anspruch nehmen. Das Zentrum vertreibt außerdem die Zeitung »Psychic News«, in der auch Tom Johanson oft zu Wort kommt. Toms Wunsch ist, möglichst viele Menschen zu erreichen. Deswegen schreibt er, und deswegen reist er durch die Welt und hält Seminare ab. In seiner 30jährigen Heilertätigkeit hat er erfahren, wie wichtig es ist, daß wir selber aktiv mitarbeiten, wenn wir krank sind. Tom Johanson sagt: »Ein Heiler und ein Arzt machen bei der Heilung 20 Prozent aus. Die restlichen 80 Prozent muß der Patient selbst beitragen. Er muß beim Heilungsprozeß geistig und körperlich mithelfen.«

Leah Maggie Garfield

Engel und Geisthelfer passen auf dich auf!

Jeder von uns hat das schon einmal erfahren. Doch meistens wird es als schöner Zufall hingenommen, ohne daß man sich groß Gedanken darüber macht: Verzweifelt sucht man etwas, wird dabei immer nervöser und kopfloser. Und plötzlich fühlt man sich geradezu gezwungen, an einem völlig unmöglich Ort nachzusehen. Und genau dort findet sich dann der verlorene Gegenstand.

Oder man schlendert ziellos durch die Straßen. Ohne zu wissen, warum, biegt man plötzlich in eine kleine Gasse ein. Und dort macht man dann in einem Schaufenster eine ganz wichtige Entdeckung, oder man begegnet völlig unerwartet einem Menschen, der Bedeutsames zu berichten weiß. Oder man weiß nicht mehr ein und aus, weil sich die ganze Welt gegen einen verschworen hat. Unversehens finden sich dann »Fügungen«, die einen wunderbaren Ausweg zeigen.

Oder man rast mit seinem Wagen auf eine Kurve zu, ist übermütig und unbedacht. Da glaubt man, eine deutliche Warnung zu vernehmen, vielleicht hört man sie sogar ganz deutlich: »Du mußt bremsen!« Dank dieser Warnung kann man in letzter Sekunde einen schweren Unfall vermeiden oder der Radarfalle entgehen.

Wenn man ein wenig darauf aufpaßt und nicht allzu oberflächlich in den Tag hineinlebt, erfährt man solche Hilfen, Mahnungen, Warnungen fast täglich. Vor allem Frauen, die offensichtlich doch etwas feinfühliger oder empfänglicher dafür sind, wissen um diese Führung, für die es scheinbar keine Erklärung gibt. Psychologen sprechen in solchen Fällen von Hilfen, die aus dem Unbewußten aufsteigen. Viele, die immer wieder mit knapper Not schlimmeren Katastrophen entkommen konnten, sind überzeugt, zumindest im Augenblick der Not den »sechsten Sinn« zu haben. Andere sagen, halb scherzhaft, halb vom Kinderglauben geprägt: »Ich hatte einen guten Schutzengel!«

Frau Leah Maggie Garfield aus Horton Valley, Oregon (USA), eine der bekanntesten amerikanischen Heilerinnen und spirituellen Lehrerinnen, wie viele andere Medien Anfang der 40er Jahre geboren, kann sich nur darüber wundern, daß nicht alle Menschen einen ganz natürlichen Umgang mit Geisthelfern haben und deren Hilfe gezielt und selbstverständlich in Anspruch nehmen. Sie selbst kennt das nicht anders, von frühester Kindheit an.

Als kleines Mädchen spielte Leah Maggie nicht nur mit einem Geistgefährten, sondern mit vielen. Für sie waren das nicht nur Einbildungen, sondern sie sah diese Spielgefährten aus einer anderen Welt wirklich. Und sie ist fest davon überzeugt, daß alle Kinder mit Engeln, mit verstorbenen Kindern, mit Geistwesen spielen, sich dann aber von

118

ihnen trennen, weil sie dem Druck der Erwachsenen nachgeben.

Bei ihr war das anders. Sie wuchs in einer großen Familie auf, die solches als Selbstverständlichkeit hinnahm. Eine Großmutter bestärkte das kleine Mädchen, und Tante Rose sagte ihm sogar, wie es mit den Geistwesen umzugehen habe. Als Leah Maggie mit fünfeinhalb Jahren schwer erkrankte, waren es nicht Ärzte, die ihr Leben retteten, sondern eben Tante Rose — mit Hilfe ihrer Geisthelfer.

Als die Großmutter verstarb — Leah Maggie war gerade zwölf Jahre alt geworden — konnte das Mädchen die allgemeine Trauer gar nicht begreifen. Es war fest davon überzeugt, daß die Großmutter weiterhin da sein und mit ihr in Kontakt treten würde. Und tatsächlich, so versichert sie, bekam sie von ihr wichtige Nachrichten und Hilfen, wenn sie ihr im Traum erschien.

Das junge Mädchen studierte Anthropologie und wurde zunächst Lehrerin, heiratete und bekam Kinder. Diese »andere Welt« war vorübergehend in der Geschäftigkeit des Alltags verblaßt.

Doch dann, Anfang der 70er Jahre, lernte sie die Schamanin Essie Parrish kennen. Und diese Frau holte für sie die Geisthelfer zurück und lehrte sie, mit ihnen zu arbeiten.

1976 zerbrach die Ehe von Maggie Garfield und stürzte sie in eine tiefe Leere und Verlassenheit. Es folgten einige kleinere Unfälle, für sie ein Zeichen dafür, daß ihr Leben negativ belastet war. Die Träume wurden plötzlich nichtssagend, die Inspirationen blieben aus. Es war eine echte Lebenskrise.

In diesem Augenblick nun, so erzählt sie, scharten sich die Geisthelfer in so großer Zahl um sie, daß sie den Eindruck gewann, das ganze Universum würde für sie sorgen und ihr helfen, eine neue Entwicklungsstufe zu erklimmen.

Und schon häuften sich die »glücklichen Zufälle« wieder. 1976 lasen Freunde »zufällig« eine Zeitungsanzeige, in der das »Eugene Center for Personal Growth« (Hilfszentrum zur persönlichen Entfaltung) Mitarbeiter suchte. Leah Maggie Garfield bewarb sich und wurde aufgenommen. Auf Drängen zweier Geisthelfer im Jenseits, Johannah und Marie Le Casteau, hielt sie in diesem Kreis bald Wochenendseminare ab, an denen sich die beiden jenseitigen Helfer zusammen mit anderen in aller Öffentlichkeit beteiligten.

Mrs. Garfield brauchte sich auf diese Seminare nicht vorzubereiten, sich über deren Verlauf keine Sorgen zu machen. Die Geisthelfer waren ja da und sagten ihr in jeder Sekunde, was sie zu tun und zu lehren hatte. Wie in ihrer Kindheit hatte sie nicht nur das Gefühl, daß diese Helfer zugegen sind, sondern sie konnte sie deutlich hören und sehen. Und nicht nur sie: Auch viele Seminarteilnehmer sahen sie und konnten sie exakt beschreiben. Marie Le Casteau sahen alle als Frau mit einem Imkerhut und einem großen Netz, White Eagle als Indianerhäuptling, Carole Judge als moderne, modisch gekleidete junge Frau.

»Geistwesen sind ebenso an uns interessiert wie wir an ihnen, wenn nicht sogar noch mehr«, sagt Mrs. Garfield. »Sie interessieren sich für unsere physische Welt und für uns als Individuen. Sie sehen uns im Licht und aus der Liebe des Kosmos heraus. Sie haben gerade den richtigen Überblick, um uns ausgezeichnete Lehrer und Helfer zu sein. Sie können uns dabei helfen, unsere Kreativität zu zentrieren, Überfluß anzuziehen, zu finden, was wir auf nichtmaterieller Ebene begehren, und befreiende Eigenschaften wie Toleranz und Nachsicht zu pflegen. Im Gegenzug können wir eine Menge für sie tun, indem wir sie so behandeln, wie sie es mit uns tun: aufmerksam und respektvoll.«

Manche Geistführer sind nach Meinung von Mrs. Garfield unpersönliche Informationsgeber, die ungezielt etwas in unsere Welt hineinreichen, ohne jemanden persönlich ansprechen zu wollen. Es ist ihnen gleichgültig, wo das, was sie mitzuteilen haben, ankommt. Als Ergebnis tauchen oftmals ungefähr zur gleichen Zeit zahlreiche Varianten ein und derselben Erfindung auf, empfangen von Menschen, die gerade »auf Empfang« gestellt waren und gewillt aufzunehmen, was ihnen gereicht wurde.

Tatsächlich sagen ja viele Wissenschaftler, Techniker, aber auch Künstler, Schriftsteller, die Lösung eines Problems, mit dem sie sich abquälten, sei ihnen »im Schlaf« oder in einer Art Wachtraum zugeflogen. Und nicht selten geschieht es, daß eine Erfindung oder eine wissenschaftliche Erkenntnis an verschiedenen Orten der Erde gleichzeitig gemacht wird.

Schon Sokrates lehrte: »Ich fand, daß die Dichter ihre Werke nicht dank ihrer Weisheit schaffen, sondern dank einer besonderen Naturgewalt und Inspiration, wie Wahrsager und Propheten, die manchmal viele schöne Dinge sagen, aber nicht verstehen, was sie aussprechen.«

Johann Wolfgang von Goethe bekannte: »Ich habe meine Sachen geschrieben wie ein Nachtwandler. Die Gedichte machten mich, nicht ich sie.« Wolfgang Amadeus Mozart erzählte: »In meiner Phantasie höre ich die Teile meiner Musik nicht nacheinander, sondern alles auf einmal. Was für eine Freude das ist, kann ich gar nicht beschreiben. Wenn es mir gutgeht, wenn ich in einem Wagen fahre oder spazierengehe, oder des Nachts, wenn ich nicht schlafen kann, beginnen die Gedanken mir zuzufließen. Von woher oder wie, ist mehr als ich sagen kann.«

Edgar Wallace gab 1928 in einem Interview zu: »Ich bin erfolgreich gewesen weit über das hinaus, was durch meine natürlichen Talente berechtigt sein würde. Ich glaube, meine Gedanken sind angefüllt mit zusätzlichem Rüstzeug, das ich weiß nicht woher stammt.«

Der Forscher G. N. Tyrrell fragte sich: »Woher kommt es, daß die erhabensten Schöpfungen des Geistes außergeistig sind? Was gibt es außerhalb des Geistes, das sie hervorbringen könnte? Sie brechen häufig nicht nur mit Gewalt hervor, sondern haben oft etwas Fremdartiges und dem Irdischen Entrücktes an sich. Sie sind manchmal von einem außergewöhnlichen Gefühl des Glücks begleitet.«

Sollte Mrs. Garfield recht haben, daß wir alle mehr oder weniger ständig von Wesen aus dem Jenseits beraten, geführt, mit Wissen und Weisheit beschenkt werden?

An den Philosophen und Theologen Johann Kaspar Lavater schrieb Johann Wolfgang von Goethe: »Nun erhebe sich seine Seele und fühle tiefer im Geisterall. Dazu wünschen wir ihm innige Gemeinschaft mit Swedenborg, dem gewürdigten Seher unserer Zeiten, rings um den die Freude des Himmels war, in dessen Busen die Engel wohnten und zu dem die Geister durch alle Sinne und Glieder sprachen: Dessen Herrlichkeit umleuchte und durchglühe ihn, daß er einmal Seligkeit fühle und ahne, was das Lallen der Propheten sei, wenn unaussprechliche Dinge den Geist erfüllen.«

Emanuel von Swedenborg (1688—1772), schwedischer Wissenschaftler, der mit zahlreichen Erfindungen und wissenschaftlichen Abhandlungen weit über die Grenzen seines Landes hinaus bekannt geworden war und den nicht nur Johann Wolfgang von Goethe, sondern auch Immanuel Kant hochgeschätzt hatte, wandte sich 1747 von der Wissenschaft ab, um seine Visionen niederzuschreiben. Er behauptete: Die Geistwesen aus dem Jenseits brauchen keine Sprache, um sich uns verständlich zu machen. Sie teilen sich uns mit, indem wir ihre Gedanken denken, ohne zu merken, daß es gar nicht die eigenen Gedanken und Ideen sind.

Ähnliches kann man tatsächlich auch bei der Hypnose beobachten, wenn der Hypnotiseur einem Menschen während der Hypnose einen sogenannten »posthypnotischen Befehl« erteilt, der dann auch ausgeführt wird — in der festen Überzeugung, es handle sich um einen eigenen Entschluß, der eben erst gefaßt wurde. Selbst dann, wenn sich der zuvor Hypnotisierte weigert, den Befehl auszuführen, weil er vielleicht unmoralisch ist, wundert er sich doch, warum ihm dergleichen überhaupt »in den Sinn« kommen konnte.

Wie auch immer: Leah Maggie Garfield braucht keine spiritistischen Séancen, um »Geister« zu rufen und ihre Botschaften entgegenzunehmen. Sie weiß, daß diese immer zur Stelle sind, wenn sie gebraucht werden. Und deren Warnungen und Mahnungen, so sagt sie, sind keineswegs immer angenehm, doch stets hilfreich. So hat sie beispielsweise von »drüben« erfahren, daß Schulterbeschwerden immer etwas mit der Fähigkeit zu tun haben, Liebe zu empfangen oder zu geben. Schulterschmerzen auf der rechten Rückenseite, so weiß sie, zeigen Schwierigkeiten an, Liebe zu akzeptieren, Schmerzen auf der linken Seite deuten auf die Unfähigkeit, Liebe zu geben. Sie sind oft das Ergebnis einer emotionalen Trennung, die eine tiefe Wunde hinterlassen hat. Verspürt man die Schmerzen in der Brust, verhält es sich umgekehrt: Schmerzen oder Verletzungen auf der linken Seite, also in der Herzgegend, weisen hin auf Schwierigkeiten mit dem Annehmen, auf der rechten Seite dagegen mit dem Geben. Die Thymusdrüse, unterhalb des Halses unter dem Brustbein gelagert, so sagte man ihr, sei ein Spiegelbild für die Offenheit oder Verschlossenheit, mit der wir der Welt begegnen. Der Thymus ist daher entscheidend für die Abwehr von Krebs und für die Genesung von dieser Krankheit.

Mrs. Garfield erzählt die Geschichte des Funkers Kevin Kiper aus Cocoa Beach, Florida. Kiper hatte seine erste Begegnung mit geistiger Führung im Alter von zehn Jahren. Immer wenn er mit einer wichtigen Entscheidung rang, hörte er eine leise Stimme, die ihm sagte: »Tue es nicht«, oder auch: »Ja, das ist richtig«. Manchmal war diese Stimme sehr sanft, beruhigend, gelegentlich verriet sie Strenge. Wenn Kevin nicht auf diese Stimme achtete, mußte er es in der Regel bald bereuen. Die Stimme stellte sich dann als weibliches Wesen namens Azibeth vor.

Im Herbst 1978 buchte Kevin Kiper einen Flug von Sacramento nach Chicago, um seinen Vater zu besuchen. Als er das Flugzeug bestiegen hatte und gerade seinen Platz einnehmen wollte, hörte er plötzlich Azibeth, die ihn eindringlich aufforderte: »Verlasse sofort diese Maschine!« Kiper hatte oft genug erfahren, wie segensreich es ist, auf diese Stimme zu hören. Deshalb verließ er die Maschine, die ohne ihn abflog und über dem Lindbergh Airfield mit einer kleinen Sportmaschine zusammenstieß, wobei alle Insassen ums Leben kamen. Das ereignete sich am 25. September 1978.

Maggie Garfield arbeitet in Kalifornien mit anderen Heilern in Heilungsgruppen zusammen, die sich regelmäßig einmal in der Woche treffen, um sich geistig auf kranke Menschen einzustellen. Dabei ruft dann jeder seine Geistführer zu Hilfe, danach werden die Ergebnisse der Mitteilungen miteinander verglichen. »Wir entdecken immer wieder, daß wir alle dasselbe oder zumindest doch sehr ähnliches Material empfangen haben«, versichert Mrs. Garfield. Dabei versteht sie sich wie viele andere als »williger Kanal«, der von sich aus nichts zu geben vermag, sondern nur weiterleitet, was er selbst empfängt. »Wunder, die förmlich über Nacht geschehen«, so sagt sie, »sind äußerst selten. Heilung ist ein Dauerprozeß. Ein guter Geistführer wird versuchen, uns auf Heilmittel und -weisen aufmerksam zu machen, mit denen wir unsere gegenwärtigen Schwierigkeiten in den Griff bekommen. Er wird aber, und das ist seine eigentliche Hilfe, immer darauf aus sein, uns zu erklären, warum es zu dieser Krankheit kam, damit wir die Fähigkeit erlangen, unser Leben so zu ändern, daß die Selbstheilung möglich wird.«

Leah Maggie Garfield macht das an einem Beispiel deutlich:

Nancy, eine hübsche junge Frau, litt unter sehr heftigen Kreuzschmerzen, die sich tagtäglich mit schmerzvollen Krämpfen im oberen Rücken und im Hals-Nacken-Bereich abwechselten. Wenn sie ihre Tage bekam, litt sie unter entsetzlichen Schmerzen. Das alles war so schlimm geworden, daß sie sich nicht mehr in der Lage fühlte, Gegenstände hochzuheben. Während die Patientin ihre Symptome schilderte, sah Mrs. Garfield vor ihrem geistigen Auge plötzlich eine Welle, die rhythmisch das Rückgrat der jungen Frau auf und ab rollte. Und dann veränderte sich das Bild in hohe Meereswellen, die sich am Ufer brachen und erneut anrollten.

Die Heilerin fand dann heraus, daß die körperlichen Schmerzen vier Monate nach der Eheschließung der jungen Frau eingesetzt hatten. Ihr Mann war im Gegensatz zu der stark intellektuell ausgerichteten eigenen Familie »nur« Handwerker, nämlich Schreiner.

Schon die erste Heilsitzung verlief erfolgreich, Nancy kehrte beglückt nach Hause zurück. Doch zehn Tage später rief sie wieder an und berichtete, es wäre alles sehr viel schlimmer geworden.

Als Mrs. Garfield ihr wieder die Hände auflegen wollte, um ihre Energien zu bündeln, erhielt sie von einem ihrer Geistführer die Anweisung, damit aufzuhören. Mrs. Garfield setzte sich neben ihre Patientin und sah sie an. Sie beobachtete die Aura von Nancy und bemerkte, daß aus der rechten Körperseite kräftige Lichtstrahlen strömten, während die linke Seite aussah, als wäre sie in Zellophan verpackt. Links zeigten sich die sensitiven, intuitiven Fähigkeiten. Hier lag also eine massive Unterdrückung vor. Leah Maggie Garfield sprach ihre Patientin darauf an und erfuhr, daß sie sich gerne diesen Bereichen öffnen würde, aber zu große Hemmungen hatte, aus Furcht, verspottet und verlacht zu werden. Man sprach über Astrologie, über alternative Heilmethoden. Während des Gesprächs wurde Nancy immer gelöster, bekam wieder Farbe ins Gesicht. Jetzt erst wurde Mrs. Garfield aufgefordert, ihre Heilung fortzusetzen, erneut die Hände aufzulegen. Und jetzt gelang die Heilung.

Nach Meinung von Mrs. Garfield darf der Geistheiler nicht immer und in jedem Fall »sich einmischen« und unbedingt die Heilung anstreben. Gerade deshalb sei es so wertvoll, eine Führung zu besitzen, die einem sagt, wie weit man gehen darf.

In einem Fall erkrankte eine ihrer Freundinnen an einem Tumor. Die Frau war schon siebzig Jahre alt und nicht mehr bereit, sich gegen ihr Leiden aufzubäumen. In diesem Fall wollte Mrs. Garfield unbedingt helfen, erfuhr aber von den Geisthelfern, daß ihre Freundin, die selbst vielen Kranken geholfen hatte, nun ihrerseits Fürsorge und Pflege und Aufmerksamkeit brauchte, die ihr am besten in einem Krankenhaus zuteil würden. Also bestärkte sie die Kranke, ins Krankenhaus zu gehen.

Als sie sich dann auf den bösartigen Tumor konzentrierte, sah sie, wie ungewöhnlich groß und massiv er war. Und sie sagte sich: »Warum sollte ich ihn nicht ein wenig schrumpfen lassen? Ich konnte ihr zwar nicht wegnehmen, was sie sich selbst erschaffen hatte, in der Tiefe meines Herzens aber sandte ich ihr Liebe, um zu unterstützen, was sie sich wünschte. Und der Kreis der Heiler, mit dem ich zusammenarbeitete, tat das gleiche. Tatsächlich verkleinerte sich die Geschwulst, so daß ihre Operation ohne Komplikationen verlief. Und es kamen auch, wie sie es so sehr gewünscht hatte, viele Freunde auf Krankenbesuch und unterstützten sie bei der Genesung.«

Leah Maggie Garfield möchte alle Menschen auffordern, auf ihre Geisthelfer zu achten — gerade dann, wenn es um Heilungen geht.

»Nehmen wir an, daß Sie an einer chronischen Krankheit leiden, beispielsweise an einer Arthritis. Wenn Sie Ihren Geisthelfer nun einfach um Heilung bitten, kann Ihnen dies wohl etwas Linderung verschaffen, doch selten genügt es, um den Zustand mehr als nur teilweise oder vorübergehend zu verbessern. Damit eine echte Genesung stattfinden kann, müssen die tiefersitzenden Ursachen ans Tageslicht gebracht werden, und wir müssen auch die Verantwortung übernehmen. Erst dann können wir in einem Zustand gesundheitlicher Balance wieder von neuem anfangen.

Das mag oft unfair erscheinen. Wenn Sie gerade einen Anfall haben und sich vor Schmerzen krümmen, dann wenden Sie sich vielleicht nach innen zu Ihrem Geistführer und rufen: Bitte, schick mir etwas Hilfe für diese verkrüppelten Finger und geschwollenen Gelenke — und für die Wut und Hilflosigkeit, die damit einhergehen!

Oft geschieht es auch, daß sich zur eigenen

Ohnmacht noch das Schweigen des Geistführers gesellt. Doch schon wenige Minuten später merken Sie höchstwahrscheinlich, wie Sie weinen. Und wenn Sie schließlich Ihre Tränen trocknen, erkennen Sie, daß sowohl die körperlichen Schmerzen als auch die hilflose Wut sich erheblich reduziert haben. Das ist die Art, wie Geistführer oft heilen. Ihre Heilung dient nicht allein der Bekämpfung von Symptomen, sie versucht vielmehr, unser Bewußtsein zu erweitern, damit wir lernen, uns selbst zu helfen. Und dann erfahren wir auch, wie wir anderen sinnvoll helfen können.«

Maggie Garfield erzählt die Geschichte von Frau Sonja, deren kleine Tochter mitten in der Nacht schreiend aufwachte. Nichts half, das Kind wieder zu beruhigen. Die Mutter trug das Kind, sprach beruhigend auf es ein und schaukelte es in ihren Armen. Doch die kleine Abra schrie nur um so heftiger.

Sonja wollte gerade zum Telefon gehen, um einen Arzt anzurufen, als sie plötzlich eine Stimme neben sich hörte: »Lege deine Hände über Abras Ohren!«

Sonja tat, was man ihr aufgetragen hatte. Sie nahm den kleinen Kopf ihrer Tochter zwischen beide Hände. Und tatsächlich hörte das Kind auf zu weinen und schlief ein.

Keith Sherwood

»Werden Sie wieder, was Sie als Kind schon gewesen sind: ein Heiler!«

Amerikas bekanntesten Heiler Keith Sherwood traf ich auf der Vulkaninsel Lanzarote, im Ferien- und Seminarzentrum »Etora« im Oktober 1988. Auf dem Forum »Unzerstörbare Energie« sprach er über das Thema »Erschließung der Kraftzentren durch spirituelles Heilen«. Der in sich gekehrte unauffällige Heiler, Jahrgang 1949, geboren in Brooklyn, New York, ist nicht unbedingt der Sonnyboy, auf den man zugeht, um ihm die Hand zu schütteln. Die Kongreßteilnehmer begegneten ihm eher mit einer gewissen scheuen Reserve und wagten sich nicht so recht in seine Nähe, um ihn, der sich still in eine Ecke gesetzt hatte, nicht zu stören, ihn nicht herauszureißen aus einer Meditation oder einem Gebet. Er schien sich in einer anderen Welt zu befinden. Dieser Eindruck verschwand sofort, wenn er zu uns sprach. Dann wurde plötzlich ein enormes Feuer, ja eine Begeisterung spürbar, seine Augen blitzten, er schien jeden einzelnen direkt anzusprechen. Und wenn man ihm dann gegenübersaß, offenbarte sich eine ungewöhnliche Herzlichkeit und beispiellose Geduld. Kein anderer Referent ist nach seinen Vorträgen und nach den Diskussionen so heftig, ja leidenschaftlich ins Kreuzfeuer der Meinungen geraten wie Keith Sherwood. Es war unübersehbar: Er schien den Nerv getroffen, bei jedem einzelnen den »wunden Punkt« berührt zu haben.

Keith Sherwood gehört zu den Heilern, an denen man heute nicht vorbeikommt, will man über das Wunder sprechen — nicht nur seiner ungewöhnlichen Erfolge wegen, sondern auch deshalb, weil für ihn offenbar das, was bei der Heilung geschieht, sonnenklar und zugleich höchst einfach ist. Er hat, so könnte man es formulieren, ein eindrucksvolles System geschaffen, das überaus logisch erscheint und in elegantem Bogenschlag alle Heilsysteme umfaßt.

Keith Sherwood ist kein »Naturtalent« im herkömmlichen Sinn, nicht unbedingt der erdverbundene, in sich ruhende »Unverbildete«. Er gehört zu den hochgebildeten Heilern, die sich unentwegt in zähem und unermüdlichem Ringen um das Heilen bemühen, weil sie letztlich nur ein Anliegen kennen: leidenden Menschen etwas in die Hand zu geben, damit sie sich wieder selbst helfen können. Keith Sherwood ist so etwas wie der »Chefideologe« des Geistheilens. Für seine Theorien findet er aber keineswegs bei allen Heilern volle Zustimmung. Und doch haben sie mittlerweile viele stillschweigend übernommen.

Am Anfang seiner Erklärungen stehen stets folgende ehernen Grundsätze:

»Heilung ist kein plötzliches Ereignis, das auf wunderbare Weise durch eine bestimmte Aktion zustande käme. Heilung ist ein ständiger Prozeß.

Entweder wir bewegen uns in Richtung Gesundheit — oder wir bewegen uns in Richtung Krankheit. Kein Mensch befindet sich in einem statischen, unveränderlichen Zustand. Es gibt negative Umwelteinflüsse, die uns in Richtung Krankheit treiben, und es gibt positive Einflüsse, die uns in Richtung Gesundheit führen. Der Heiler kann lediglich zur Richtungsänderung beitragen.«

Für Keith Sherwood gibt es eigentlich keine Teilung des Menschen in Körper, Seele und Geist, obwohl er sogar vier verschiedene »Ebenen«, vier »Körper« nennt, die bei jeder Heilung angesprochen werden müssen:

* den physischen, materiellen Körper, der sich mit Hilfe seiner fünf Sinne informiert;

* den ätherischen Körper, der den physischen Leib mit Energie versorgt, in ihn paßt wie die Hand in den Handschuh und ihn in der Aura gleichzeitig wie eine eiförmige, schützende Hülle umgibt;

* den mentalen Körper, das Zentrum des Denkens, das mit dem ätherischen Körper zusammen die Seele bildet;

* den spirituellen Körper, den Wohnsitz des unendlichen Bewußtseins, der Tabernakel, in dem Gott wohnt.

Diese vier Körper sind seiner Meinung nach jedoch ein und dasselbe und unterscheiden sich voneinander nur durch unterschiedliche Schwingungsfrequenzen. Der materielle Körper ist ebenso Energie wie die übrigen, doch er besitzt die langsamste Schwingung. Der ätherische Körper ist ebenfalls ein stofflich wirklich vorhandener Körper, schwingt aber bereits sehr viel intensiver,

132

noch rascher der mentale, am raschesten der spirituelle Körper.

Man könnte das vergleichen mit den physikalischen Zustandsformen: Im Eis sind die Bewegungen der Atome träge, im Wasser bereits lebhafter, im Dampf am schnellsten. Doch ob Eis, Wasser, Dampf oder Plasma — es gibt ja auch in der Physik einen vierten Zustand —, immer handelt es sich um das chemische Element Wasser.

Keith Sherwood erinnert an den »schlafenden Propheten« Edgar Cayce, der einmal, nach der Bedeutung der spirituellen Energie für die Heilung befragt, in Trance die Antwort gab: »Durch Vertrauen in das Spirituelle wird die Reaktion des physischen Körpers beschleunigt. Denn jede Heilung im geistigen oder physischen Bereich bedeutet, daß jedes Atom des Körpers, jeder Reflex der Gehirnkräfte mit der Wahrnehmung des Göttlichen, das in jedem Atom, in jeder Zelle des Körpers wohnt, in Übereinstimmung gebracht wird.«

Aus jedem Satz, den Keith Sherwood ausspricht, wird deutlich, daß er ein sehr frommer, sehr gläubiger Mensch ist. Doch er ist ebenso Wissenschaftler. Seine Fähigkeiten zum Heilen hat er erst 1974 entdeckt. Zuvor absolvierte er das Gymnasium. Anschließend studierte er, schon mit 17 Jahren, an der State University von New York in Binghampton europäische Geschichte. Nachdem er den Doktortitel erworben hatte, ließ er sich allerdings zum Leiter von Encountergruppen ausbilden und wirkte danach als Therapeut mit Drogenabhängigen. Das Helfenwollen hatte über wissenschaftlichen Ehrgeiz gesiegt. Und dann kam der entscheidende Schritt vom Helfer zum Heiler.

Wie viele andere ist auch er mittlerweile zur Überzeugung gelangt, daß jeder ein Heiler sein kann — für andere und für sich selbst. »Heilenergie durchströmt uns unaufhörlich«, sagt er. »Sie wartet nur darauf, daß wir sie nutzen. Die Heilenergie ist ein Geschenk Gottes, das jedem zuteil wird, der mit offenem Herzen darum bittet. Sie ist vergleichbar dem Erneuerungsprozeß, der sich ununterbrochen in uns abspielt und uns gesund erhält. Der Heiler tritt gleichsam als Vermittler auf, der bei einer gesundheitlichen Störung eine Beschleunigung des Heilungsprozesses bewirkt.«

Voraussetzung dafür, daß die Heilenergien fließen können, ist eine Frequenz der Gehirnströme im Alpha-Wellen-Bereich, also zwischen 7 und 14 Hertz. Im Tiefschlaf fließen die Gehirnströme mit 0 bis 4 Schwingungen pro Sekunde im Delta-Bereich. Bei Schläfrigkeit liegen sie zwischen 4 und 7 Hertz im Theta-Bereich. Bei großer Wachheit und angestrengtem Denken, aber auch im Streß, bei Angst und Furcht, Glück und Schmerz, erhöht sich die Schwingung in den Beta-Bereich mit Frequenzen über 14 Hertz. Zu 80 Prozent verbringen wir im Wachzustand in dieser »Gehirnstrom-Hektik«. In diesem Zustand aber scheint ein Heilen oder Selbstheilen nicht möglich zu sein — eher ein Krankwerden.

Tatsächlich ist diese Theorie von dem amerikanischen Forscher José Silva vor einiger Zeit schon bestätigt worden. Er zeichnete das EEG von Geistheilern während ihrer Arbeit auf. Ihre Gehirnströme zeigten in aller Regel während des Heilens eine Frequenz von ziemlich genau 10 Hertz, also Alpha-Wellen-Bereich.

Und nicht nur das: Auch bei den Patienten, die sie gerade behandelten, veränderten sich die Gehirnströme in diesen Bereich hinein, so daß sich wirklich ein »Zusammenschwingen« feststellen ließ.

Das heißt aber: Zu Beginn jeder Heilung muß der Heiler erst »abschalten«, sich durch eine beruhigende Atemtechnik in den Alpha-Bereich begeben und dafür sorgen, daß auch sein Gegenüber diesen Zustand erreicht. Erst wenn das gelungen ist, kann er zum Heilen selbst übergehen.

Keith Sherwood unterscheidet fünf Formen des Geistheilens:

* Die Fernheilung, die er selbst sehr häufig praktiziert,
* die mentale Heilung,
* das Handauflegen,
* die Polarisierung und
* das emphatische Heilen.

Ganz selten kommt bei ihm nur eine Heilweise in reiner Form vor, meistens verbindet er mehrere Methoden miteinander, die sich nicht immer klar voneinander trennen lassen. Bei der Fernheilung spielt das »Denken in Bildern« eine ganz wichtige Rolle. Im Beta-Bereich denkt der Geist in Worten, im Alpha-Bereich in Bildern und Vorstellungen. Also muß auch hier zuerst wieder dafür gesorgt werden, daß die Gehirnstromfrequenz absinkt.

Im Zustand der völligen Entspannung stellt sich der Heiler dann ganz lebhaft und deutlich einen großen weißen Bildschirm vor, der etwa zwei Meter vor ihm und etwas über Kopfhöhe steht. Auf diesem Bildschirm nun erscheint die Person, die er heilen möchte. Keith Sherwood vergleicht das mit einem Wachtraum, dessen Bilder allerdings nicht zufällig auftauchen, sondern ganz gezielt »abgerufen« werden. Dieses Bild, so sagt er, kann festgehalten werden, wenn man sein Herz öffnet, also starke Zuneigung und großes Mitgefühl für diesen Menschen empfindet.

In seiner Vorstellung geht er nun auf dieses Bild im Bildschirm zu und legt ihm die rechte Hand auf die Stelle des Körpers, die der Heilung bedarf. Gleichzeitig stellt er sich vor, daß seine Hand heiß wird, von Energie durchströmt ist — und daß diese Energie vom Patienten regelrecht aufgesogen wird.

»Heilung bedeutet mehr als Affirmation und Visualisierung«, sagt Keith Sherwood. »Zur Heilung gehört auch die gezielte Übertragung von der Quelle der Heilung, dem ›All-Seienden‹, durch den Heiler.« Dieser muß förmlich spüren, wie die Energie von ihm zum vorgestellten Bild überfließt. Und er muß auch spüren, welche positive Wirkung dieser Energiestrom im Patienten auslöst. Dieses Vorstellen des Energieflusses dauert etwa fünf Minuten.

Sobald er das Gefühl gewonnen hat, daß diese »Behandlung« von Nutzen war, visualisiert er sich wieder im Abstand von zwei Metern vor dem Bildschirm und stellt sich vor, er würde vor seinem Gedankenbild praktisch in den Boden versinken. Dann spürt er wieder den Energiestrom in seinen Händen. Diesen richtet er diesmal aber nicht auf eine bestimmte Körperstelle, sondern nun stellt er sich vor, er würde die Aura des Patienten »aufladen«. Dabei sieht er, wie Lichtstrahlen aus seinen Händen fließen und die Aura seines Bildes zum

136

Aufleuchten bringen, wie diese Aura größer und strahlender wird, wie dunkle Flecken verschwinden.

Schließlich stellt er sich noch vor, daß sein bildhaftes Gegenüber glücklich zu lächeln beginnt. »Denn was man auf der mentalen Ebene hervorruft, das wird früher oder später auf die physische Ebene übertragen.« Auch das Aura-»Aufladen« dauert zwischen drei und fünf Minuten.

Den Abschluß der Heilung bildet ein tiefes Einatmen, ein Entspannen und ein Ausatmen mit der zuversichtlichen Feststellung: »Gott hat dich geheilt. Er heilt dich. Und er wird dich weiterhin heilen.« Dann läßt er das Bild los, und auch der Bildschirm verschwindet.

Die mentale Heilung ist meistens auch eine Fernheilung. Doch diesmal stellt sich der Heiler nicht nur das Bild des Patienten auf dem »visuellen Bildschirm« vor, sondern seine Vorstellung versetzt ihn praktisch in den kranken Körper seines Patienten hinein.

Wie das geschieht, erzählt er am Beispiel der Heilung eines kleinen Babys, das die Treppe hinuntergefallen war und schwer verletzt im Krankenhaus lag. Für das kleine Mädchen bestand so gut wie keine Hoffnung mehr. Beim Sturz waren Muskeln, Bänder und Blutgefäße im Nacken gerissen. Das Mädchen hatte innere Blutungen und Blutgerinnsel in Arterien und Venen.

Keith Sherwood stellte sich vor, wie er selbst sich im Nacken des Kindes befindet. Dort »reparierte« er zunächst die zerrissenen Blutgefäße, damit kein Blut mehr ausfließen konnte. Er nahm die Enden der Arterien und Venen und klebte sie sorgfältig mit einem mitgebrachten Klebstoff zusammen. Dann zerlegte er die Blutgerinnsel mit einem mitgebrachten elektrischen Bohrer in kleinste Teilchen. Er fegte diese Teilchen zusammen und schaffte sie in einem Eimer weg. Dann kontrollierte er noch einmal sehr sorgfältig, ob er auch keinen Blutpfropfen in einem Blutgefäß übersehen hatte. Nun machte er sich daran, die gerissenen Bänder und Muskeln zusammenzuflicken, zerrte die Enden zusammen und vernähte sie sorgfältig.

Als dieses Werk getan war, versorgte er alle behandelten Teile, Blutgefäße, Bänder und Muskeln mit einer heilenden Medizin. Er strich und pinselte, bis alles bestens versorgt war.

Die ganze Behandlung dauerte über vier Stunden! Doch offensichtlich hat sie sich gelohnt. Das Kind war schon am nächsten Tag außer Lebensgefahr und erholte sich zur Verblüffung der Ärzte sehr rasch.

Bei der mentalen Heilung, so versichert Keith Sherwood, ist sehr viel Kreativität nötig. Man muß alles, was man tut, ganz plastisch vor Augen haben, darf nicht hasten und leicht darüber hinweghuschen, sondern muß sich die einzelnen Schritte in absoluter Ruhe und in allen Einzelheiten vorstellen.

Keith Sherwood versucht während des mentalen Heilens, sich mit seinem Patienten zu unterhalten, ihn aufzumuntern, zu ermutigen. Gelegentlich, so sagt er, findet zwischen ihm und dem Patienten ein regelrechtes Gespräch statt. Der Patient, der meistens weit von ihm entfernt ist, sagt ihm über eine Gedankenbrücke, wo er Energie braucht und ob der Energiefluß schon ausreicht, so daß Heiler und

Patient sich gegenseitig helfen können. Der mentalen Heilung folgt in aller Regel abschließend eine normale Fernheilung mit der »Aufladung« der Aura.

Beim Handauflegen erklärt der Heiler seinem Gegenüber zunächst, was er unter spirituellem Heilen versteht und welche Methoden es gibt. Und er weist ihn auch jetzt schon darauf hin, wie wichtig es ist, daß er sich aktiv an der Heilung beteiligt und fortan die Verantwortung für seine Gesundheit übernimmt.

Dann bittet er den Patienten, sich entspannt hinzulegen, die Augen zu schließen. Danach beginnt er mit der Atemübung, die die Gehirnströme in den Alpha-Bereich bringen soll. Gleichzeitig »schaltet« er sich selbst auf Alpha-Frequenz um. Sobald das erreicht ist, versichert er sich und dem Patienten: »Ich bin ein Kanal für Heilung. Heilungsenergie durchströmt mich.« Diesen Satz wiederholt er oft mehrmals. Dann legt er seine Hände an die Schläfen des Patienten. Nun stellt sich die Vibrationsheilung ein: Zuerst ergreift ihn ein überwältigendes Mitgefühl dem Patienten gegenüber. Der Atem wird schneller, die Hände beginnen heftig zu vibrieren. Das dauert etwa zwei Minuten lang. Dann läßt dieses Vibrieren in den Händen langsam nach, löst aber gleichzeitig eine tiefere, innere Schwingung aus, die Keith Sherwood die »zentrale Prana-Schwingung« nennt. Diese Schwingung setzt zuerst im Brustkorb oder irgendwo in der Körpermitte ein. Seiner Überzeugung nach handelt es sich um eine Schwingung im feinstofflichen Bereich. Mit dieser zentralen Schwingung beginnen die Hände erneut zu vibrieren. Etwa fünf Minuten lang läßt der Heiler seine Hände am Kopf des Patienten ruhen, dann erst zieht er sie hinunter zum kranken Teil des Körpers, der dann etwa fünfzehn Minuten lang behandelt wird. Abschließend kehrt er noch einmal für fünf Minuten zum Kopf zurück.

Keith Sherwood hat beobachtet, daß die Aura seiner Schüler heller und strahlender zu leuchten beginnt, wenn sie nach seiner Anweisung solche Handauflegungen versuchen und dabei zum Vibrieren kommen. Es tritt eine Verschiebung der Rot- und Gelbtöne ein, hin zu Grün- und Blautönen. Manche Schüler erzählten später, sie hätten die Glut ihrer eigenen Aura verspürt.

Und was empfinden und verspüren die Patienten?

Meistens sagen sie, daß von den Händen des Heilers eine intensive Hitze ausgeht. Manche verspüren die Heilenergien aber auch als kalte Strahlen, als ein Kribbeln oder Vibrieren. Gelegentlich fühlt sich ein Patient regelrecht benommen. Es kommt aber auch vor, daß sich eine ganz plötzliche Besserung einstellt, ohne daß der Kranke auch nur das geringste von der Behandlung verspürt hätte.

Die Polarisierung als Heilweise besteht in dem Versuch, die beiden geschlechtlichen Prinzipien, das männliche und das weibliche im eigenen Körper, als Heilpotential einzusetzen. Die Bedeutung dieser Maßnahme, so erzählt Keith Sherwood, habe er schon sehr früh erkannt. Wenn er beispielsweise sehr intensiv und andächtig gebetet hatte, wenn Liebe und Mitgefühl ihn erfüllten, er also spürte, daß sein Körper auf besondere Weise mit Energie aufgeladen wurde, fühlte er sich zunächst recht unbehaglich. Und dieses Unbehagen blieb, bis er die Hände ineinanderlegte und damit dafür sorgte, daß ein innerer Ausgleich der Energien stattfinden konnte. Er spürte dann regelrecht, wie die Energiewellen rhythmisch durch seine Arme rollten. Damit wich nicht nur das Unbehagen, sondern es stellte sich zugleich ein tiefes Gefühl der Befriedigung ein.

Keith Sherwood bietet für diese Tatsache folgende Erklärung an: Durch den Fluß elektrischer Energien wird der menschliche Körper zum Stromkreis, der ein elektromagnetisches Feld aufbaut, das zwar schwach ist, doch existiert. Es bildet für den Körper einen negativen und einen positiven Pol. Eine Seite des Körpers ist schwach positiv, die andere schwach negativ aufgeladen. Diese Polarisierung wird normalerweise nicht wahrgenommen. Doch für den Heiler kann aus der schwachen magnetischen Kraft ein starkes Instrument zur Heilung werden, was nach Meinung von Keith Sherwood leider allzu oft übersehen wird. Wenn Energien aufgenommen werden, und zwar über den negativen Pol des Körpers, bei Rechtshändern ist es die linke Hand, bei Linkshändern in der Regel die rechte Hand, dann staut sich diese Energie und drängt nach einem Abfluß über den positiven Pol, die rechte Hand beim Rechtshänder, die linke Hand beim Linkshänder. Man könnte also sagen: Mit der einen Körperhälfte nimmt der Heiler die Energien auf, mit der anderen gibt er sie ab. So kann tatsächlich jeder Händedruck, da die meisten Menschen Rechtshänder sind, zum Energieaustausch werden. Wir zeigen einem Menschen nicht nur unsere Sympathie, falls wir es ehrlich meinen, sondern wir geben ihm zugleich, falls er sie nötig hat, Energie ab.

Der Heiler wendet diese Polarisierung bei der Heilung oft im Anschluß an das Handauflegen an. Dabei versucht er, sich regelrecht »aufzuladen«, indem er sich versichert: »Ich bin jetzt tief entspannt und ein offener Kanal für Heilungsenergie.« Er stellt sich vor, wie sein Herz-Chakra sich öffnet, wie er mit dem Herzen zu denken und zu atmen beginnt. In Form von Liebe und Mitgefühl strömt die Heilungsenergie durch sein Herz, meist so stark, daß die gestauten Energien in den Fingern Schmerzen verursachen. Wenn er den Drang verspürt, die Hände aneinanderzulegen, um damit für eine »Entladung« zu sorgen, dann weiß er, daß sein Körper polarisiert ist, dann spreizt er seine Hände und legt sie dem Patienten auf, ohne daß sie sich gegenseitig berühren.

Das dauert etwa fünf Minuten. Er spürt, wie die Heilungsenergien rhythmisch durch seine »männliche«, die positiv aufgeladene Hand fließen.

Während dieser Polarisierung sind streichende Bewegungen besonders wirksam. Sie werden wieder nicht direkt am Körper, sondern an der Aura vorgenommen. Die negative Hand befindet sich in Schulterhöhe, die Handinnenfläche ist nach oben gerichtet wie eine Parabolantenne, die etwas »auffängt«. Die positive Hand, knapp über dem Körper des Patienten, versucht die Aura zu ertasten und mit leichtem Druck zurechtzuformen. Die durch den Heiler hindurchfließende Energie stellt er sich in Heilfarben vor, wobei er sich darum bemüht, möglichst leuchtstarke Farben zu übermitteln.

Das emphatische Heilen ist die höchste, wichtigste und wirksamste Form des Heilens, aber sicher auch die schwierigste. Der Heiler versucht, sein eigenes Ich völlig aufzugeben und mit dem Patienten praktisch zu verschmelzen. Dieses Verschmelzen kann auf der mentalen Ebene geschehen, wenn sich nur der Geist vom physischen Körper löst, oder auf der ätherischen Ebene, wenn sich der ätherische Leib vom Körper löst und sich mit dem des Patienten verbindet. Der Heiler steigt sozusagen aus seinem Körper aus, um durch ihn und seine Begrenzungen beim Heilen nicht behindert zu werden. Er wird damit frei für die göttlichen Energien und kann sie ebenso frei und direkt an den Patienten weitergeben.

Für diese, man könnte sagen, vollkommene Heilung ist allerdings Voraussetzung, daß der Patient sich nicht verschließt und keine Abwehrhaltung einnimmt. Ist der Patient bereit mitzumachen, dann sind nicht nur wesentliche Besserungen, sondern auch Spontanheilungen möglich. Keith Sherwood verschweigt nicht, daß ihm selbst am Beginn solcher Heilungen das eigene Ich immer wieder massiv im Wege stand.

Der amerikanische Heiler begnügt sich längst nicht mehr damit, Kranke selbst zu heilen, was ihm immer vollkommener gelingt. Er möchte möglichst allen Menschen sagen, daß jeder ein Heiler sein kann; daß jeder es versuchen sollte, als Heiler zu wirken. Deshalb reist er um die ganze Welt, um in Seminaren und auf Kongressen sein Geistheilen anderen beizubringen. »Gott bevorzugt niemanden«, sagt er. »Er schüttet seine Gaben über alle aus, die sie brauchen und die ehrlichen Herzens danach verlangen.«

Heilen heißt für ihn, die Grenzen der Endlichkeit zu sprengen: »Wer die Heilung praktisch durchführen will, wird bis an die Grenzen seines schöpferischen Vermögens gefordert. Indem der Heiler ein Werkzeug des ›Göttlichen Willens‹, ein Kanal für die Heilungsenergien wird, überschreitet er das Endliche und wird zu einer Bahn, durch die unendliche Liebe und Kraft strömt. Während des Heilens überschreitet der Heiler die dem Menschen gesetzten Grenzen.«

Keith Sherwood definiert den Glauben, der das Wunder ermöglicht, sehr überzeugend: »Die Liebe bringt uns in Verbindung mit Gott, dem ›All-Seienden,‹ der heilenden Quelle, aus der alle spirituelle Nahrung kommt; der Glaube aber hält diese Verbindung aufrecht und führt uns zur Einheit. Der Glaube ist wie die Liebe eine Erhebung der Seele von den unteren auf die höheren Ebenen, aus dem Endlichen ins Unendliche. Glaube ist ein Stadium der Göttlichkeit innerhalb des Individuums, das diesem Menschen bestätigt, daß er bedingungslos angenommen und Teil des ›All-Seienden‹ ist. Das geht über die Verbindung hinaus, die sich auf zwei übereinstimmende Partner bezieht und die das Element der Dualität in sich trägt. Beim Glauben ist die Dualität aufgehoben, ebenso jedes Getrenntsein, denn im Glauben reicht Gott dem Menschen die Hand und bringt ihn zu sich selbst.«

Vor diesem wesentlichen Hintergrund gibt Keith Sherwood Anleitungen zum Heilen. Dazu gehört zuerst und vor allem das Erreichen des Alpha-Zustandes. Hier eine Kurzfassung davon:

* »Nehmen Sie eine bequeme Position ein, wobei der Rücken gerade sein sollte. Atmen Sie ein paarmal vom Bauch aus tief durch, dann schließen Sie die Augen und entspannen sich. Das Schließen

144

der Augen regt sofort die Alpha-Wellen-Produktion an.

∗ Atmen Sie weiter tief und zählen Sie dabei langsam rückwärts von 10 bis 1. Während Sie zählen, stellen Sie sich jede Zahl dreimal deutlich vor. Diese Technik vermag Ihre Fähigkeit der Visualisierung zu fördern. Lassen Sie sich deshalb genügend Zeit, und gestatten Sie Ihrem Geist, so kreativ zu werden, wie er will.

∗ Wenn Sie bei der Zahl 1 angelangt sind, beginnen Sie mit der Umprogrammierung. Versetzen Sie sich auf eine gesündere Bewußtseinsebene und gebrauchen Sie dazu die mentale Affirmation: ›Ich bin jetzt ganz entspannt, ich fühle mich besser als zuvor.‹ Atmen Sie weiter ganz tief durch und beginnen Sie nach einigen Augenblicken erneut, rückwärts zu zählen, wieder angefangen bei der Zahl 10. Atmen Sie aus, während Sie im Geist 10 sagen, dann atmen Sie tief ein. Beim Ausatmen sagen Sie 9. Und so weiter. Wenn Sie bei der Zahl 1 angelangt sind, werden Sie sich sehr leicht fühlen…«

∗ Wenn dieser Zustand erreicht ist, braucht man nach Keith Sherwoods Überzeugung noch eine wichtige Voraussetzung für das Heilen: Man muß, wie er es nennt, »die Aufmerksamkeit richten auf…«

Damit meint er eben nicht, sich auf etwas mit Willensanstrengung zu konzentrieren. Wenn oft gelehrt wird, bei der Meditation müsse man die Gedanken zum Schweigen bringen und sie immer wieder auf den gewollten Gegenstand zurückzwingen, dann sagt Keith Sherwood, so funktioniere das meistens nicht. »Die Aufmerksamkeit richten auf…« könne zwar als Willensakt beginnen, müsse dann aber »in einen Akt der Hingabe, in ein Sichüberlassen übergehen«. Bewußtsein und Herz müssen zusammenwirken. »Schauen Sie zuerst den Gegenstand Ihrer Aufmerksamkeit mit dem Bewußtsein an. Dann aber öffnen Sie das Herz diesem Gegenstand, und halten Sie ihn mit Liebe und Mitgefühl fest, während dem bewußten Geist die Freiheit gelassen wird, nach Belieben umherzuschweifen. Der unbewußte Geist, der direkt mit dem Herzzentrum verbunden ist, wird sich auf den Gegenstand einstellen, solange das Herz darauf konzentriert ist.«

Damit, so meint Keith Sherwood, lernt man die Dinge so zu sehen, wie sie wirklich sind und wie wir sie einst als Kinder gesehen haben.

Am Schluß der Heilung muß der Heiler sich selbst wieder mit Energie aufladen, indem er sich vorstellt, daß eine Welle von Energie über das Scheitel-Chakra in ihn einströmt und bis zur hintersten Zelle des Körpers gelangt. Gleichzeitig sollte sich der Heiler versichern: »Jedesmal, wenn ich Heilung aussende, werde auch ich geheilt. Ich werde dadurch zu einem noch wirksameren Kanal der Heilung.« Dann zählt man von eins bis fünf, öffnet die Augen — und wird hellwach, vollkommen entspannt sein und sich sehr wohl fühlen.

Sherwood lehrt die Teilnehmer an seinen Seminaren, wie man die Aura anderer Menschen sehen, fühlen und bewerten kann. Voraussetzung dafür ist wiederum ein Alpha-Zustand, das Herz-Chakra muß geöffnet sein und der Raum etwas abgedunkelt. Die Person, deren Aura man zu sehen wünscht, sollte vor einem dunklen Hintergrund stehen. Die Farben der Aura deutet er so:

* Rot — steht für Energie, Vitalität, Wärme und Anregung, wenn die Farben hell, leuchtend, klar sind. Es weist hin auf Eigensinn, Widerspenstigkeit, Zorn, wenn die Farben dunkel, verschwommen sind.

* Orange — ist ein Zeichen für Lebendigkeit und Kraft. Verschwimmt es zum Rötlichen hin, kann es eine Neigung zu Egoismus bedeuten.

* Gelb — ist die Farbe des Intellekts. Je leuchtender die Farbe, desto edler und geistiger ist die Denkweise. Ein schmutziges Gelb kann auf Selbstüberhebung, Habgier, Verschlagenheit hinweisen.

* Grün — steht für Ausgeglichenheit. Es ist die Farbe des Herzens. Klares, leuchtendes Smaragdgrün ist die Farbe der Heilung.

* Blau — wird religiösen und intuitiven Gefühlen zugeschrieben. Es ist in der Regel die erste Farbe, die man sieht, gelingt es einem, eine Aura wahrzunehmen.

* Violett — verweist auf hohe geistige Ideale und spirituelle Kraft. In der Aura von Durchschnittsmenschen findet sich diese »königliche Farbe« nicht.

* Braun — ist die Farbe, die am häufigsten bei körperlichen Erkrankungen zu sehen ist. Diese Farbe scheint immer negativ zu sein.

Nach dem Handauflegen, so rät Keith Sherwood, muß der Heiler eine Reinigung durchführen, damit keine Rückstände von Negativität, die man möglicherweise während des Heilens aufgenommen hat, zurückbleiben. Dieses Reinigen geschieht, indem man die Hände dreimal in fließendes Wasser eintaucht und kräftig ausschüttelt. Dabei versichert man sich selbst: »Negativität hat auf keiner Ebene einen Einfluß auf mich.«

Die beste Art, seine eigenen Energien wieder aufzuladen, ist für den Heiler, barfuß über eine Wiese oder am Strand entlangzugehen. Nach Keith Sherwoods Meinung braucht man nicht unbedingt bestimmte »Kraftorte« aufzusuchen, weil jeder Ort in der Natur die Eigenschaft besitzt, den Menschen zu stärken und mit neuer Energie zu erfüllen. Auch das Zusammensein mit kleinen Kindern, mit Tieren, mit gesunden Pflanzen, klarem Wasser vermittelt Energien.

Muß nun jemand, der heilen will, selbst besonders stark, besonders energiegeladen, besonders gesund sein?

Keith Sherwood erzählt die Geschichte, die der Biograph des heiligen Augustinus, Possidus, aufgeschrieben hat. Augustinus, so berichtet er, lag schon auf dem Sterbebett, als ein Mann mit einem kranken Verwandten kam und ihn bat, er möchte ihm die Hand auflegen, damit er wieder gesund werde. Der sterbende Bischof erwiderte: »Wenn ich eine solche Kraft besäße, würde ich sie gewiß bei mir selbst zuerst anwenden.« Doch der Besucher ließ sich nicht abweisen. Er erzählte, er habe einen Traum gehabt, in dem ihm gesagt worden sei: »Geh zu Bischof Augustinus, damit er dir die Hand auflegt und dich heilt.« Als Augustinus das hörte, zögerte er nicht länger. Er legte dem Kranken die Hand auf — und der wurde gesund. Er konnte geheilt nach Hause gehen.

Nicola Cutolo

Das Wunder von Bari

Die Leute von Bari erschrecken ein wenig, wenn sie ihm auf der Straße begegnen, und verneigen sich tief. Jedermann scheint den kleinen Mann mit der dicken Hornbrille zu kennen, der in Jeans daherkommt, die Ärmel seines leichten schwarzen Hemdes bis zu den Ellenbogen hochgekrempelt. Er blickt etwas finster drein. Mit ihm möchte man sich keineswegs anlegen, den er verfügt über unglaubliche Kräfte. Für die Leute von Bari gleicht er dem verstorbenen, inzwischen schon legendären Kapuzinerpater Pio, der im nicht weit entfernten San Giovanni Rotondo unzählige Wunder gewirkt hat, weil er scheinbar alles wußte und alles konnte. Noch heute pilgern viele Zehntausende alljährlich an sein Grab und fordern seine Seligsprechung durch die katholische Kirche.

Die Bewohner von Bari und darüber hinaus unzählige Italiener, die ganz unten im »Stiefel« oder auch auf Sizilien zu Hause sind, brauchen nicht mehr nach San Giovanni Rotondo zu pilgern. Sie haben ihren eigenen, lebenden Wundermann.

Es ist Nicola Cutolo, ein Mann, der in die Zukunft

blickt, verschwundene Personen aufspürt, mit Kräften der Konzentration die Zeiger eines Kompasses bewegt und, wenn es sein muß, auch Menschen, Tiere, Gebäude vom bösen Fluch befreit.

Heilen kann er von Kindheit an. Seine Familie weiß von wundersamen Ereignissen, an die er sich selbst nicht mehr erinnern kann.

Doch davon will er auch gar nicht erzählen. Für ihn waren das Spielereien, wie sie überall unter Kindern vorkommen und leider viel zuwenig Beachtung finden.

Nicola Cutolo schenkte ihnen Beachtung und wurde fast folgerichtig und zielstrebig Heiler, freilich nicht einer, der einfach so drauflos arbeitet, sondern einer, der wissen möchte, was er tut und warum es überhaupt funktioniert. Auf einem Naturheiler-Kongreß in Bari begegnete er Professor Elio de Pergola, dem Chefarzt des städtischen Krankenhauses »de Venere«. Cutolo war sofort bereit, monatelang in diesem Krankenhaus zu arbeiten und dem Professor damit die Möglichkeit zu geben, das Phänomen Geistheilen zu studieren und vielleicht sogar die Hintergründe aufzudecken.

Nicola Cutolo tat es unentgeltlich, worüber sich der Professor heute noch wundert: »Cutolo hat vier Monate seines Lebens geopfert, ohne etwas zu verdienen. Er war getrieben von der Neugier, mehr über sich und seine Fähigkeiten zu erfahren.«

Haben er und der Professor etwas erfahren?

»Das Ergebnis war für uns Mediziner wirklich verblüffend«, bekennt Professor de Pergola. »Wir haben zur Kenntnis nehmen müssen, daß etwas Wahres am paranormalen Heilen ist. Wir konnten eindeutig einen positiven Einfluß auf Schmerzen feststellen, die oft mitsamt dem Fieber verschwanden, ohne daß Cutolo die Patienten berührt hätte. Und wir konnten auch beobachten, daß andere krankhafte Erscheinungen reduziert wurden. Auch Krankheiten, die nicht auf seelische Ursachen zurückzuführen sind, haben sich gebessert oder sind sogar verschwunden. Erbrechen, Magen-Darm-Beschwerden sind oft schon nach einer einzigen Behandlung verschwunden. Bei Krebs haben sich die bösartigen Tumoren zwar weiterentwickelt, doch alle subjektiven Begleiterscheinungen sind verschwunden, nicht nur die Schmerzen. So konnten die Patienten dank seiner Hilfe beispielsweise die chemotherapeutische Behandlung, die gewöhnlich viele Beschwerden bringt, besser vertragen. Wir haben also bei fast jedem Krankheitsfall positive Ergebnisse beobachten können.«

Das bekennt ein Arzt und Wissenschaftler! Professor de Pergola hat mit seinen Ärztekollegen wegen seiner, auch für italienische Verhältnisse, ungewöhnlichen Zusammenarbeit erhebliche Schwierigkeiten bekommen. Ähnlich wie in der Bundesrepublik Deutschland, in Österreich und der Schweiz ist es in Italien vom Standesrecht her Ärzten nicht gestattet, mit Laien zusammenzuarbeiten. Professor de Pergola wurde angezeigt, sollte seinen Chefarztposten räumen. In langwierigen Auseinandersetzungen vor Gericht fand sich ein Richter, der Professor de Pergolas Vorgehen billigte. Seitdem darf nun Nicola Cutolo gelegentlich in der Klinik tätig werden, falls ein Patient das ausdrücklich wünscht.

Professor de Pergola ist heute Chefarzt einer Privatklinik, ein »Schulmediziner«, der sehr aufgeschlossen ist für alternative Heilmethoden, weil er sich überzeugen ließ, daß da etwas dran sein muß, und weil er wissen möchte, was tatsächlich dahintersteckt.

»Denn«, so sagt er, »wir müssen diese besonderen Energien erforschen, und zwar mit der wissenschaftlichen Einstellung, daß als wahr zu akzeptieren ist, was als wahr festgestellt wurde, und nichts abzulehnen, ohne es überhaupt untersucht zu haben. Wir dürfen nicht behaupten, daß ein Phänomen nicht existiert, solange wir nicht demonstriert haben, daß es tatsächlich nicht existiert.«

Professor de Pergola bekennt: »Ich bin davon überzeugt, daß jeder Mensch die Fähigkeiten zur geistigen Heilung besitzt. In allen Lebewesen scheinen Energien zu existieren, die wir noch nicht kennen. Um es richtig zu sagen: Ich glaube nicht an die Heilkraft in jedem Menschen, sondern ich bin überzeugt davon, daß jeder Menschen sie besitzt — aufgrund der Phänomene, die ich beobachtet habe.«

Der Professor erzählt von zwei Fällen, die ihn neben vielen anderen zu dieser Überzeugung geführt haben: Eine Patientin, die seit vielen Jahren unter einer schmerzhaften Schulterversteifung gelitten hatte, wobei es den Ärzten immer nur gelungen war, die Schmerzen einigermaßen zu lindern, war nach einer einzigen Behandlung durch Nicola Cutolo völlig geheilt. Und sie blieb es auch.

Die Frau eines Arztes aus Bari konnte sich seit drei Jahren nicht mehr bewegen. Nach Behandlungen in Kliniken, auch einer neurologischen

Klinik, lebte sie zu Hause im Bett oder im Rollstuhl. Nicola Cutolo besuchte sie vier- oder fünfmal. Danach war sie gesund, konnte aufstehen, sich bewegen, wieder voll ihre Arbeit im Haushalt verrichten — und sogar Sport treiben.

Wohlgemerkt, das sagt nicht etwa der Heiler, um seine Erfolge herauszustellen, sondern der Arzt. Nicola Cutolo weist alles, was nach Sensation aussehen könnte, weit von sich.

»Hier geschehen keine Wunder«, wehrt er ab. »Ich bin kein Wunderheiler. Die Menschen, die ich behandle, heilen sich selbst. Ich bin nur eine Art Transformator, der ihre gestörte Harmonie wieder ins Gleichgewicht bringt.« Wie die meisten Heiler, die versucht haben, mir ihr Heilen zu erklären, geht er davon aus, daß seine Energien nicht direkt auf den stofflichen Körper, sondern auf den Energiekörper im Leib einwirken. Darin, so meint er, bilden sich die Krankheitskeime lange bevor der Organismus selbst erkrankt.

»Krankheiten«, sagt er, »entstehen, wenn unser inneres Gleichgewicht gestört ist. Jede organische Störung oder Fehlfunktion hat entsprechend ihre Ursache im seelischen Bereich. Somit sind alle Krankheiten, ob leicht oder schwer, der Aufschrei der gequälten Seele.«

Genau hier setzt er an, wenn er zu heilen versucht: Er will die innere Unordnung beseitigen, damit der Körper wieder in die Lage versetzt wird, sich selbst helfen zu können: »Ich verwandle mit meinen Händen Disharmonien in Harmonien. Ich löse Blockaden und Verkrampfungen. Und das kann ich tun, lange bevor ein Mensch krank wird. Ich spüre es, wenn eine Krankheit sich aufbaut. Ich kann Leiden also in ihrem Vorfeld entdecken und helfen, daß sie erst gar nicht zum Ausbruch kommen.«

Das wäre dann fast so etwas wie ein neuer Beruf: Der Heiler, der keine Krankheiten heilt, sondern sie verhindert, indem er Ursachen, die zu Krankheiten führen könnten, aufspürt und beseitigt. Eine imponierende Vorstellung!

Wie geht Nicola Cutolo bei seinem Heilen vor?

Ganz ähnlich wie andere Heiler auch. In der Innenstadt von Bari bewohnt er mit seiner Frau, einer Lehrerin, und seinen inzwischen erwachsenen Söhnen eine große Etagenwohnung. Ein Raum davon ist das Wartezimmer, in einem zweiten finden die Behandlungen statt. Die Wände sind bedeckt mit den unterschiedlichsten Bildern. Beherrscht wird der Raum von einer großen Liege.

Wenn sich der Patient darauf ausgestreckt hat, tritt Nicola Cutolo an seine Seite und streckt die Hände aus. Dann fährt er mit ihnen, als wären es hochempfindliche Spürgeräte, über den Kopf und den ganzen Körper hinab bis zu den Füßen. Dabei halten diese Hände stets einen Abstand von etwa zehn Zentimetern. Manchmal hält der Heiler inne, verharrt einen Augenblick über einer bestimmten Körperregion. Seine Hände beginnen zu kreisen, ehe sie weiter über den Körper gezogen werden. Dann, nach etwa fünf Minuten, ist die Diagnose zu Ende. Der Heiler erklärt, was dem Patienten fehlt: »Ihre Leber ist entzündet. Außerdem ist auch die Durchblutung Ihrer Beine nicht in Ordnung.«

Damit beginnt die Behandlung, die sich nicht wesentlich von der Diagnose unterscheidet. Wieder kreisen die Hände, verharren über der Lebergegend, senken sich, heben sich. Zwei-, dreimal drückt er dem Patienten auf den Leib. Dann wandern die Hände zu den Beinen, fahren langsam die Unterschenkel auf und ab. Fertig.

»Noch zwei, drei Behandlungen, und Sie sind wieder völlig gesund«, sagt Nicola Cutolo und nickt bestätigend. »Sie werden sehen, es geht Ihnen schon jetzt viel besser.«

Der Patient ist entlassen. Der nächste kommt dran.

So geht das viele Stunden am Tag. Rechnungen und Forderungen gibt es keine. Jeder Patient gibt dem Heiler das, was er für angemessen hält und seinem Geldbeutel entsprechend zu geben bereit ist. Nicola Cutolo schaut gar nicht hin, was die einzelnen auf den Schreibtisch legen. Die meisten sind sowieso nicht kleinlich, wenn sie ihre Schmerzen endlich losgeworden sind; außerdem sind sie ja nicht ganz sicher, ob dieser Wundermann nicht ohnehin alles weiß. Er kann schließlich auch hellsehen, wahrscheinlich sogar Gedanken lesen. Wenn man etwas Wertvolles verloren hat, kann man sich gleichfalls an ihn wenden: Er weiß immer, wo es zu suchen ist oder wer es entwendet hat.

Übrigens spricht man in Italien nicht vom Geistheilen und nicht von der Bioenergietherapie. Man nennt das, was Nicola Cutolo und einige hundert andere tun, »Pranotherapie«.

Alle Heiler in Italien, die etwas auf sich halten, distanzieren sich entschieden von dem großen Rummel mit Magie, Zauber und okkulten Zeremonien, die in Italien gegenwärtig Hochkonjunktur haben. Rund 18 000 professionelle Okkultisten sollen nach einer amtlichen Untersuchung im ver-

gangenen Jahr fast zwei Milliarden Mark einge-
nommen haben. Zu diesen Leuten, die einem helfen, ein widerspenstiges Herz geneigt zu machen,
einen Nebenbuhler oder auch den ungeliebten
Ehemann loszuwerden, gehört Nicola Cutolo
nicht. Doch er weiß natürlich, daß er als angebli-
cher Wundermann von vielen mit ihnen in einen
Topf geworfen wird.

Um so dringender ist sein Wunsch, daß die natürlichen Heilkräfte, die er in besonders starker Weise besitzt, bald eine Erklärung und damit die volle
Anerkennung finden mögen.

Anatolij Michailowitsch Kaschpirowskij

»Das Wunder ist, daß es kein Wunder ist!«

Er kleckert nicht. Er klotzt. Und das wie kein zweiter. Anatolij Michailowitsch, wie ihn die Leute in der Sowjetunion kurz nennen, heilt nicht in der Stille, in versteckter Einsamkeit. Er genießt seine Einflußnahme auf die Massen. Auf wenigstens 1000 Menschen im dichtgefüllten Saal, lieber aber noch auf Millionen mit Hilfe des Fernsehens. Längst sind viele Millionen Menschen in der Ukraine, in Rußland, in Europa, in der ganzen Welt überzeugt davon, daß es im Lande Rasputins wieder ein ganz großes Heiltalent gibt, das selbst Weltberühmtheiten wie die Dschuna in den Schatten stellt. Und Hunderttausende reisen nach Kiew, um den begnadeten Heiler um Hilfe zu bitten, von dem es heißt, daß ihm keine Krankheit und kein Übel widerstehen könnte.

Begonnen hat der unauffällige Mann, der in lässiger, leichter Kleidung vor sein Publikum tritt, mit knapp 22 Jahren — im Jahre 1962. Er hatte seine Fähigkeiten erkannt und war nur von dem einen Wunsch erfüllt: sie als Hilfe weiterzugeben an jeden, der sie braucht.

Nur: so einfach war das zur Zeit Breschnews nicht. Der sowjetrussische Partei- und Staatschef nahm zwar selbst die Hilfe des »Wunders« Dschuna in Anspruch. Doch Wunderheilen war im Lande verboten und wurde streng geahndet.

Anatolij Michailowitsch war ausgebildeter Psychotherapeut. Deshalb ließ man ihn gewähren, solange sein Auftreten kein allzu großes Echo auslöste. Der Wunderheiler reiste über die Dörfer der Ukraine und blieb so über Jahrzehnte der breiten Öffentlichkeit verborgen.

Doch dann kam die Perestroika — und sein großer Auftritt. Die Prawda lud ihn zum großen Interview, die Fernsehanstalten baten ihn um Demonstrationen seiner Fähigkeiten vor laufenden Kameras. 1989 wagte er das geradezu Unglaubliche — und Millionen Zuschauer erlebten es mit: Anatolij Michailowitsch saß im Fernsehstudio in Kiew. In Tiflis lagen in einer Klinik die beiden Frauen Olga und Lesja, über TV mit ihm verbunden, zur Operation bereit. Räumlicher Abstand immerhin etwa 1500 Kilometer!

Nun bat der Heiler die Patientinnen: »Schaut mir in die Augen!« Und schon gab er den Chirurgen das Zeichen: »Ihr könnt anfangen. Operieren Sie!«

Auf dem Bildschirm war zu sehen, wie beiden Frauen der Bauch aufgeschnitten wurde. Die Wunden klafften über 30 Zentimeter lang.

Und die Frauen lächelten in die Kamera. Sie befanden sich nämlich nicht in Narkose, sondern waren bei vollem Bewußtsein. Und versicherten, nicht die geringsten Schmerzen zu verspüren. Olga summte sogar ein Volksliedchen vor sich hin, Lesja lachte — nicht wenig stolz darauf, von Millionen

Menschen beobachtet zu werden. Währenddessen las der Wunderheiler in Kiew mit ruhiger, singender Stimme Liebesgedichte!

Der Wunderheiler, der diese Bezeichnung weit von sich weisen würde, hatte sie über das Fernsehen dahin gebracht, schmerzunempfindlich zu sein.

Mit einer Fernsehbrücke Kiew—Moskau wurde das Experiment wiederholt. Und wiederum gelang es hundertprozentig.

Das war für Millionen Zuschauer der Beweis dafür, daß Anatolij Michailowitsch über ganz ungewöhnlich starke übersinnliche Fähigkeiten verfügt. Und viele zehntausend Ukrainer wären auch sofort bereit zu beschwören, daß sie selbst geheilt wurden, als der Heiler im Fernsehen auftrat.

Anatolij Michailowitsch Kaschpirowskij ist offensichtlich auch noch ein sehr geschickter Geschäftsmann. Er besitzt heute ein Unternehmen mit rund 3000 Mitarbeitern. Er hat einen Manager, der dieses Unternehmen leitet und ihn gewinnbringend einsetzt. Das Kaschpirowskij-Unternehmen, gegliedert in drei selbständig arbeitende Firmen, plant den Bau eines Hotels, in dem prominente Patienten aus aller Welt geheilt werden sollen. Sie, die sich vielleicht scheuen, sich öffentlich zur Wunderheilung zu bekennen, sollen die Möglichkeit erhalten, inkognito und unbemerkt von der breiten Öffentlichkeit das Wunder an sich selbst zu erfahren. Angeblich hat auf ähnliche Weise auch der sowjetrussische Außenminister Eduard Schewardnadse schon eine Begegnung mit dem Heiler gehabt.

In zwei Großveranstaltungen pro Woche präsentiert dieser sich seinem »normalen« Publikum, das

15 Rubel Eintritt bezahlen muß, in ausverkauften Riesensälen und Sportstadien. Für einen Patienten, der vielleicht 300 Rubel im Monat verdient, ist das sehr viel Geld.

Während der Veranstaltung treten ehemalige Patienten auf, die von ihrer Heilung berichten und ihre Dankbarkeit bekunden: »Ich hatte einen bösartigen Tumor am Kehlkopf. Anatolij Michailowitsch hat meinen Hals berührt. Der Tumor schrumpfte regelrecht zusammen und ist weg.« Und: »Mein Kind konnte nicht gehen. Seine Beinchen waren zu schwach. Wir sahen Anatolij Michailowitsch im Fernsehen. Jetzt kann mein Kind gehen. Es ist gesund.« Und so weiter. Es scheint wirklich kein Leiden zu geben, das nicht mit des Heilers Hilfe zu besiegen wäre. Selbst überflüssige Pfunde schwinden, wenn man sich ihm anvertraut. Krebs wird ebenso geheilt wie die multiple Sklerose, Bettnässen wie Rheuma.

Kaschpirowskij kennt sein Publikum. Er läßt es zunächst einmal warten. Wenn er dann endlich kommt, tut er nicht viel, schon gar nichts Außergewöhnliches. Keine beschwörenden, aufpeitschenden Reden. Nichts, das an Suggestion erinnert. Und doch ist sie greifbar da. Er läßt zunächst seine Erscheinung und den Ruhm wirken, der ihm vorausgeeilt ist, und wartet geduldig ab, bis die emotionale Spannung in der Menschenmenge einen gewissen Grad erreicht hat. Er erzählt währenddessen fast gelangweilt von seinen Auftritten, von seinen Heilungen, liest Briefe vor, die ihm Geheilte geschrieben haben. Das zieht sich endlos hin.

Die Spannung steigt. Die Menschen beginnen zu weinen, schließen verzückt die Augen, beginnen verwirrt zu stammeln. Es ist soweit. Es erklingen sanfte Melodien. Der Heiler bittet die Patienten: »Haben Sie keine Angst! Fangen Sie an zu fühlen! Hören Sie auf zu denken, sondern verwandeln Sie Ihre Phantasien in Gefühle! Fühlen Sie, was Sie denken wollen!«

Das wiederholt er immer wieder: »Fühlen Sie! Fühlen Sie, was Sie denken! Fühlen Sie, was Sie wahrnehmen! Lassen Sie Ihrer Phantasie freien Lauf.«

Eine merkwürdige Stimmung erfaßt die Tausend im Raum. Manche sind ganz still, fast wie in sich verkrampft, andere zucken und geraten in unkontrollierbare Bewegungen.

Anatolij Michailowitsch Kaschpirowskij geht durch die Menge, als wollte er es jedem einzelnen noch einmal sagen: »Hab keine Angst! Laß deinen Gefühlen freien Lauf. Löse deine innere Verkrampfung.« Etwa drei Stunden dauert die Veranstaltung. Dann verlieren sich die Menschen wieder — überzeugt davon, wenn nicht geheilt zu sein, dann doch wenigstens einen ganz großen Augenblick miterlebt zu haben.

Wie versteht der Therapeut aus der Ukraine seine Heilungen? Ganz bestimmt nicht als Wunder. Er hält auch nichts von übersinnlichen Kräften, von PSI oder Magie. Er ist überzeugt davon, daß alles, was er tut, sehr bald schon eine ganz natürliche Antwort finden wird. »Wir sind der Wahrheit schon sehr nahe. Meine Arbeit ist ein Schritt auf diese Wahrheit zu«, sagt er. Und erklärt: »Ich bin Psychotherapeut. Ich beeinflusse die Persönlichkeit des Patienten psychologisch. Ich versuche, über den Weg der Sinnesorgane eine heilsame Veränderung der biologischen Selbstheilungs-Mechanismen zu erreichen.«

Anatolij Kaschpirowskij bekennt in aller Offenheit, daß er selbst noch nicht begriffen habe, was bei der Heilung tatsächlich geschieht und daß es deshalb auch unmöglich sei, die komplizierten und undurchsichtigen Vorgänge zu erklären. Doch: »Fakten sind nun mal die Wahrheit!« Und mit den Fakten meint er die Tatsache, daß die Heilung tatsächlich stattfindet und nicht abgestritten werden kann.

Heiler wie Tom Johanson würden den russischen Psychotherapeuten und seine Methoden wohl ebenso ablehnen, wie Anatolij Michailowitsch Kaschpirowskij eine Dschuna ablehnt. Das ändert nichts an der Tatsache, daß Dschuna ebenso Heilerfolge aufzuweisen hat wie Kaschpirowskij — und dieser ebenso wie Johanson, vielleicht sogar noch wesentlich breiter und damit wirksamer gestreut.

Ist es, solange wir nicht wissen, was wirklich vorgeht, unbedingt wichtig zu wissen, ob die Heilkraft vom Heiler ausgeht oder dank seiner Anwesenheit vom Patienten selbst mobilisiert wird? Ob Suggestion eine Rolle spielt oder nicht?

Kaschpirowskij gesteht: »Entweder es klappt, oder es klappt nicht. Eine Heilgarantie kann ich nicht geben. Doch wir müssen immer wieder Beispiele echter Liebe geben. Die Liebe zum Mitmenschen ist es, die heilt.«

Das hätte genauso Dschuna und auch Tom Johanson sagen können. Die Prawda gab ihrem Interview mit Anatolij Michailowitsch Kaschpirowskij den Titel: »Das Wunder ist, daß es kein Wunder ist!«

Auch das würden wohl alle Heiler bereitwillig unterschreiben.

162

2. TEIL

Die Glaubensheiler

John Wimber

Power Healing

Direkt neben mir sinkt lautlos eine junge Frau zu Boden. Ihr Körper wird von entsetzlichen Zuckungen geschüttelt. Vier Freunde, die sich zu ihr herunterbeugen, sind nicht imstande, sie festzuhalten.

Nur einige Schritte davon entfernt liegen zwei Frauen und ein junger Mann, dessen Hände verkrampft sind. Sein Atem geht keuchend, als müßte er jeden Augenblick ersticken. Eine Frau bricht hysterisch in helles Lachen aus und kann sich nicht dagegen wehren. Eine andere lehnt erschüttert an der Brust ihres Begleiters und weint haltlos, klagend wie ein kleines Kind.

Und dann zerfetzen schrille Schreie das gedämpfte Gemurmel der Betenden in der riesigen Halle. Viele schluchzen, überall rinnen Tränen. Die Riesengemeinde der 6000 in der Frankfurter Festhalle hat sich aufgelöst in unzählige kleine Gruppen, die sich in den Armen liegen, sich gegenseitig trösten, segnen, sich die Hände auflegen.

Es ist unheimlich, mehr als verwirrend. Soll man

mitmachen, so wie andere die Hände in die Höhe strecken, singen, beten? Wirkt man als Zuschauer nicht störend, fast wie ein neugieriger Voyeur in dieser Gemeinschaft? Was soll man von dem halten, was sich hier abspielt?

Vorne auf dem Podium steht ein schwer übergewichtiger Mann mit weißem Vollbart, in hellgraue Hosen und einen gelben Pullover gekleidet. Ihm scheint das alles noch zu wenig zu sein, denn er fordert die erschütterten, weinenden, zitternden, von Krämpfen gebeutelten Menschen auf: »Laßt es kommen! Laßt die Kraft kommen!«

Und dann ruft er mit fordernder Stimme zum Himmel: »Mehr! Herr, gib ihnen mehr!«

Lautes Schreien und jubelndes Halleluja sind die Antwort der taumelnden Menge. Wieder werfen Tausende die Hände zum Himmel und geraten in eine Verzückung, die offensichtlich ansteckend wirkt.

Nein, ich bin keineswegs in die Versammlung einer abseitigen Sekte geraten. Unter den Verzückten rundum befinden sich 500 Pfarrer und Pastoren, Theologen, Ordensgeistliche und Ordensschwestern. Sie kamen aus allen christlichen Kirchen. Katholiken jubeln neben Protestanten, neben Freikirchlern und Pfingstlern, Deutsche neben Polen, Österreichern, Tschechen, Ungarn, Holländern, Schweizern. Jeder vierte Teilnehmer, so versichern die Veranstalter, ist jünger als 25 Jahre.

Alle warten sie auf das Wunder, auf die Heilung im gläubigen Gebet.

Der Dicke auf dem Podium, das ist der weltberühmte John Wimber, Gottes rührigster Glaubens-

166

heiler. Zwischen dem 16. und 20. November 1988 weilt er zum zweitenmal in Frankfurt. Er ist mit rund 200 Mitarbeitern gekommen, um einen Schulungskongreß durchzuführen. Vier Tage lang versuchten er und seine Helfer, den Angereisten einzuhämmern: »Jesus ist gekommen, damit wir ›heil‹ werden. Er hat den Aposteln und uns den Auftrag zum Heilen erteilt. Denn die Krankheit ist das Werk Satans.«

»Clinic« nennt John Wimber solche Gottesdienste, die sich über viele Stunden hinziehen. Erst wird gesungen, wobei eine Band auf dem Podium spielt, dann hält Wimber oder einer seiner Helfer eine flammende Ansprache. Am Ende der Veranstaltung — mittlerweile sind rund vier Stunden vergangen — steht jeweils der Versuch der Heilung.

Und solche Heilungen sind heute keine Seltenheit mehr. »Blinde sehen, Lahme gehen« — dieses Bibelwort, so versichert John Wimber, gilt wieder. Und er kann nachweisen, daß es stimmt.

Noch im Jahre 1976 hätte der Pastor der Yorba Linda Friends Church in Kalifornien dies für baren Unsinn erklärt.

Er ist keine Naturbegabung, besitzt keine übersinnlichen Fähigkeiten. Als Lebensziel hat er ursprünglich etwas ganz anderes angestrebt als den Beruf des Heilers im Glauben.

Zuerst war er Rock-'n'-Roll-Musiker. Diese Karriere beendete er in den 60er Jahren, um Theologie zu studieren. Dann wurde er zum »Manager Gottes«, zu einem Pastor, der in rastloser Geschäftigkeit von einem Ort zum anderen reiste, um seinen Kollegen Tips zu geben, wie man die Schäfchen wieder in die Kirche lockt. Er gründete schließlich eine eigene christliche Kirche, die »Vineyard Fellowship«, die bald weit über 200 Gemeinden mit nahezu 100 000 Mitgliedern zählte. Diese christliche Gemeinschaft hat nach wie vor riesigen Zulauf.

John Wimber, verheiratet und Vater von vier Kindern, war und ist auch heute noch alles andere als ein Schwärmer. Wenn er früher im Fernsehen die Massenheilungs-Veranstaltungen sah, die in großen Stadien veranstaltet und seit den 60er Jahren in den USA mehr oder weniger regelmäßig über das Fernsehen ausgestrahlt werden, fühlte er sich abgestoßen. Wenn Heilsverkünder wie die berühmte Predigerin Kathryn Kuhlmann auf dem Bildschirm erschienen, theatralisch in wallende Gewänder gekleidet, affektiert, gekünstelt auf die Massen einredeten, dann schaltete er verärgert das Gerät aus. Er war der Meinung, daß dies mit dem rechten Glauben nichts mehr zu tun habe.

Das änderte sich, als seine eigene Frau Carol 1977 krank wurde. Im Gegensatz zu ihrem Mann war Carol, ebenfalls eine engagierte Christin, längst davon überzeugt, daß das rechte Gebet Heilkraft besitzt. Hinter seinem Rücken hatte sie Kontakt geknüpft mit Gruppen, die Heilgottesdienste durchführten.

Als ihre Schmerzen in den Schultern, ausgelöst von einer rheumatischen Arthritis, unerträglich geworden waren, »verführte« sie ihren Mann in einer abgelegenen Berghütte. Eines Nachts wartete sie, bis ihr John eingeschlafen war. Dann nahm sie seine Hand und legte sie auf ihre schmerzende Schulter.

»So Herr, jetzt bist du dran!« betete sie — und verspürte augenblicklich einen Strom von Hitze und Energie in ihre Schulter fließen. Die Schmerzen waren wie weggewischt, sie war geheilt. John Wimber wachte auf und wunderte sich, warum seine Hand so heiß war.

»Du hast mich geheilt«, jubelte Frau Carol. »Ich wußte, daß du es kannst.«

Diese Heilung hat den Pastor denn doch sehr nachdenklich gestimmt. Er begann, die Bibel neu zu lesen, um herauszufinden, ob Jesus Christus einen Auftrag zum Heilen — und die nötige Vollmacht dazu — gegeben habe. Und er betrachtete die Heilgottesdienste im Fernsehen fortan mit anderen Augen. Nach wie vor gefielen ihm die Auftritte nicht, doch er sagte sich jetzt: »Da muß etwas dran sein!«

In den Evangelien fand er 41 Heilungen, die Jesus vollbrachte. Und dort stieß er auch auf den ausdrücklichen Auftrag: »Heilt Kranke, weckt Tote auf, macht Aussätzige rein, treibt Dämonen aus.« (Matthäus 10,8)

Doch wie konnte dieser Auftrag in die Tat umgesetzt werden? Zehn Monate lang predigte John Wimber nur noch über das Thema Heilen in der Kirche, gleichzeitig versuchte er, das Wunder Wirklichkeit werden zu lassen.

Das Ergebnis seiner Anstrengungen bestand nur in bedrückenden Mißerfolgen. Die Leute, für die er betete, wurden nicht etwa gesund, sondern sie steckten sich gegenseitig an. Die Folge war eine entsetzliche Grippe-Epidemie in seiner Gemeinde. Nach zehn Monaten unverdrossener, aber vergeblicher Versuche betete er wieder einmal zwei volle Stunden lang mit einigen Gemeindemitgliedern für einen Schwerkranken. Wieder tat sich nichts.

Da warf sich der Pastor erschüttert auf den Boden und haderte: »O Gott, das ist nicht fair! Du sagst uns, wir sollen an die Heilung glauben und darum beten. Doch wenn wir danach handeln, passiert überhaupt nichts. Du läßt uns im Stich!«

Das schien das Ende seiner Bemühungen zu sein. John Wimber wollte aufgeben und sich nicht länger lächerlich machen. Doch schon am nächsten Morgen ereignete sich das Wunder dann doch — völlig unerwartet und ohne daß er noch damit gerechnet hätte, ohne seine verbissenen Bemühungen und ohne kecke Forderungen an Gott.

Er erhielt den Anruf eines verzweifelten Mannes, der eine neue Arbeitsstelle antreten sollte, doch plötzlich war seine Frau schwer krank geworden und lag mit hohem Fieber im Bett. Es gab niemanden, der auf die Kinder hätte aufpassen können.

Nun bat dieser Mann: »Kommen Sie und helfen Sie mir, sonst verliere ich die Stelle, noch ehe ich sie angetreten habe.«

Der enttäuschte, niedergeschlagene Pastor sagte sich: »Der arme Mann glaubt wirklich, daß ich heilen kann! Was bleibt mir übrig? Ich muß hingehen, um wenigstens den Babysitter zu spielen!« Und er ging zu der geplagten Familie.

Wie er selbst bekennt, legte er der fiebernden Frau die Hände auf — ohne jede Hoffnung und ohne den geringsten Glauben daran, daß das irgendwie helfen könnte. Sein Gebet war weder von Inbrunst noch vom Geist erfüllt: Dein Wille geschehe. Mit seinen Gedanken war er überall, nur nicht beim Gebet.

170

Eben wollte er sich von der kranken Frau abwenden und sich bei dem Arbeiter entschuldigen, daß die Heilung im Gebet eben nicht immer funktioniert, da stand die Frau lachend aus ihrem Bett auf. Sie hatte keine Spur von Fieber mehr, keine fieberglänzenden Augen, keinen Schweiß auf der Stirn. Sie war gesund und machte sich daran, ihre Arbeit im Haushalt zu verrichten.

Seit jenem Augenblick rollt eine mächtige Woge eines neuen Gebetes um die Welt. Und sie erfaßt immer größere Kreise; vor allem in den USA, in Südamerika, in England, Irland und Frankreich, mittlerweile aber auch in der Bundesrepublik Deutschland, in Österreich und in der Schweiz sind seit Anfang der 80er Jahre viele tausend Gebetskreise gegründet worden. Sie kümmern sich um kranke Menschen, aus der Überzeugung heraus, daß es seit jeher zum Christsein gehört habe, um die Heilung im Gebet zu bitten, Kranken die Hände aufzulegen und das Wunder zu erwarten. Man schätzt, daß sich Ende der 80er Jahre rund 20 Millionen Christen aller Konfessionen zu dieser Bewegung bekennen, die sich »Charismatische Erneuerung« nennt. Innerhalb der etablierten Kirchen werden diese Gruppen geduldet, da oder dort vielleicht sogar ermuntert. Das kann aber nicht darüber hinwegtäuschen, daß die Masse der Bischöfe, Priester, Pastoren und auch der Laien innerhalb der Kirchen dieses »Heischen nach dem Wunder« mit großem Mißtrauen, mit Verwirrung und Sorge betrachten.

Irgendwie ist das auch nicht verwunderlich, denn diese Art des Betens, das darin besteht, unerbittlich das Eingreifen Gottes zu fordern, dieses

171

Herbei-zwingen-Wollen des Wortes ist äußerst zwiespältig. Es mobilisiert absolut irrationale menschliche Gefühlsbereiche, weckt emotionale Ausbrüche, die sich zumindest in der Nähe des Krankhaften abspielen. Man geht mit psychischen Kräften um, die wir weder richtig kennen noch einzuordnen vermögen. Wer wollte festlegen, wo die ekstatische Verzückung endet und die Hysterie beginnt? Außerdem: Wo genau verlaufen die Grenzen zwischem dem Geistheilen der Wunderheiler und der Heilung mit Hilfe des Gebets? Nicht umsonst haben sich die etablierten christlichen Kirchen durch zwei Jahrtausende hindurch immer wieder und sehr nachdrücklich von allen Umtrieben dieser Art distanziert und Täufer, Schwärmer, Ekstatiker, Pfingstler abgelehnt — von einzelnen Personen abgesehen, die dann auch prompt heiliggesprochen wurden. Der Glaube, der den Verstand weitgehend ausschaltet und Emotionen weckt, ist den Kirchen suspekt.

Andererseits scheint der Auftrag von Jesus doch sehr eindeutig zu sein. Er selbst hat immer und überall, wo er Kranken, Blinden, Lahmen und Aussätzigen begegnete, geheilt. Und wenn er seine Apostel in die Dörfer und Städte vorausschickte, damit sie dort sein Kommen vorbereiteten, dann gab er ihnen nicht nur den Auftrag mit, das Evangelium zu verkünden, sondern sie sollten auch Kranke heilen, Dämonen austreiben und sogar Tote auferwecken. Die Apostel, so erzählt uns die Bibel, kehrten zurück mit der begeisterten Kunde: Das funktioniert wirklich! Wir können es tatsächlich! Der Evangelist Markus bestätigt es in seinem Bericht: »Die Zwölf machten sich auf den Weg. Sie trieben viele Dämonen aus und salbten viele Kranke mit Öl und heilten sie.« (Markus 7,12)

Ohne Zweifel ist das Heilen im Gebet mit Handauflegen und Salben in der Urkirche noch völlig selbstverständlich gewesen. Der Apostel Jakobus schreibt »an die zwölf Stämme, die in der Zerstreuung leben«: »Ist einer von euch bedrückt? Dann soll er beten. Ist einer fröhlich? Dann soll er ein Loblied singen. Ist einer krank? Dann rufe er die Ältesten der Gemeinde zu sich. Sie sollen Gebete über ihn sprechen und ihn im Namen des Herrn mit Öl salben.« (Jakobus 5,14)

Sie heilten einander, weil Jesus ihnen versprochen hatte: »Wer an mich glaubt, wird die Werke, die ich tue, auch seinerseits tun. Und noch Größeres als das wird er tun, denn ich gehe zum Vater.« (Johannes 14,12) Und sie besaßen die Zusicherung: »Seht, ich habe euch die Vollmacht gegeben, auf Schlangen und Skorpione zu treten und die ganze Macht des Feindes zu überwinden. Nichts wird euch schaden können.« (Lukas 10,19)

Die ersten Christen hatten offensichtlich begriffen: Mit Jesus ist eine neue Zeit angebrochen. Eine Zeit, in der es möglich ist, mit der Kraft des Glaubens Leid und Hölle zu besiegen.

Warum, so muß man sich fragen, ist diese Zuversicht und das Heilen in ihr so rasch wieder verlorengegangen?

Man könnte es ganz einfach so ausdrücken: Geistheilung setzt Be»geist«erung voraus. Sie aber, das ist eine uralte Erfahrung, läßt sich im Alltag nicht auf Dauer durchhalten, irgendwann kommt die Ernüchterung. Damit beginnen aber die Zweifel und Unsicherheiten, und zwar um so schneller, je mehr der Kopf die Oberhand über das Herz gewinnt. Und so war es auch in diesem Fall geschehen. Schon wenige Jahrzehnte nach Jesu Tod mußte der neue Glaube definiert, in Dogmen gefaßt, mit logischen Beweisen für seine absolute Richtigkeit armiert werden. Man versuchte sich gegenüber »Ketzern«, Irrlehrern und Sektierern abzugrenzen. Damit schrumpfte der Glaube mehr und mehr zusammen auf das Erklärbare, auf Vernunft und Einsicht. Man versuchte, aus dem Glauben ein Wissen zu machen — und verlor dabei den Glauben an sich.

In dieser einseitig orientierten Glaubenswelt aber konnte es nur noch einen sehr begrenzten Platz für das Wunder geben. Aus der Regel wurde die ganz seltene Ausnahme, vorbehalten den Heiligen. Das Wunder — das ist die verbreitete Vorstellung auch heute noch weithin — wird von Gott nur dann zugelassen, wenn er uns Menschen bestätigen will, daß einer von uns kein gewöhnlicher Sterblicher, sondern ein Heiliger ist. Denn schließlich, so meinte und meint man, muß Gott selbst jedesmal, wenn ein Wunder geschieht, höchstpersönlich eingreifen und die Naturgesetze vorübergehend außer Kraft setzen. Daß schon der heilige Augustinus erkannt hatte, daß ein Wunder nicht gegen die Naturgesetze geschieht, sondern nur gegen das, was wir von den Naturgesetzen wissen, ist niemals voll zur Kenntnis genommen worden.

Ist es ein Wunder, daß heute so viele Menschen den so dürr und nüchtern gewordenen Kirchen den Rücken kehren?

Glauben kann man nur mit allen geistigen und seelischen Kräften — oder gar nicht. Das fordert das Wesen des Glaubens.

Die Wiederentdeckung der
Heilung im Glauben

Gegenströmungen zu der allgemeinen Tendenz der Erstarrung des Glaubens hat es immer gegeben, doch sie sind immer am Rande der Kirchen geblieben und meistens auch blutig verfolgt worden, zumal mit Wundern und Wundersucht ausreichend Unsinn getrieben wurde. Erst um die Mitte des 17. Jahrhunderts setzten von England aus die Quäker die Tradition der Wiedertäufer fort. Quäker nannte man diese Christen nämlich deshalb, weil sie in der ersten begeisterten Frühzeit ekstatischen Erscheinungen Raum gaben (Quäker = Zitterer).

Die eigentlichen weltumfassenden Versuche der Neuzeit, die »Gaben des Heiligen Geistes« in den Griff zu bekommen, begannen aber erst etwas mehr als hundert Jahre später mit dem Heranwachsen der Pfingstbewegung in den USA. Zahlreiche christliche Glaubensgemeinschaften außerhalb der etablierten Kirchen versuchten wieder, wie einst die Urkirche, prophetische Gaben und Heilungen in den Dienst der Kirche zu stellen.

175

Pionierarbeit dabei haben Leute wie Mary Baker-Eddy (1821—1910) geleistet, die Gründerin der »Christian Science«. Stefan Zweig hat dieser ungewöhnlichen, unglaublichen Frau ein literarisches Denkmal gesetzt. Er schrieb in seinem Buch »Die Heilung durch den Geist« über sie:

»Wer ist sie? Irgendeine Frau. Irgendeine, weder schön noch hinreißend, nicht ganz wahr, nicht ganz klug, dabei nur halb- oder viertelgebildet, ein isoliertes, anonymes Individuum ohne jede ererbte Stellung, ohne Geld, ohne Freunde, ohne Beziehungen. Sie stützte sich auf keine Gruppe, auf keine Sekte, sie hatte nichts in der Hand als eine Feder und nichts in ihrem höchst mittelmäßigen Gehirn als einen Gedanken, einen einzigen... und noch recht fragwürdigen Gedanken, diese eisenstirnige Amerikanerin... In zwanzig Jahren schafft sie aus einem metaphysischen Wirrwarr eine neue Heilkunde, eine von Millionen Anhängern geglaubte und ausgeübte Wissenschaft mit Universitäten, Zeitungen, Lehrern, Lehrbüchern, schafft sie Kirchen mit einem marmornen Riesendom, ein Synedrion von Predigern und Priestern, und sich selbst ein Privatvermögen von drei Millionen Dollar. Aber darüber hinaus gibt sie noch der ganzen zeitgenössischen Psychologie gerade durch ihre Übertreibungen einen Ruck nach vorne und sichert sich ein gesondertes Blatt in der Geschichte der Seelenkunde...«

Das Leben und Trachten dieser Mary Baker-Eddy ist deshalb so interessant, weil es die ganze Problematik des Glaubensheilens widerspiegelt und Fragen aufwirft, die auch heute, ein Jahrhundert später, kaum klarer beantwortet werden können.

Mary Baker-Eddy, mit 41 Jahren von allen Ärzten aufgegeben, körperlich und seelisch seit vielen Jahren ein einziges Wrack, wird von dem Wunderheiler Phineas P. Quimby, einem ehemaligen Uhrmacher, innerhalb weniger Tage geheilt. Quimby hatte von Franz Anton Mesmers »animalem Magnetismus« gehört und sich selbst die Heilmethode »Mind Cure« zurechtgezimmert, höchst einfach, zu einfach fast: Die Natur braucht keine Heilmittel und keine Heilmethoden, um zur Gesundheit zurückzufinden. Man muß sie nur vom Geist her überzeugen, daß die Krankheit nur eingebildet ist, also überhaupt nicht existiert.

Mit diesem simplen Rezept war es Quimby gelungen, eine erfolgreiche Wunderheiler-Karriere zu gestalten. Er reiste durch die USA, fuhr mit seinen Händen über die Körper seiner Patienten — und hatte Erfolg damit. Mary Baker-Eddy sah in diesem Mann keinen naturbegabten Heiler, sondern einen neuen Heiland, was sie nicht daran hinderte, sich sehr rasch von ihm wieder zu trennen, um einen neuen Heiland unter ihre Fittiche zu nehmen.

Das war nämlich die eigentliche große Enttäuschung ihres Lebens: Mary Baker-Eddy, eine glänzende Rednerin, die Menschen zu überzeugen verstand, war selbst nicht imstande zu heilen. Sie mußte sich darauf beschränken, begabten Menschen, meistens waren es recht ungehobelte Naturburschen, das Heilen beizubringen und als deren Lehrerin im Hintergrund zu stehen. Sie war theoretisch perfekt, praktisch eine Niete. Sie hat sich Quimbys Lehrsatz, daß es überhaupt keine Krankheit gibt, zu eigen gemacht und wurde damit zur großen, unbestrittenen Theoretikerin der »Christian Science«. Welch eine Tragik: Sie schulte einige tausend Heiler, die zuerst die USA und dann die ganze Welt mit ihren Wundern in Begeisterung versetzten — und brachte selbst nicht eine einzige, halbwegs überzeugende Heilung zustande.

Das konnte sie allerdings nicht davon abhalten, der Welt ihre neue frohe Botschaft zu verkünden: Es gibt nur Gott. Da Gott das Gute ist, kann es nichts Böses geben. Infolgedessen sind Schmerzen und Krankheiten auch völlig unmöglich und nicht mehr als eine Falschmeldung verwirrter, irrender Sinne.

Da solche »Wahrheiten« immer wieder durch sensationelle Heilungen untermauert werden konnten, schossen die neuen Kirchen und ihnen angegliederte Hochschulen der Christlichen Wissenschaft wie Pilze aus dem Boden.

Diese Erfolge ließen natürlich andere Glaubensgemeinschaften nicht ruhen. Sie versuchten ebenfalls zu heilen und führten die Heilgottesdienste in ihre Gemeindearbeit ein. Den größten Boom erlebte die Woge des Glaubensheilens um die Jahrhundertwende, genau zu der Zeit, in der Wissenschaftler glaubten, nicht nur die Existenz Gottes, sondern auch die der Seele endgültig als Irrtum entlarvt zu haben.

Das eigentlich Gefährliche an den Glaubensheilungen dieser Art, die weithin nichts anderes darstellten als starke Suggestion, vielfach Massensuggestion, war, daß viele Sekten, die sie praktizierten, ihren Gläubigen den Besuch des Arztes, die Einnahme von Medikamenten, Bluttransfusionen und Operationen streng untersagten. Hinter diesem Verbot verbarg sich die Vorstellung, daß es

Heilung nur in Gebet und Glaube gebe. Wer den Arzt aufsucht, zweifelt an Gottes Allmacht und Güte.

Auch heute noch verbieten manche Sekten ihren Gläubigen die notwendige ärztliche Versorgung, so daß immer wieder Menschen sterben müssen, weil ihnen keine medizinische Hilfe zuteil wird oder weil viel zu lange auf das Wunder gewartet wurde, bis die ärztliche Hilfe dann zu spät kam.

Das war in etwa die Situation, in der Leute wie John Wimber auf das Thema »Heilen als christlicher Auftrag« stießen. Hinter den vielen Formen der Heilversuche mit Hilfe des Gebetes, so glaubten sie, müsse ein wahrer Kern stecken, der dem Auftrag und der Ermunterung der Bibel entsprach. Sie machten sich daran, diesen Kern herauszuschälen und die »Mechanismen« des Heilens in der Macht des Glaubens zu enträtseln.

Dabei machten sie folgende Erfahrungen: Heilungen lassen sich auch mit intensivstem Gebet niemals erzwingen. Sie bleiben letztlich ein Geschenk.

John Wimber selbst, der mit seinen Helfern in einem Dutzend Jahren viele hundert Menschen von schlimmsten Krankheiten befreien konnte, der vielen tausend zumindest eine deutliche Besserung brachte, mußte am Krankenbett seines besten Freundes in London zusehen, wie er einem Krebsleiden erlag, obwohl Wimber nächtelang vor seinem Bett auf den Knien gelegen und mit aller Inbrunst gebetet hatte.

»Das Heilungsteam betete mit mir stundenlang, ohne Unterbrechung fast rund um die Uhr. Trotzdem sammelte sich immer mehr Flüssigkeit in seinem Körper an«, bekennt Wimber. »Ich wußte, daß er im Sterben lag. Ich konnte seinen Anblick kaum noch ertragen, denn ich liebte ihn so sehr.« Schließlich blieb dem Pastor nichts anderes übrig, als seinem Freund zu sagen: »David, du liegst im Sterben.« Sein Freund weinte und bat: »John, versprich mir, daß du trotzdem nicht aufhören wirst, das Evangelium vom Reich Gottes zu predigen und für die Kranken zu beten.«

John Wimber setzt hinzu: »Vor langer Zeit habe ich eingesehen, daß es besser ist, wenn ich für hundert Menschen bete, und nur einer von ihnen wird geheilt, als wenn ich überhaupt nicht um Heilung bete und daher auch kein Mensch geheilt wird.«

Bisher gibt es keine Regeln und auch keine Kriterien, die garantieren, daß eine Heilung gelingen wird. Nicht zuletzt deshalb treten heute in Heilgottesdiensten meistens vor dem Heilungsteam die Propheten auf, die angeben, wer geheilt werden soll, damit von vornherein keine falschen Hoffnungen geweckt werden.

Das geht etwa folgendermaßen vor sich, ähnlich wie es schon in der christlichen Urgemeinde gehandhabt worden ist: Nach den Gesängen und der Predigt treten einige Leute vor, die von sich behaupten, sie hätten eine Vision gehabt oder eine Botschaft erhalten. In der Regel handelt es sich um junge Menschen, die entdeckt haben, daß sie als Gabe des Heiligen Geistes nicht das Heilen, sondern das Prophezeien besitzen. Gelegentlich sind es 20 oder 30 Propheten, die nacheinander vortreten. Sie tragen die »Worte der Erkenntnis« vor. Einer sagt etwa:

»Hier unter uns ist eine Frau. Sie leidet an einer

Ohrenerkrankung. Es ist eine eitrige Entzündung. Jeden Morgen, wenn sie erwacht, ist das Kopfkissen voll Eiter. Diese Frau, sagt mir der Heilige Geist, soll vortreten. Ihr wird geholfen.«

Ein zweiter ruft laut in den Saal: »Wir wenden uns an eine Frau. Sie hat eine Zyste am linken Eierstock. Sechs oder sieben Tage vor der Menstruation bekommt sie immer starke Schmerzen...«

Ein dritter sagt: »Hier sind 39 Menschen mit Herzbeschwerden. Sie mögen bitte aufstehen.«

Er wartet ein wenig ab und fügt dann hinzu: »Es ist noch jemand mit einem schweren Herzfehler da, der sich bisher nicht gemeldet hat...«

So geht das weiter, eine Stunde lang oder noch länger. Die Angesprochenen treten vor, man spricht mit ihnen, legt ihnen die Hände auf, betet mit ihnen.

In Hamburgs evangelischer Hauptkirche, der Petrikirche, habe ich miterlebt, wie ein Mann, der mehr oder weniger zufällig in den charismatischen Gottesdienst gekommen war, so direkt angesprochen wurde. Es war am Abend des Pfingstsonntags 1988.

»Vor mir, auf der rechten Seite, ziemlich weit hinten, sitzt ein kleiner Mann mit rundlicher Gestalt. Er ist etwa 40, 50 Jahre alt. Er wurde eben von seiner Frau geschieden, die er von Jugend an gekannt hatte. Diesem Mann läßt Jesus sagen: Wenn er nicht heute einen entscheidenden Schritt tut, ist er verloren!«

Der Angesprochene ist der 48jährige Heilpädagoge Horst Meyer. Er kennt keinen in der übervollen Kirche. Und keiner kennt ihn. Er kam in den Gottesdienst, weil er nicht mehr ein noch aus wuß-

te und in seiner Not den vielen Menschen nachge-
gangen ist.

Seit über elf Jahren leidet er unter schlimmsten
Depressionen. Neun Monate hat er deswegen in
der Klinik verbringen müssen, seit zwei Jahren
kann er seinen Beruf nicht mehr ausüben. Man hat
ihn aus dem Krankenhaus entlassen, weil er geheilt schien, doch das Leiden ist erneut aufgebro-
chen. Der Gang in die Kirche war für ihn wie ein
letzter Versuch, der Verzweiflung zu entkommen.

Als er die prophetischen Worte hört, spürt er einen heißen Strom durch seinen Körper fließen und
weiß sofort: Das gilt mir!

Am Ende des Gottesdienstes muß er erfahren,
daß an diesem Pfingsttag keine Krankensegnun-
gen stattfinden. Man ruft statt dessen den Heiligen
Geist herab und bittet Menschen, die sich in besonderer Bedrängnis befinden, vorzutreten.

Horst Meyer schließt sich den 40 Männern und
Frauen an, die zum Segen vortreten. Ein junger
Mann legt ihm die Hände auf und fragt ihn, was er
begehre. Als Horst Meyer ihm sagt, die Prophe-
zeiung habe ihm gegolten, versenkt sich der junge
Mann in ein stummes Gebet. Dann bestätigt er:
»Ja, du warst gemeint. Du mußt dein Leben völlig
verändern, sonst gibt es für dich keinen Ausweg.
Warte in Geduld ab, was sich in den nächsten drei
Wochen ereignet.«

Eine Woche später ist Horst Meyer wieder in der
Petrikirche, um sich diesmal heilen zu lassen. Die
beiden Helfer im Heildienst, wieder ganz junge
Leute, nehmen ihn in ihre Mitte und stellen ihm ein
paar Fragen nach Beruf, Glaubensbekenntnis und
dergleichen. Dann bitten sie ihn: »Sag in einem ein-

fachen Gebet, was dein Anliegen ist.« Horst Meyer betet: »Christus, wenn du mich gesund machen willst, dann mache mich gesund. Wenn du aber willst, daß ich durch das Leid wachse, dann bin ich bereit, meine Krankheit zu tragen.«

Die beiden Gemeindemitglieder schütteln den Kopf. »Nein, so können wir keinen Krankensegen sprechen. Jesus hat jeden geheilt und keinen zurückgewiesen. Er will heilen, wenn man sich ihm anvertraut. Dein Gebet ist falsch. Die einzige und entscheidende Frage ist: Willst du gesund werden?«

In diesem Augenblick, so erzählt mir Horst Meyer, fiel es ihm wie Schuppen von den Augen. Ihm wurde klar, wieviel Versteckspiel mit seiner Krankheit verbunden war, wie sehr er sich in sie geflüchtet hatte, um sich so den Schwierigkeiten des Lebens und notwendigen Entscheidungen zu entziehen. Zum erstenmal in seinem Leben konnte er ganz ehrlich und ohne jeden Vorbehalt aussprechen: »Jesus, ich will gesund werden! Heile mich!«

Nun legten ihm die beiden die Hände auf und beteten. Es war ein ungewöhnlich intensives Gebet. Horst Meyer begann zu weinen. Und dann fühlte er sich wunderbar erleichtert, fast heiter gestimmt. Beschwingt, erlöst kehrte er heim.

Weil er aber die Heimtücke seiner Krankheit kannte, blieb er mißtrauisch und wartete auf den Rückfall. Doch diesmal blieb er aus. Von Tag zu Tag wuchs die Gewißheit: Ich bin gesund.

Horst Meyer setzte seine ärztliche Behandlung fort. Sein Arzt verstand die Welt nicht mehr. Die Medikamente erwiesen sich mehr und mehr als überflüssig und konnten bald völlig abgesetzt werden.

Horst Meyer hat inzwischen sein Leben total verändert. Er gab seinen Beruf auf und trennte sich von einer Freundin, die nicht bereit war, den neuen Weg mit ihm zu gehen. An Stelle eines anderen Berufs fand er die Berufung zum klösterlichen Leben.

»Die Ursache meiner Krankheit«, so gesteht er mir, »war der Urzweifel. Früher habe ich pausenlos gefragt: Wie kann Gott so viel Elend zulassen? Ich sah in Gott den Strafenden, den Unbarmherzigen, der jeden meiner kleinen Fehltritte peinlich genau registriert. Heute weiß ich, daß Gott die Liebe ist, die ungebrochen bleibt auch dann, wenn ich wieder einmal stolpere.« Läßt sich so seine Heilung erklären?

Als John Wimber 1985 in Sheffield/England weilte und dort täglich 2800 Menschen in die Stadthalle strömten, wurde er von dem Sozialanthropologen David C. Lewis von der Nottingham-Universität unter die Lupe genommen. Der Wissenschaftler wollte herausfinden, ob hier ein besonders begabter Geistheiler auftrat oder ob die Heilungen auf eine andere Weise erklärt werden können.

Dr. Lewis kam zu dem Ergebnis: »Selbstverständlich könnte man manches mit parapsychologischen Phänomenen, etwa mit Hellsehen, mit Telepathie, erklären. Vieles erinnert tatsächlich an Geistheilung. Gelegentlich hat man den Eindruck, eine Heilung erfolge in einer Art Hypnose. Doch solche Theorien reichen zur Erklärung aller Phänomene nicht aus. Hier geschieht etwas, das über menschliche Fähigkeiten hinausgeht.«

Dr. Lewis bestätigt, er habe tatsächlich beobachten können, wie Multiple-Sklerose-Kranke, im Rollstuhl angefahren, nach der Heilung 45 Minuten lang ohne fremde Hilfe umhergehen konnten.

In Hamburg und in München konnte ich mich bei intensiven Recherchen davon überzeugen, daß sich innerhalb der Charismatischen Bewegung tatsächlich Unfaßbares ereignet. Es wäre unredlich, das nicht zugeben zu wollen. Alle Versuche, das Wunder, das sich hier beinahe täglich ereignet, auf andere Weise erklären zu wollen, könnten nicht mehr sein als eine Flucht vor der Wahrheit.

Ich frage mich wirklich: Wieso hat bisher die Medizin dazu nicht Stellung bezogen? Noch härter formuliert: Warum interessiert sich kaum ein Arzt für das, was sich da an seinem Ort ereignet?

In Hamburg traf ich einen von ihnen, der selbst von einer schwierigen Erkrankung der Stimmbänder geheilt worden war — durch das Gebet seiner Freunde in der Gemeinde. Er bestätigte mir, daß das tatsächlich stimmt, daß er bereits die Stimme verloren hatte und als Arzt für sich keine Rettung mehr sah. Doch dieser Mann war nicht bereit, mit Namen und Adresse dafür geradezustehen. Er fürchtete den Spott, vielleicht sogar die Verachtung seiner Kollegen. Möglicherweise hätte es ihn seine Karriere gekostet.

Wenn aber ein Pastor aus Bremen am Gaumen einen bösartigen Tumor hatte, einwandfrei vom Professor der Universitätsklinik diagnostiziert, und wenn dieser Tumor in dem Augenblick, da er herausoperiert werden sollte, plötzlich nicht mehr da war, dann kann man gewiß den Ausweg benutzen und von einer Spontanheilung sprechen. Um eine spontane Heilung handelt es sich ja auch. Die Frage allerdings, was zu dieser Heilung geführt hat, müßte jeden, der mit Krankheit und Gesundheit zu tun hat, brennend interessieren. Den Professor, der das Wunder miterlebt — und es bestätigt —, ebenso wie seine Kollegen.

War es nicht vielleicht doch das Gebet der zehn Freunde vor der Tür des Krankenzimmers? Die nächste Frage müßte sofort lauten: Hat eine natürliche, irdische Kraft zu dieser Heilung geführt? Oder kam die Hilfe vom angerufenen Jesus?

In den meisten Fällen erfährt man deshalb so wenig über das sich ständig ereignende Wunder, weil sich die charismatischen Kreise fast durchweg weigern, darüber zu sprechen. Sie versicherten mir immer wieder: »Jesus hat im verborgenen geheilt. Auch wir wollen uns der Öffentlichkeit nicht ausliefern.« Die Behauptung ist zwar falsch. Jesus hat stets in der Öffentlichkeit gewirkt, nicht im verborgenen. Doch man kann leicht verstehen, daß jene, die um das Wunder beten, weder genannt noch gelobt werden wollen. Wer krank ist, findet sie. In der Presse bekommt jedes Wunder sofort ein fratzenartiges Gesicht.

Eine weitere Erfahrung mußten Heiler im Glauben wie John Wimber machen: Es gibt keine bestimmte Technik, keinen besonderen Ritus, von dem die Heilung abhängen würde. Zwar stimmt es, daß John Wimber und seine Helfer ihre Heilerfolge von Jahr zu Jahr steigern konnten, aber ganz offensichtlich hängt das nicht mit der Anwendung einer bestimmten Methode zusammen, sondern hauptsächlich mit dem Mut, die Heilung immer wieder zu versuchen, auch in den hoffnungslosesten Fällen.

186

Die Heilungen ereignen sich auch keineswegs nur in Massenveranstaltungen mit großen emotionalen Ausbrüchen, sondern sehr viel häufiger ganz in der Stille, nicht selten sogar ohne daß der Kranke selbst weiß, daß für ihn gebetet wird.

Auch das war schon in der Bibel so. Jede Heilung hatte ihr eigenes »Muster«. Jesus heilte bisweilen mit einem einzigen Wort oder einem knappen Befehl: »Steh auf, nimm deine Tragbahre und geh!« (Matthäus 9,6)

Manchmal berührte er die Kranken, wie beispielsweise die Schwiegermutter des Petrus: »Da berührte er ihre Hand, und das Fieber wich.« (Matthäus 8,13)

Manchmal kombinierte er Berührung und Wort: »Jesus streckte die Hand aus und sagte: Ich will, sei rein.« (Matthäus 8,3)

Dann wieder vollzog er ein ganzes Ritual: »Jesus spuckte auf die Erde. Dann machte er mit dem Speichel einen Brei, strich ihn dem Blinden auf die Augen und sagte zu ihm: ›Geh und wasch dich im Teich Schiloach.‹ Als der Mann zurückkehrte, konnte er sehen.« (Johannes 9,1)

Manchmal sprach Jesus ein Gebet: »Er blickte zum Himmel, seufzte und sagte zu dem Taubstummen: Effeta, das heißt öffne dich!« (Markus 7,13)

Oder er tat selbst gar nichts: Die Heilung erfolgte, wenn Kranke seine Kleider berührten.

Auch die Jünger und Apostel brachten verschiedene Heilmethoden zur Anwendung. Sie übten sich etwa im Handauflegen — wohl die gebräuchlichste Anwendung —, sie beteten, sie salbten mit geweihtem Öl.

Man trug seinerzeit aber auch Kranke auf die

Straßen, wenn bekannt war, daß ein Apostel vorbeikommen würde, in der Hoffnung, sein Schatten könnte auf den Leidenden fallen und ihn heilen.

Dem heiligen Paulus, so erzählt die Bibel, sind immer wieder seine Taschentücher gestohlen worden, weil man sie Kranken auflegte. Die Bibel bestätigt: »Da wichen die Krankheiten, und die bösen Geister fuhren aus.« (Apostelgeschichte 19,11)

Nur eines war allen Wunderheilungen der Apostel eigen: Sie geschahen immer und einzig im Namen Jesu. Ob um eine Heilung von schwerer Krankheit gebetet wurde oder ob man versuchte, einen bösen Geist auszutreiben — immer hieß es im Gebet oder im Befehl: Im Namen Jesu Christi!

Diese »Zauberformel« galt damals als so mächtig, daß auch Nichtchristen sie anzuwenden versuchten. So erzählt die Apostelgeschichte: »Auch einige der jüdischen Beschwörer versuchten, den Namen den Herrn Jesus über den von bösen Geistern Besessenen anzurufen, indem sie sagten: ›Ich beschwöre euch bei dem Jesus, den Paulus verkündet.‹ Das taten beispielsweise sieben Söhne eines gewissen Skeuas, eines jüdischen Oberpriesters. Doch die bösen Geister antworteten ihm: ›Jesus kenne ich. Und auch Paulus ist mir bekannt. Doch wer seid ihr?‹ Und der Mensch, in dem der böse Geist hauste, sprang auf sie los, überwältigte sie und setzte ihnen so zu, daß sie nackt und zerschunden aus dem Haus fliehen mußten.« (Apostelgeschichte 19,12-16)

Hier gilt anzumerken, daß ebenso in esoterischen Kreisen wie auch innerhalb der Glaubensheilungen die Teufelsaustreibungen in jüngster Zeit mehr und mehr an Gewicht gewinnen. Man

188

spricht zwar nicht mehr von Besessenheit und geht in der Regel auch nicht davon aus, daß ein Dämon sich in der Seele des Kranken eingenistet habe, man glaubt aber, daß böse Geister sich an einen Menschen anheften wie eine Mistel an die Eiche. Solche Geist-Schmarotzer sollen den eigentlichen Hintergrund für viele Krankheiten darstellen. Für die einen stören diese Geister die Aura des Menschen, die anderen sehen in ihnen jene Kräfte, die zur Sucht, zur falschen Lebensweise, zu Fehlverhalten verleiten. Deshalb verwenden beide Seiten in zunehmendem Maße auch eine Art Exorzismus, also den ganz deutlichen Befehl an die Geister, den Kranken endlich in Ruhe zu lassen.

John Wimber spricht von der »Gebundenheit an Dämonen« und nennt Symptome, die für eine solche Gebundenheit sprechen könnten:

1. Körperliche Verkrampfungen, die besonders auftreten, wenn die Kraft des Heiligen Geistes gegenwärtig ist wie in Anbetungsgottesdiensten oder Gebetstreffen.
2. Drogen- oder Alkoholsucht.
3. Zwänge wie Begierde, Unzucht, Stehlen, Morden, Lügen, Selbstmord.
4. Gebundenheit durch Gefühle wie Furcht, Depressionen, Angst und Zorn.
5. Bindung an negative Haltungen wie Selbsthaß, Unversöhnlichkeit, Bitterkeit, Groll, Verachtung.
6. Chronische körperliche Krankheiten, besonders Krankheiten, die schon seit mehreren Generationen in der Familie sind.
7. Eine persönliche Geschichte der Verwicklung in okkulte Dinge.

8. Der Hintergrund einer kaputten Familie mit Vorkommnissen wie Inzest, Alkoholismus, Kindesmißbrauch.

Professor MacNutt, von dem gleich zu reden sein wird, spricht von der Bedrängnis durch böse Geister. »Lange Zeit machte ich einen möglichst großen Bogen um alles, was mit Austreibung zu tun hatte. Es roch mir nach Aberglaube und Magie. Einige meiner besten Freunde akzeptierten Gebetsheilung als eine Vermittlung göttlicher Liebe, doch der Umgang mit Dämonen schien ihnen denn doch ein Rückfall vom Rationalen ins Magische. Das Böse im Menschen, so sagten sie, reiche völlig als Erklärung alles dessen, was in der Welt im argen liegt. Die Berichte über die Exorzismen Jesu wären ein Zugeständnis an die Mentalität seiner Zeit, die jede Form von Geisteskrankheit bösen Geistern zuschrieb. Ernsthaft über Dämonen zu sprechen, erscheint vielen als ein Zurück ins finstere Mittelalter oder zu den Hexenjägern von Salem.«

Für John Wimber und Francis MacNutt besteht kein Zweifel an der Existenz von Dämonen. Beide versuchen immer wieder, kranke Menschen von Dämonen zu befreien.

Eine besonders schwierige Frage im Zusammenhang mit der Gebetsheilung ist die nach dem Glauben. Gewöhnlich geht man davon aus, daß nur ein übermächtiger Glaube in der Lage ist, »Berge zu versetzen«. Doch John Wimber warnt in jeder seiner Veranstaltungen vor der Vorstellung, der Glaube müsse ein bestimmtes Maß an Festigkeit und absolutem Vertrauen gewonnen haben, damit die Heilung zustande kommen könne.

Diese Warnung wird aus zwei Gründen verständlich: Einmal geschieht es oftmals, daß Menschen geheilt werden, ohne daß sie überhaupt um das Gebet gewußt haben. Die Heilkraft kann also nicht von ihnen ausgegangen oder verstärkt worden sein. Nicht selten fehlt auch der Glaube bei dem, der um die Heilung betet, weil er angesichts der Hinfälligkeit des Patienten einfach nicht mehr an ein Wunder glauben kann.

Auf der anderen Seite müßte jeder, der trotz starken Glaubens keine Heilung erfährt, sich vorwerfen müssen, es hätte ihm im entscheidenden Augenblick eben doch der Glaube gefehlt. Und umgekehrt könnten viele ihre Heilung verhindern, weil sie verzagt feststellen, daß sie letztlich ja doch nicht daran glauben.

John Wimber erklärt den Hilfesuchenden stets: Dein Glaube reicht aus. Gott erwartet von dir keine Leistung, die du nicht erbringen könntest. Deshalb vertraue ihm. Er wird das, was noch fehlt, schon drauflegen.

Es gibt eine weitere Voraussetzung, die nach Meinung der Heiler im Glauben gegeben sein muß: die Befreiung von allen Gefühlen der Schuld oder der Beschuldigung.

Im Oktober 1985 entdeckte Carol Wimber nach einer schweren persönlichen Krise einen Knoten in ihrer Brust, der rasch die Größe einer kleinen Zitrone annahm. Sie ließ sich beim Frauenarzt einen Termin geben, während ihr Mann John Wimber sich ins Gebet vertiefte. Sein Gebet und auch das seiner Mitarbeiter blieb erfolglos.

Daraufhin setzte sich John mit seiner Frau zusammen. Gemeinsam versuchten die beiden herauszufinden, ob es irgendeine psychische Ursache des Leidens geben könnte. Lange fanden sie nichts. Carol entdeckte keinerlei Schuldgefühle, und sie war sich auch keinerlei Haßgefühle gegen irgendeinen Menschen bewußt. Doch während des Gesprächs erzählte sie ihrem Mann so ganz nebenbei, wie sehr sie sich gekränkt fühlt, weil Freunde eine neue Gemeinde gegründet und sie in ihrer Gemeinde allein gelassen hatten. Sie hielt ihre Freunde irgendwie für Abtrünnige. Außerdem hatte sie große Angst vor der drohenden Einsamkeit.

Nun beteten Carol und John erneut. Carol bat im Gebet um Vergebung für ihre Bitterkeit und erneuerte daraufhin die Bitten um Heilung. Diesmal wurde das Wunder wahr. John Wimber spürte einen mächtigen Kraftstrom durch seine Hände in Carols Körper fließen. Seine Frau selbst fühlte, wie der Knoten »taub« wurde und zu schrumpfen begann. Zwei Tage später hatte er nur noch die Größe einer Weintraube, kurz darauf war er völlig verschwunden. Und er blieb verschwunden. Der Termin beim Frauenarzt konnte abgesagt werden. Es fällt gewiß nicht leicht, an ein solch spektakuläres Wunder zu glauben. Doch es gibt die Röntgenbilder, die den Tumor zeigen, und die Aufnahmen danach, auf denen er verschwunden ist. Da es sich inzwischen bei solchen Heilungen auch nicht mehr um die ganz seltene Ausnahme handelt, sondern schon beinahe um ein alltägliches Ereignis, kann man auch nicht länger so tun, als handle es sich hierbei nur um Einbildung oder gar um bewußten Betrug. Wer es mit der Frage nach der Heilung ernst meint, muß sich solchen Phänomenen stellen. Totschweigen ist keine Antwort.

192

Professor Pater Francis MacNutt

Neben John Wimber ist als Initiator der Gebetsheilungen vor allem der katholische Professor und Dominikanerpater Francis MacNutt bekannt geworden. Auch er fand — interessanterweise — durch eine Frau den Glauben an die Heilkraft des Gebetes.

Francis MacNutt aus St. Louis (USA) wollte ursprünglich Arzt werden, wurde aber kurz vor Antritt der Studien in Washington im Jahre 1944 noch zum Militär eingezogen. Im Lazarett lernte er das ganze Elend menschlichen Leids kennen. Und schon damals kam ihm so manches Gebet und mancher Versuch eines Trostes recht töricht vor.

Zurückgekehrt aus dem Krieg, trat er in den Dominikanerorden ein und wurde Wissenschaftler. Bald spürte er aber, daß ihm in der Seelsorge wie beim wissenschaftlichen Studium etwas ganz Wesentliches fehlte: Er konnte so vielen kranken Menschen weder helfen noch Trost spenden. Denn viele Leiden, so schien ihm, sind absolut sinnlos. Und nun fragte er sich: Ist Gott grausam, daß er so viel Leid zuläßt? Oder fehlt es uns am rechten

Glauben, so daß wir es versäumen, ihn um Heilung zu bitten?

»Dem Depressiven, der gerade eine Elektroschockbehandlung hinter sich hatte, konnte ich doch nicht gut einreden, seine Angstzustände wären Gottes Willen, ein gottgesandtes Kreuz.«

Deshalb suchte er nach einem Weg, um besser und »heilsamer« helfen zu können. Doch es fehlte ihm an Mut. Auch er war nach dem Grundsatz erzogen worden, daß man in Demut hinnehmen müsse, was Gott einem schickt.

Da begegnete er Mitte der 60er Jahre Agnes Sanford, der Frau eines presbyterianischen Pastors. Für sie war die Heilung im Gebet etwas völlig Selbstverständliches geworden. Sie sagte:

»Wenn mein Bügeleisen beim Einschalten nicht heiß wird, dann glaube ich nicht, daß der Strom versiegt ist, sondern ich untersuche den Stecker und sehe nach, ob das Bügeleisen mit dem Strom richtig verbunden ist. So ist es auch mit der Heilkraft: Obwohl die ganze Welt erfüllt ist von der geheimnisvollen Kraft, die wir Elektrizität nennen, macht doch nur die kleine Menge davon, die durch die Leitung in das Bügeleisen gelangt, sie wirksam. Dasselbe Grundgesetz gilt für die schöpferische Kraft Gottes. Sie erfüllt das ganze Weltall. Aber nur soviel, wie davon durch unser eigenes Sein strömt, wird in uns wirken können.«

Agnes Sanford sagte auch: »Die Liebe ist der Draht, der uns mit Gott verbindet. Der Glaube ist der Schalter, der den Strom erst einströmen läßt.«

Solche ganz einfachen Vergleiche haben dem Dominikanerpater und Wissenschaftler imponiert. Als erster katholischer Geistlicher besuchte Professor MacNutt Heilgottesdienste in protestanti-schen Kirchen — und wurde überzeugt. Er versuch-te selbst zu heilen — und es gelang ihm. Inzwischen hat auch er viele tausend kranke Menschen gesund gemacht. Und er heilt weiter, was er sehr logisch be-gründet: »Ich habe keine andere Wahl. Könnte ich den Kranken durch mein Gebet helfen und würde es unterlassen, so liefe ich Gefahr, mir sagen zu las-sen: Was ihr auch nur einem von den Geringsten nicht getan habt, das habt ihr mir nicht getan.«

Professor MacNutt bekennt freimütig: »Zuerst kam ich mir ziemlich blöd vor, so als wollte ich plötzlich etwas Besseres sein. Doch dann habe ich eingesehen: Das Heil zu verkünden und andere zu heilen macht mich weder zu einem Heiligen noch zu einem Heiler. Zuweilen erhört Gott mein Gebet und rührt den Kranken an. Zuweilen tut er es nicht. Warum das so ist, das weiß ich nicht. Das ab-solute Unvermögen, die Gabe unter Kontrolle zu bringen, macht mich demütig.«

Mitunter, so versichert MacNutt, geschehen so-gar Heilungen, um die gar nicht gebetet wurde: »Erstaunliche Dinge geschehen, sobald eine Atmo-sphäre der Liebe da ist. Innerhalb eines Jahres wurde ich zweimal von Ehepaaren gebeten, um die Vertiefung ihrer Liebe zu beten. Während wir in der Gemeinde für Chuck und Alice beteten, ver-schwand eine Zyste an Alices Schulter, mit der sie sich schon lange herumgequält hatte. Im Sommer 1972 beteten wir zu mehreren für einen protestan-tischen Missionar und seine Frau. Plötzlich hielt er sich den Unterleib und rief: ›Er ist weg, einfach weg!‹ Er war von einem Bruch befreit worden, an dem er mehrere Jahre gelitten hatte.«

Um es noch einmal zu betonen: Sowohl John Wimber als auch Professor Francis MacNutt grenzen sich ganz entschieden ab von Sekten, die kranken Menschen verbieten, zum Arzt zu gehen, weil sie meinen, die Heilung könne ausschließlich im Gebet erfolgen. »Wir brauchen Medizin *und* Gebetsheilung«, sagen sie. »Es wäre frevelhaft, würden wir nur beten und nicht zum Arzt gehen.«

Ebenso entschieden grenzt sich die Charismatische Bewegung auch von Geistheilern ab, indem sie sagt: »Nicht wir heilen, sondern wir bitten Jesus um die Heilung. Er ist es, der heilt. Nur er kann heilen.«

Niemand versucht diesen Glauben in Frage zu stellen, die Tatsache aber bleibt nun einmal festzuhalten: Die Zauberer im Urwald und die Schamanen berufen sich gleichfalls auf eine Gottheit, wenn sie als »Geistheiler« tätig werden. Und sie haben ähnliche Erfolge vorzuweisen wie die Anhänger der Charismatischen Bewegung.

Ob nicht doch alle, die Heiler im Glauben, die Geistheiler, die Schamanen, irgendwie dasselbe tun? Was sagen die offiziellen Kirchenleitungen zu den Gebetsheilungen?

Die Beurteilung der Charismatischen Erneuerung ist allgemein vorsichtig positiv. Der Magdeburger Bischof Werner Kruse hat formuliert, was viele Bischöfe und Pastoren denken: »Ich sehe in dieser charismatischen Bewegung kein Vorbild. Ich muß also nicht so werden, wie sie sind. Ich sehe in ihr auch keinen Vorwurf. Ich muß mir also nicht andauernd vorhalten: Das hast du alles nicht! Für mich ist es ein Vorstoß des Geistes, der mich zum Aufmerken nötigt und mich vor bestimmte Anfragen stellt, denen ich standhalten möchte.«

196

Wenn Heilige heilen

Eine letzte Form der Heilung im Glauben darf nicht unerwähnt bleiben: das Wunder am Grabe Verstorbener, die man für heilige Menschen hielt und die dann, wenn das Wunder sich tatsächlich ereignete, auch meistens heiliggesprochen wurden. Hier sei nur ein Beispiel erwähnt: die Heilungen auf Fürsprache des inzwischen seliggesprochenen Münchner Jesuitenpaters Rupert Mayer.

»Sie müssen tapfer sein. Für das Kind gibt es keine Rettung mehr«, sagte der Chefarzt des Krankenhauses in Neuss zu den Eltern des kleinen Matthias. »Wir haben operiert, doch es ist hoffnungslos. Der Blinddarm ist durchgebrochen, der Bauchraum voll Eiter und Kot. In einem solchen Fall können wir dem Jungen nur noch Linderung verschaffen und auf den erlösenden Tod warten.«

Das war 1950, Matthias gerade sechs Jahre alt und das einzige Kind. Seine Mutter, ehemals OP-Schwester, verstand das grausame Urteil »kotige Peritonitis mit multiplen Leber- und Beckenabszessen«. Sie hatte ähnliche Fälle in ihrer ganzen

Tragik miterlebt, war aber nicht bereit, ihr eigenes Kind aufzugeben.

Zuerst bestand sie darauf, obwohl die Ärzte sich lange und entschieden weigerten, daß Matthias ein zweites Mal operiert wurde. Die Ärzte gaben schließlich nach, machten die Mutter aber darauf aufmerksam, daß es nicht mehr als eine sinnlose Quälerei des Kindes bedeutete. Und sie sagten auch: »Es wäre völlig falsch, sich irgendwelche Hoffnungen zu machen. Es gibt keine.«

Die Mutter setzte sich an das Bett des Kindes und hielt es im Arm. Sie gönnte sich keine Pause, tat kein Auge zu — drei volle Tage und Nächte lang. Sie kühlte die fieberglühenden Ärmchen und Beinchen des Jungen mit kaltem Wasser. Doch es schien alles vergebens. Am dritten Tag schrie vor dem Fenster das Käuzchen. Die Schwestern sahen die erschöpfte Mutter mitleidig an. »Das ist das Ende. Heute nacht muß Matthias sterben. Der Totenvogel ist da.«

»Nein, er darf nicht sterben«, weinte die Mutter und begann zu beten — immer und immer wieder: »Pater Rupert Mayer, du hast schon so oft und so gut geholfen. Bitte, bitte, tu es auch diesmal.«

Sie betete und hielt ihr Kind im Arm. Weitere Tage vergingen. Ihre Glieder verkrampften, die Füße schwollen so dick an, daß sie nicht mehr stehen konnte. Matthias schlief und schlief. Doch dann wachte er auf. Das Fieber war weg. Er hatte keine Schmerzen mehr — und wurde gesund. Sechs Wochen nach seiner Einlieferung durfte er das Krankenhaus geheilt verlassen. Die Mutter bedankte sich bei den Ärzten, doch der Chefarzt erklärte ihr: »Danken Sie nicht uns. Hier hat eine höhere Macht geholfen.«

Wie ist eine solche Heilung zu erklären? Niemand kann das, es sei denn, er glaubt an das Bibelwort, daß Gebet und unerschütterlicher Glaube tatsächlich Berge versetzen können.

Matthias Winkelmeier ist heute Arzt, Professor an einer Münchner Universitätsklinik. Er sagt: »Es war tatsächlich so: Nach menschlichem Ermessen und nach medizinischem Wissen gab es bei dieser Krankheit in den Nachkriegsjahren keine Rettung mehr. Man hatte damals zwar schon die ersten Sulfonamide und Penicilline. Doch man hatte noch keine Ahnung von der Infusionstherapie. Selbst heute, da wir sehr viel weiter sind, ist ein Blinddarmdurchbruch in so kritischem Zustand noch ein medizinisches Problem mit relativ geringen Aussichten. Dieser Krankheit kann man mit Antibiotika allein nicht beikommen. Eine medizinische Erklärung für meine damalige Heilung gibt es nicht. Aber wir Ärzte haben es auch längst aufgegeben, in ähnlichen Fällen nach einer Erklärung zu suchen. Es gibt immer wieder sogenannte Spontanheilungen, die ohne Medikamente oder ärztliche Bemühungen zustande kommen.«

Am Grabe Rupert Mayers in München haben die Jesuitenpatres weit über 40 000 solcher und ähnlicher Fälle gesammelt, die Menschen ihnen zugeschickt haben — aus Dankbarkeit über die Hilfe des Seligen. In den letzten Jahren sind einige hunderttausend Medaillen P. Rupert Mayers verkauft worden — von Menschen, die in ihrer Not auf das Wunder hoffen.

In den letzten Jahren sind aber auch nicht weniger als fünf Verstorbene aus der Bundesrepublik Deutschland seliggesprochen worden, an deren Gräbern ähnliches geschehen ist.

Das tägliche Wunder bei der Friedenskönigin von Medjugorje

Etwas Ähnliches hat es niemals zuvor in der Geschichte der Menschheit gegeben: In dem abgelegenen jugoslawischen Dorf Medjugorje kennt man das Wunder nicht aus Erzählungen anderer, dort kann man täglich dabeisein. Seit dem Jahre 1981 erscheint die Jungfrau Maria an jedem Abend, pünktlich um 18.45 Uhr. Über 2500mal, so behaupten sechs junge Menschen, haben sie alle gemeinsam oder doch wenigstens einer von ihnen die Gottesmutter schon gesehen, mit ihr sprechen, von ihr Botschaften entgegennehmen dürfen. Weit über 30 Millionen Pilger aus aller Welt sind schon nach Medjugorje gekommen, an den Ort, an dem der Himmel offen ist. Viele tausend von ihnen behaupten: »Die Gottesmutter hat mich geheilt!«

Es führt keine Eisenbahn nach Medjugorje, nicht einmal eine richtige Straße. Auch der Bus hat in Citluk, 4 Kilometer entfernt, Endstation. Die nächste Stadt, Mostar, liegt 30 Kilometer weit entfernt. Man benötigt einen halben Tag, um diese Strecke zurückzulegen.

Und doch strömen an manchen Tagen bis zu 10 000 Pilger nach Medjugorje. Sie nehmen die ungeheueren Strapazen auf sich und scheinen keinerlei Erschöpfung, Hunger oder Durst zu verspüren. Nicht wenige unter ihnen machen es sich zusätzlich noch schwerer, indem sie etwa barfuß über die extrem spitzen und scharfkantigen Steine gehen. Sie singen und jubeln und eilen dem Ort entgegen, der mit unendlichen Erwartungen verknüpft ist: Sie dürfen dabeisein, wenn die Muttergottes erscheint. Und wenn sie die Erscheinung selbst auch nicht wahrnehmen können, so begegnen sie doch wenigstens einem, vielleicht auch mehreren Menschen, die von sich sagen: »Gestern sprach ich mit der Jungfrau Maria. Und heute abend werde ich sie erneut sehen.«

Die Kirche mit den zwei hohen weißen Türmen, die immerhin 4000 Menschen fassen kann, ist schon um 9 Uhr morgens so überfüllt, daß man kaum noch hineingelangen kann. Viele Pilger haben in diesem Gotteshaus übernachtet, auf den schmalen Holzbänken, in einer Nische unter einer Heiligenfigur oder auf den Altarstufen. Rund um die Kirche lagern die Pilgergruppen aus aller Welt, Amerikaner, Italiener, Deutsche, Österreicher und natürlich die Einheimischen, Jugoslawen und viele Ungarn. In langen Schlangen stehen sie an, um zu beichten. Auf der Wiese haben sich rund dreißig Priester auf Stühlen niedergelassen, um die Beichte abzunehmen. Neben ihrem Stuhl steht ein kleines Schild, auf dem zu lesen steht, in welcher Sprache man beichten kann.

In regelmäßigen Abständen donnern Hubschrauber der jugoslawischen Polizei über den

Ort. Fünf Männer schleppen auf einem Tragstuhl einen Gelähmten zum Erscheinungsort oben am Berg, wo die Muttergottes zum erstenmal erschienen ist. Sie hoffen auf das Wunder.

Begonnen hat alles am 24. Juni 1981. Als sie durch die Hügel über Medjugorje streiften, sahen drei Jugendliche plötzlich eine lichtdurchflutete Silhouette, verschwommen zwar, aber doch so deutlich, daß sie eine wunderschöne junge Frau in grauem Kleid erkennen konnten. In wilder Panik liefen die drei davon.

Noch am selben Tag trieb sie die Neugierde erneut zu jenem Geröllfeld, in dem sie die schöne Gestalt gesehen hatten. Diesmal waren es sechs junge Menschen zwischen zehn und zwanzig Jahren: Jakov, 10, Ivan, 16, Mirjana, 16, Ivanka, 15, Vicka, 17, und Marija, 16. Alle sechs sahen die Erscheinung — und liefen erneut davon. Diesmal erzählten sie zu Hause von ihrer seltsamen Begegnung.

Am nächsten Tag gehen zwei Erwachsene mit auf den Berg. Und wieder ist die Lichtgestalt da, sichtbar allerdings nur für die Jugendlichen, die auf die Knie fallen und erfahren, daß die Jungfrau Maria zu ihnen gekommen ist, um durch sie die Menschheit zum Frieden und zur Versöhnung aufzurufen.

Am dritten Tag finden sich bereits 3000 Menschen auf dem Geröllfeld ein, angelockt von einem hellen Licht, das weithin im Tal sichtbar ist. In diesem Licht erkennen die sechs Jugendlichen die Muttergottes, diesmal überaus deutlich und klar, so als stünde sie wirklich und leibhaftig vor ihnen. Sie ist eine ungewöhnlich schöne junge Frau, vielleicht zwanzig Jahre alt. Sie hat blaue Augen und langes, gewelltes Haar unter einem weißen Schleier. Gekleidet ist sie in ein graues Kleid. Wenn sie zu den Kindern spricht, breitet sie die Hände aus. Wenn sie betet, faltet sie die Hände.

Doch ganz so leicht sind die Jugendlichen nicht mehr zu beeindrucken. Vicka, das lustige Mädchen mit den kohlschwarzen Augen und dem unbezähmbaren Wuschelkopf, hat eine Flasche mit Weihwasser und Salz mitgebracht. Sie besprengt die Erscheinung und sagt keck: »Wenn du wirklich die Muttergottes bist, bleibe bei uns. Wenn nicht, dann laß uns!« Als Antwort lächelt die Erscheinung, dann beruhigt sie Vicka: »Deine Mutter, die vor zwei Jahren gestorben ist, ist bei mir und sehr glücklich!«

Dieser persönlichen Mitteilung folgt die Aufforderung zu Gebet und Fasten. Und schließlich die eindringliche Mahnung: »Friede! Friede! Friede! Versöhnt euch!«

Am selben Tag noch, so erzählt man sich in Medjugorje, ereignet sich das erste Wunder: Ein dreijähriger Junge, völlig gelähmt und blind und unfähig, seine verkrüppelten Gliedmaßen auch nur ein wenig zu bewegen und irgendwie auf seine Umgebung zu reagieren, kann plötzlich auf seinen krummen Beinchen stehen. Zum erstenmal in seinem Leben blickt das Kind seine Mutter an und versucht ein zaghaftes Lächeln. Das Kind wurde rasch völlig gesund.

Die Ereignisse in Medjugorje, die sich wie ein Lauffeuer herumsprachen, wurden den jugoslawischen Behörden rasch unheimlich. Die Polizei ließ den Erscheinungshügel abriegeln und verbot, ihn zu betreten. Die sechs Jugendlichen wurden abgeholt und einem strengen Verhör unterzogen. Man brachte sie zu Fachärzten, um sie gründlich untersuchen zu lassen. Doch dabei stellte sich heraus, daß sie körperlich und geistig völlig gesund waren. Man mußte sie wieder heimschicken. Der Berg allerdings blieb gesperrt.

Doch die Erscheinungen gingen weiter. Die Muttergottes kam nun in einem ehemaligen Abstellraum der Kirche, gegenüber der Sakristei, zu den Jugendlichen. Und das Abend für Abend, auf die Minute pünktlich und immer nach demselben Modus: Um 18 Uhr betreten die Jugendlichen die Kirche, manchmal ist es nur ein Mädchen, manchmal sind es drei oder vier, gelegentlich kommen auch alle sechs. Sie begeben sich in den kleinen Raum, der so winzig ist, daß nur wenige Menschen darin Platz finden. Die Seher beginnen den Rosenkranz zu beten, sie beten Dreiviertelstunden lang, dann stehen sie plötzlich auf, blicken wie auf Kommando nach oben, alle in derselben Richtung. Ihr Gesicht ist verzückt, sie nicken heftig und bewegen die Lippen, als würden sie sprechen. Doch niemand vernimmt eine Silbe. Dann beginnen sie, wieder wie auf Kommando, zu beten.

Diese Visionsszene dauert nur zwei, drei Minuten, manchmal auch eine halbe Stunde. Danach bedanken sich die Kinder, kehren in die Kirche zurück, wo die Messe beginnt.

Viele tausend Fragen haben die Jugendlichen schon über sich ergehen lassen müssen. Bereitwillig versuchen sie zu antworten: »Ja, wir sehen die Jungfrau, als wäre sie leibhaftig da... Wir haben sie auch schon berührt... Sie trägt stets ein graues Kleid. Nur an hohen kirchlichen Feiertagen ist sie

204

ganz in Gold gekleidet … Sie hat uns gebeten, viel zu beten, mindestens sieben Vaterunser, sieben ›Gegrüßet seist du, Maria‹ und ein Glaubensbekenntnis am Tag … Mit Beten und Fasten, hat sie gesagt, lassen sich Kriege aufhalten und Katastrophen verhindern … Sie hat sich uns als Königin des Friedens vorgestellt … Sie nennt uns ›meine Engel‹ oder ›meine Kinder‹ — aber sie hat uns auch gesagt, daß sie uns nicht erschienen ist, weil wir etwas Besseres wären als andere … Sie hat uns die Hölle und den Himmel gezeigt …«

Und die Muttergottes hat, behaupten die Jugendlichen, jedem von ihnen Geheimnisse anvertraut, über die sie noch nicht sprechen dürfen. Jeder Jugendliche soll insgesamt zehn Geheimnisse erfahren. Wenn die Zahl voll ist, sollen auch die Visionen zu Ende sein.

Zwei der Mädchen, Mirjana und Ivanka, haben mittlerweile keine Erscheinungen mehr. Die sechs Jugendlichen sind immer wieder gefilmt und während der Visionen überwacht und an hochempfindsame Geräte angeschlossen worden. Man hat ihre Gehirnströme und den Herzschlag gemessen. Bisher ist es nicht gelungen, ihnen eine Täuschung nachzuweisen oder das, was mit ihnen in Medjugorje geschieht, irgendwie zu erklären.

Sosehr die Muttergotteserscheinungen von Medjugorje aus dem üblichen Rahmen fallen, so sehr unterscheiden sich auch die Jugendlichen von den Vorstellungen, die man von Seherkindern hat. Jakov, im Jahre 1989 erst 18 Jahre alt, begeisterter Fußballspieler, geht noch aufs Gymnasium. Er hat sich über seine Zukunft noch keine konkreten Gedanken gemacht.

Ivan, inzwischen 24 Jahre alt, wollte in Dubrovnik Priester werden. Man schickte ihn heim, weil er nicht gescheit genug ist. Nun will er in den Franziskanerorden eintreten.

Mirjana, 23 Jahre alt, studiert Agronomie in Sarajewo.

Ivanka, 22 Jahre alt, hat geheiratet und ist mittlerweile Mutter geworden. Sie beruft sich darauf, daß die Jungfrau Maria mit der Heirat einverstanden war: »Das ist allein deine Entscheidung«, soll sie gesagt haben.

Ivankas Mann sagt über seine Frau und die gemeinsame Ehe: »Da gibt es absolut nichts Absonderliches. Wir haben uns schon gekannt, bevor Ivanka die Jungfrau sah. Gut, heute ist sie näher bei Gott, als ich es bin, aber sie ist nach wie vor dieselbe, die ich immer geliebt habe. Und wenn ich manchmal das Gefühl habe, daß sie mir überlegen ist, dann nicht, weil sie die Jungfrau sehen darf, sondern wegen ihrer wunderbaren Qualitäten.«

Ivanka geht voll auf in der Pflege ihres kleinen Sohnes und in der Bewirtschaftung ihres Gasthauses.

Vicka, 24 Jahre alt, hat die Textilschule in Mostar besucht und ist inzwischen in ein Kloster eingetreten.

In Medjugorje geblieben und dort heute so etwas wie die Seele des Wallfahrtsortes ist Marija, 24 Jahre alt. Zu ihrem Haus im Ortsteil Biajovici pilgern die vielen tausend Menschen, die nach Medjugorje kommen. Von morgens bis abends ist ihr Häuschen von kleinen Gruppen belagert. Geduldig warten sie darauf, daß Marija vor die Tür tritt, um mit ihnen zu sprechen, zu beten und die Zettel mit den

Gebetsanliegen entgegenzunehmen, um sie dann abends der Muttergottes vorzulegen.

Marija kommt in regelmäßigen Abständen zur Treppe, begrüßt die Pilger und erzählt ihnen, was die Jungfrau Maria ihr am Vortag mitgeteilt hat. Marija trägt einen selbstgestrickten Pullover, sie hat Hosen an und wirkt eher scheu und schüchtern. Mit großer Geduld antwortet sie auf die vielen Fragen, die ihr gestellt werden.

»Ja, ich habe die Jungfrau gestern gesehen, und heute abend wird sie wiederkommen. Sie hat mir gesagt, sie schenke besondere Gnade allen, die heute hierhergekommen sind. Und sie bittet inständig: Betet, fastet, bekehrt euch!«

Dann beginnt Marija mit den Pilgern zu beten und zu singen. Als die Pilger zu ihr hindrängen, um sie zu berühren, zieht sie sich rasch in das Haus zurück.

Das alles strahlt fast wunderbare Einfachheit, Schlichtheit und eine gewisse Selbstverständlichkeit aus. Nicht die geringste Spur von einer Show. Die Pilger sind sichtlich ergriffen, viele weinen. Dann werden sie weitergeschoben von der nächsten Gruppe, die auf die Begegnung mit der Frau wartet, die mit der Muttergottes sprechen darf.

Pünktlich um sechs Uhr kommt Marija dann zur Kirche, um zuerst den Rosenkranz zu beten und dann die Muttergottes zu sehen. Und wie an jedem Abend warten viele hundert Pilger darauf, in diesem Moment von ihren Sorgen und Leiden befreit zu werden. Deshalb sind sie letztlich nach Medjugorje gekommen.

So wie Marija Skuban aus Karlsruhe, die 1981 nach Medjugorje kam. Seit einem Schlaganfall war sie halbseitig gelähmt. Drei Operationen waren erfolglos geblieben. Ohne fremde Hilfe konnte sie weder gehen noch stehen, noch den linken Arm bewegen. Über ihre Heilung schrieb sie an den Pfarrer von Medjugorje:

»Am 20. Juli 1981 hatte ich in der Kirche das Gefühl, als ginge ein starker Strom durch meinen Körper, besonders durch das linke gelähmte Bein. Ich stand auf, um zu kommunizieren.«

Diese Heilung ist wie viele andere durch ärztliche Zeugnisse bestätigt.

Für die kranke Marija Saric aus Andrijevci reiste die Mutter nach Medjugorje. Marija hatte einen Tumor im Knie, der in einem Belgrader Krankenhaus behandelt wurde. Doch nach einem chirurgischen Eingriff war alles nur noch schlimmer geworden, so daß die Ärzte eine Amputation des Beines beschlossen. Marijas Mutter pilgerte nach Medjugorje und betete für ihre Tochter. Als sie nach Hause zurückkehrte, was Marija völlig geheilt. Die Amputation konnte unterbleiben.

Der Junge Dubravko Tomasic aus Ludwigsburg wurde mit einer Leukämie nach Medjugorje gebracht — und ist seither geheilt.

Einige hundert solcher Heilungen hat das Pfarramt des Wallfahrtsortes gesammelt. Manche Wunder ereignen sich ganz plötzlich während der Muttergotteserscheinungen und der Gebete der Jugendlichen, manche während eines stillen Gebets in der Kirche oder auf dem Erscheinungshügel. Längst ist es auch üblich geworden, in Medjugorje Kräuter zu sammeln und mitzunehmen, weil ihnen eine besondere Heilkraft zugeschrieben wird.

Der Franziskanerpater, der in Medjugorje Pfarrer ist, versucht die Wunderheilungen ganz weit herunterzuspielen. »Sicher heilt die Jungfrau auch«, meint er. »Aber das ist nicht ihr eigentliches Anliegen.« Dieses sieht er im wachsenden Glauben, der von Medjugorje ausstrahlt. In dem kleinen Ort wird unentwegt für den Frieden gebetet. Alle Bewohner — und viele, die als Pilger nach Medjugorje kommen — beten täglich den Rosenkranz und fasten zweimal in der Woche. Am Mittwoch und am Freitag und am Tag vor allen Festtagen ißt man lediglich Brot und trinkt man ausschließlich Wasser.

Die Muttergottes soll den Sehenden anvertraut haben, daß dieses Gebet auch schon das ganz große Wunder bewirkte: Durch das Gebet und das Fasten sei bereits eine schlimme Weltkatastrophe verhindert worden.

Die katholische Kirche hat die Erscheinungen von Medjugorje bisher nicht offiziell anerkannt, und sie wird das wohl auch nie tun, zumindest nicht, solange das Wunder fortdauert.

Ein mohammedanischer Mönch aus der Nähe von Medjugorje, der den Wallfahrtsort besuchte, sagte spontan: »Ich verspüre hier in meinem Herzen eine solche Energie, daß ich schreien könnte. Ich glaube, jeden Augenblick in Ekstase zu geraten. Ich werde die ganze Nacht hindurch beten.«

Kommt die Jungfrau tatsächlich Abend für Abend, nur wenigen Auserwählten wahrnehmbar, um das Wunder zu verwirklichen? Wie anders könnte man sich das, was sich in Medjugorje ereignet, erklären? Macht der naive Glaube das Wunder wahr — oder sind die Grenzen zwischen Diesseits und Jenseits aufgehoben?

3. TEIL

Versuch einer Zusammenfassung

So sehen die Geistheiler sich selbst

Was ist also das Wunder — und was ein Wunderheiler? Läßt sich geistiges Heilen, Heilen im Glauben heute schon definieren? Gibt es für die vielen Aussagen und Erklärungsversuche einen brauchbaren gemeinsamen Nenner?

Eines geht aus den Darstellungen der interessantesten und erfolgreichsten Wunderheiler unserer Tage sicherlich hervor: An dem Phänomen der Heilung durch Gebet, durch Handauflegen und andere Heilerpraktiken kann man schwerlich noch zweifeln. Diese Heilungen gibt es, wenngleich sie nicht immer wunschgemäß eintreten und gelegentlich wohl auch nur vorübergehend anhalten.

Und auch das gilt es festzuhalten: Zu keiner Zeit, niemals zuvor in der Geschichte der Menschheit, haben sich die Geistheiler selbst so intensiv darum bemüht, ihr Wirken und ihre Leistungen zu erklären — und zwar vor wissenschaftlichem Hintergrund. Ihre Anstrengungen, aus dem Geruch der Magie, des Zaubers herauszukommen und offizielle Anerkennung zu finden, sind tatsächlich enorm. Das gegenseitige Sichanfeinden früherer

Zeiten gibt es heute nur noch in Einzelfällen, meist nur zwischen Glaubensheilern und Geistheilern, wobei man konstatieren muß, daß es zwischen den beiden Gruppen bis auf den heutigen Tag keinen Versuch der Kontaktaufnahme gegeben hat. Für die Kirchen ist alles, was auch nur entfernt der Esoterik zugerechnet werden kann, ein rotes Tuch. »Darüber kann man noch so viel Weihwasser schütten, es wird trotzdem nicht annehmbar«, äußerte sich erst 1988 ein katholischer Bischof. Für die Esoteriker sind die Heiler innerhalb der Kirchen Amateure, die noch nicht begriffen haben, was sie überhaupt tun. Wobei ein Geistheiler nicht unbedingt ein Esoteriker sein muß.

Beide, die Glaubensheiler und die Geistheiler — wenn diese Einteilung überhaupt erlaubt ist —, haben hinter sich ein wachsendes Heer von Leuten, die sich als moderne Hexen oder Teufelsanbeter verstehen. Im Gegensatz zum seriösen Heiler, der nur das Heil der Mitmenschen im Auge hat, versuchen sie mit okkulten Praktiken über ihre Mitmenschen Macht auszuüben, ihnen je nach Auftrag, Sympathie oder Antipathie Nutzen oder Schaden zuzufügen. Nicht zuletzt ihnen ist es zuzuschreiben, daß das Geistheilen, das es offensichtlich immer gegeben hat, so in Verruf geraten ist.

Die wahren Heiler, wie sie in diesem Buch dargestellt wurden, haben begriffen, daß sie sich noch deutlicher von diesen Leuten distanzieren müssen, was ihnen bis heute nur unvollständig gelungen ist. Wenn sich viele Heiler auf jenseitige Helfer berufen, dann scheint es tatsächlich, als läge der Unterschied zwischen ihnen und den Hexern nur darin, daß die einen gute, die anderen böse

Mächte zu Hilfe rufen. Bekanntermaßen kann aber niemand einem anderen Menschen ins Herz schauen — woher soll nun der kranke Mensch wissen, ob der Heiler, an den er sich wendet, mit Engeln oder mit Dämonen arbeitet?

Und sofort knüpft sich daran die verwirrende Frage: Falls sich ein Mensch überhaupt an verstorbene Seelen und Geister und Wesenheiten wendet: Kann er, falls das überhaupt möglich ist, denn sicher sein, daß jene, die sich melden, positive Kräfte ausstrahlen und nicht böse, die ihn nur zum Narren halten?

Heiler wie Tom Johanson und der Schweizer Franz Lichtenecker, der sich in Zürich die Aufgabe gestellt hat, »Begabungen« zu führen und sie in der rechten Anwendung der Heilkräfte zu unterweisen, und viele andere haben genau diese Bedrohung erkannt und deshalb versucht, eine Sprachregelung für das ernsthafte geistige Heilen zu finden.

Im März 1985 wurde in Aarau eine solche »Definition« veröffentlicht. Darin betont Tom Johanson: »Jedes menschliche Wesen hat eine Aufgabe zu erfüllen. Es geht nicht darum, daß Krankheiten geheilt werden, sondern daß auf der Welt ein geistiger Fortschritt erzielt wird. Das bedeutet, daß wir gewisse Dinge überwinden müssen. Denn erst durch das Erfahren der Dunkelheit können wir verstehen, was Licht ist und seine Schönheit empfinden.

Ein Heiler ist kein Gott, sondern ein Mensch wie du und ich. Auch er muß fortschreiten, muß den gleichen schwierigen Pfad der Erfahrung gehen wie jedermann.

Ein Heiler kann nie Heilung garantieren. Es gibt viele andere Faktoren, die auch eine Rolle spielen. Bei Menschen mit psychosomatischen Problemen wäre es ein schwerer Fehler, die körperliche Krankheit zu behandeln. In solchen Fällen muß zuerst der seelische Bereich Heilung erfahren.

Dann gibt es auch viele Menschen, die gar nicht geheilt werden möchten, da die Krankheit, die sie haben, das einzige Mittel für sie ist, um Aufmerksamkeit zu erhalten. Eine Heilung muß also auf zwei Ebenen vor sich gehen: zuerst auf der geistigen und schließlich auf der körperlichen. Der Heiler muß ursächlich behandeln, und sehr oft läßt sich die Ursache im Bewußtsein finden.

Es kann niemals das Ansinnen eines geistigen Heilers sein, den Arzt zu ersetzen. Unser Ziel besteht darin, daß wir neben dem Arzt stehen möchten, mit ihm zusammenarbeiten und seine Arbeit ergänzen.«

Und so definieren und erklären die Heiler selbst das geistige Heilen und seine verschiedenen Heilweisen:

»Bei allen geistigen oder spirituellen Heilverfahren (spiritual healing) geht es um ein Übertragen von heilenden (geistigen oder körperlich-feinstofflichen) Energien vom Heiler auf den Patienten.

Dabei lassen sich zwei Arten solchen Heilens unterscheiden:

* Der Heiler wirkt als Kanal für die heilenden Energien, ›produziert‹ sie also nicht selbst. Die Heilkraft ist nicht sein Besitz oder Vermögen, sondern eine Art Leihgabe, Geschenk.

* Der Heiler wirkt als Spender der Heilkraft, in-

216

dem er von seinen eigenen, körperlich-feinstofflichen (= bioelektromagnetischen) Energien
an den Patienten abgibt.

Im ersten Fall spricht man vom eigentlichen
Geistheilen, bei dem wiederum zwei Formen unterschieden werden können:

* Heilen mit Hilfe einer unbestimmbaren kosmischen, seelischen oder göttlichen Energie (ani-
mistische Richtung).
* Heilen mit Hilfe jenseitiger Wesenheiten,
Geistwesen, Engel (spiritistische Richtung).

Diese beiden Formen kommen beim einzelnen
Heiler rein oder oft auch vermischt vor.

Bei der Geistheilung gibt es folgende Anwen-
dungsformen:

* Das Handauflegen. Hierbei berührt der Heiler den Körper des Kranken an irgendeiner Stelle (am Kopf, an den Schultern oder direkt an
der erkrankten Stelle) und läßt die heilende
Energie in den Kranken einfließen. Die Manipulationen können sehr zart oder auch äußerst
kräftig sein.

* Das Aura-Heilen. Als Aura bezeichnet man das
Energiefeld oder die energetische Strahlung eines Menschen, die seinen Körper durchdringt,
aber auch über ihn hinausgeht, ihn also ähnlich
einem magnetischen Feld umgibt. Beim Aura-
Heilen berührt der Heiler den Körper des Kranken nicht, sondern läßt die Energie direkt in das
Aurafeld des Patienten überfließen.

* Das Fernheilen. Hierbei macht es sich der Heiler zunutze, daß die heilende Energie kosmischen Ursprungs und somit allgegenwärtig und
weder an Zeit noch Ort gebunden ist. Der Heiler

leitet die Heilenergie in seiner Vorstellung auf einem ›Gedankenstrahl‹ zum Kranken.

* Die Trance-Heilung. Der Heiler begibt sich in einen halb- oder tieftranceartigen Bewußtseinszustand, der sein eigenes Zutun ausschaltet: er wird zu einem Medium. Das eigentliche Heilen kann dann je nach Heiler durch Handauflegen, Aura- oder Fernheilen geschehen. Spezielle Formen sind bei den Naturvölkern bekannt (zum Beispiel Voodoo-Zauber, wo der zu heilende Kranke in Trance versetzt wird).

* Das Gebetheilen. Diese Form des Heilens wird vor allem in religiösen Kreisen (christlichen Glaubensgemeinschaften, Bibelgruppen) geübt. Man betet allein oder gemeinsam zu Gott, Jesus Christus oder bestimmten Heiligen (Katholiken) und bittet um Heilung oder Fürsprache für den Kranken. In diesen Kreisen werden jedoch andere geistige Heilweisen fast ausnahmslos als ›okkult und gefährlich‹ abgelehnt, da die Bibel vor ihnen und ihren Vertretern warnt.

* Die Wunderheilungen. Sie sind vorwiegend aus dem katholischen Glaubensbereich bekannt und ereignen sich an Wallfahrtsorten (zum Beispiel Lourdes), also an Orten, an denen einst ein ›heiliges Ereignis‹ geschah. Jemand hatte die Erscheinung der Muttergottes, empfing eine ›heilige Sendung‹. Dieser Ort gilt dann als geweiht und heilig, wodurch — die gläubige Ausrichtung des Kranken vorausgesetzt — eine Heilung möglich wird.

* Die Logurgie. Es handelt sich um die Geistoperationen, wie sie auf den Philippinen durchge-

führt werden. Hier haben die sogenannten blutigen und unblutigen Operationen Berühmtheit erlangt. In beiden Fällen dringt der Heiler mehr oder weniger tief mit Fingern oder Händen in den Körper des Patienten ein. Oft werden Organteile oder Fremdkörper entfernt (sehr umstritten). Die Filippinos berufen sich stark auf die Bibel oder Jesus Christus.

* Hypnose und Suggestion. Diese beiden Verfahren könnten dem Bereich der Psychotherapie zugerechnet werden, bewegen sich aber bereits in einem Grenzbereich. Bei der Hypnose wird der Patient in einen Zwangsschlaf versetzt, während dem man seinem Unterbewußtsein (ebenfalls durch Suggestion) den Befehl erteilt, eine bestimmte Verhaltensweise durch eine andere zu ersetzen (etwa so, wie wenn man bei einem Computer ein Programm löscht und ein neues eingibt). Bei der Suggestion werden die Fremd- und Autosuggestion unterschieden. Im ersten Fall versucht der Arzt oder Heiler, den Kranken zu einer anderen Einstellung oder Haltung zu bewegen, also negatives Denken durch positives zu ersetzen (Suggestion = Beeinflussung). Im zweiten Fall redet sich der Patient selbst ganz bestimmte Dinge ein und wiederholt gewisse Sätze regelmäßig. (Zum Beispiel den bekanntesten Satz von Coué: Es geht mir jeden Tag in jeder Hinsicht immer besser und besser.)

* Das autogene Training, Yoga etc. Auch diese Formen, die vor allem über den Körper und mit Vorstellungskraft arbeiten, vermögen unter bestimmten Voraussetzungen zur Heilung oder Linderung von Krankheiten beizutragen, gel-

ten aber nicht als geistige Heilweisen im engeren Sinne. Daneben gibt es noch Heilungen im Bereich des Energiekörpers, die man ebenfalls nicht als ›geistig‹ bezeichnen kann, die andererseits aber auch nicht auf einem materiellen oder substantiellen Weg zustande kommen, sondern auf energetische Weise, das heißt durch das Bewegen von Energiefeldern:

* Die Magnetopathie. Der Magnetopath berührt den Körper des Kranken ähnlich wie beim Handauflegen oder Aura-Heilen und gibt von seiner eigenen, feinstofflichen Körperenergie an den Patienten ab. Dieses Verfahren erschöpft den Heiler. Zudem fehlt bei der reinen Form das seelisch-geistige Element in der Behandlung.

* ›The therapeutic touch‹. Dies ist ein neueres Verfahren aus Amerika, das dort vor allem beim Pflegepersonal an Verbreitung gewinnt (Holistic Nursing). Der Begriff ›therapeutic touch‹ kann mit ›heilsamem Berühren‹ übersetzt werden. Es handelt sich um eine Mischform von Geist- und Magnetheilung. Einerseits geschieht eine bewußte innere Zuwendung zum Patienten, andererseits wird auch manuell behandelt, zum Beispiel in Form von Massagen.

* Die Akupunktur, die Fußreflexzonen-Massage. Alle diese Verfahren wirken vorwiegend auf den sogenannten Energiekörper des Menschen ein, auf sein ›bioelektromagnetisches Feld‹. Die feinen Energieströme im Körper werden angeregt oder gedämpft (tonisiert oder sediert), beziehungsweise umgeleitet.«

In dieser Aufstellung fehlt eine weitere »geistige« Heilweise, die weit verbreitet ist: die Homöopathie. Auch bei ihr kommt kein Wirkstoff zur Anwendung, sondern dem Körper wird eine »Information« gegeben, die ihn in die Lage versetzt, wieder Zugang zum eigenen Wissen zu finden. Die Information stammt aus einer Pflanze oder einem Organ. Mit den sogenannten Nosoden werden dem Körper sogar die Strukturen von Krankheitserregern oder Giftstoffen geliefert, damit er sie besser erkennen kann. Homöopathische Heilmittel werden durch das Verschütteln hergestellt, wobei man davon ausgeht, daß sich die »Information« bei jeder weiteren Verdünnung noch mehr von der materiellen Trägersubstanz loslöst.

Und so, sagen die Heiler, kann man den seriösen Heiler erkennen: »Wo viel Licht ist, findet sich bekanntlich auch viel Schatten. Wie kann sich der hilfesuchende Kranke vorsehen, damit er nicht in die Hände eines Scharlatans fällt?« Hier einige Hinweise:

* »Ein echter Heiler weiß, daß nicht er selbst es ist, der heilt, sondern daß die Kraft eine (göttliche) Gabe ist und er lediglich als Kanal wirkt.

* Sein ganzes Verhalten im Leben und den Kranken gegenüber ist von diesem Bewußtsein geprägt. Sein Wesen ist herzlich, warm, offen und unaufdringlich. Er respektiert die persönliche Weltanschauung des Patienten und hat lediglich den Wunsch, ihm in seinem Leiden zu helfen.

* Er arbeitet nicht gegen Ärzte und Schulmedizin, sondern ist um ein gutes Einvernehmen und um Zusammenarbeit bemüht. In schweren Fäl-

len, in denen die Gesundheit und das Leben des Patienten akut gefährdet sind, wird er immer auf einer ärztlichen Überwachung und Behandlung bestehen.

* Die meisten ernsthaften Heiler behandeln kostenlos, gegen ein freiwilliges Entgelt oder ein bescheidenes, angemessenes Honorar, das ihnen erlaubt, ihren Lebensunterhalt zu sichern (ohne Luxusvilla, Rolls-Royce etc.). Kommen Elemente wie Selbstsucht, Prestige-, Gewinn- und Machthunger oder ähnliches ins Spiel, sollte man das Weite suchen.

* Große Heiler besitzen auch die Gabe der ›intuitiven Diagnose‹, das heißt, sie erkennen den Ort und die Ursache einer Krankheit, ohne irgendwelche Informationen vom Patienten bekommen zu haben.«

Soweit die Heiler über sich selbst.

Was ist letztlich davon wirklich zu halten?

Der französische Chirurg Dr. Alexis Carrel (1873—1944), der 1912 für seine revolutionären Verbesserungen in der Wundbehandlung mit dem Nobelpreis ausgezeichnet wurde, schrieb im Hinblick auf Wunder in Lourdes: »Bisher hat man es abgelehnt, das, was sich in Lourdes abspielt, wissenschaftlich zu prüfen. Warum sollte man das nicht versuchen? Wir wissen vom biologischen Standpunkt über diese Erscheinungen so gut wie nichts. Um so weniger haben wir das Recht, aufgrund von Gesetzen, die wir keineswegs gründlich kennen, einfach alles in Abrede zu stellen. Die katholische Presse schreibt der Einwirkung von Lourdes wundersame Heilkraft zu. Man sollte diese Behauptungen unvoreingenommen prüfen, so wie man Patienten in der Klinik untersucht oder im Labor experimentiert. Man könnte dadurch sehr wichtigen Zusammenhängen auf die Spur kommen.«

Dr. Carrel fährt fort: »Was das Wunder vor allem charakterisiert, ist eine ungeheure Beschleunigung der organischen Heilvorgänge: Anatomische Schäden vernarben zweifellos in viel kürzerer Zeit, als man es normalerweise gewöhnt ist. Die einzige unerläßliche Voraussetzung ist das Gebet. Dabei scheint es nicht notwendig zu sein, daß der Patient selber betet. Er braucht nicht einmal religiös gläubig zu sein. Es genügt, wenn jemand in seiner Nähe im Zustand des Gebets verharrt. Das sind Tatsachen von höchster Bedeutung. Sie erweisen die Wirklichkeit gewisser, ihrem Wesen nach noch unbekannter Verwandtschaften zwischen den psychischen und den organischen Vorgängen. Auch die objektive Bedeutung der seelischen Energien ist damit bewiesen, von denen Hygieniker, Ärzte, Erzieher und Soziologen fast nie wissenschaftlich haben wissen wollen. Hier eröffnet sich dem Menschen eine neue Welt.«

Inzwischen hat sich auf dem Gebiet der Wunderheilung unendlich viel getan. Stefan Zweig schrieb 1931 in seinem Buch »Die Heilung durch den Geist«, in dem er Franz Anton Mesmer, Mary Baker-Eddy und Sigmund Freud porträtierte:

»Kampf um die Gesundheit bedeutet in der Urzeit der Menschheit nicht Kämpfen gegen die einzelne Krankheit, sondern ein Ringen um Gott. Alle Medizin der Erde beginnt als Theologie, als Kult, Ritual und Magie, als seelische Gegenspannung des Menschen gegen die von Gott gesandte Prüfung. Dem körperlichen Leiden wird nicht eine technische Handreichung, sondern ein religiöser Akt dawidergesetzt.

Man untersucht die Krankheit nicht, sondern man sucht Gott.

Man behandelt nicht ihre Schmerzerscheinungen, sondern sucht sie wegzubeten, wegzusühnen, sie dem Gott mit Gelöbnissen, Opfern und Zeremonien abzukaufen, denn nur auf übersinnlichem Wege, wie sie gekommen, kann die Krankheit wieder weichen.

So tritt noch eine volle Einheit des Gefühls der Einheit der Erscheinung entgegen. Es gibt nur eine Gesundheit und eine Krankheit — und für diese wiederum nur eine Ursache und Heilung: Gott. Und zwischen Gott und dem Leiden gibt es nur einen und denselben Mittler: den Priester, diesen Behüter zugleich des Leibes und der Seele. Die Welt ist noch nicht zersplittert, noch nicht zweigeteilt. Glaube und Wissen bilden in der heiligen Stätte des Tempels noch eine einzige Instanz: Erlösung vom Leiden kann nicht vollbracht werden ohne gleichzeitigen Einsatz der seelischen Kräfte, ohne Ritus, Beschwörung und Gebet. Darum üben, kundig des geheimnisvollen Ganges der Sterne, Belauscher und Deuter der Träume, Meister der Dämonen, die Priester ihre ärztliche Kunst nicht als praktische Wissenschaft, sondern ausschließlich als Geheimnis. Unerlernbar, nur dem Geweihten überlieferbar, vererbt sie sich bei ihnen von Geschlecht zu Geschlecht. Und obwohl sie medizinisch viel aus Erfahrung wissen, erteilen die Priester niemals einen bloß sachlichen Rat; immer fordern sie Heilgeschehen als Wunder und darum geweihte Stätte,

Erhobenheit des Herzens und die Gegenwart der Götter.

Nur gereinigt und geweiht an Leib und Seele darf der Kranke den Heilsspruch empfangen: Die Pilger, die zum Tempel in Epidaurus ziehen, weiten mühseligen Wegs, müssen am Vorabend im Gebet verharren, den Leib baden, jeder ein Opfertier schlachten, im Vorhof auf dem Fell des geopferten Widders schlafen und die Träume dieser Nacht zur Deutung dem Priester berichten. Dann erst erteilt er ihnen gleichzeitig priesterliche Weihe und ärztliche Heilhilfe. Immer aber wird als erstes, unumgängliches Unterpfand allen Heilens die gläubige Annäherung der Seele an Gott gesetzt. Wer das Wunder der Genesung will, muß sich dem Wunderbaren bereiten.

Heillehre bleibt in ihrem Ursprung unlösbar von Gotteslehre. Medizin und Theologie sind anfangs ein Leib und eine Seele.

Diese Einheit wird bald gebrochen. Denn um selbständig zu werden und zwischen der Krankheit und dem Kranken praktischen Mittlerdienst zu übernehmen, muß die Wissenschaft die Krankheit ihres göttlichen Ursprungs entkleiden und die religiöse Einstellung — Opfer, Kult, Gebet — als völlig überflüssig ausschalten.

Der Arzt stellt sich neben den Priester und bald gegen ihn — die Tragödie des Empedokles —, und indem er das Leiden aus dem Übersinnlichen in das allgemeine Naturgeschehen zurückführt, sucht er auch mit diesseitigen Mitteln, mit den Elementen der äußeren Natur, ihren Kräutern, Säften und Erzen, die Störung der inneren zu beheben.

Der Priester beschränkt sich auf den Gottesdienst und läßt von der Krankenheilung, der Arzt verzichtet auf jede seelische Einwirkung, auf Kult und Magie: gesondert fließen fortan diese beiden Ströme jeder seinen eigenen Weg.

Mit diesem großen Bruch der einstmaligen Einheit erhalten alle Elemente der Heilkunst sofort einen völlig neuen und umfärbenden Sinn. Vor allem zerfällt das seelische Gesamtphänomen ›Krankheit‹ in unzählige einzelne, genau katalogisierte Krankheiten. Und damit löst sich ihr Dasein gewissermaßen von der seelischen Persönlichkeit des Menschen los. Krankheit bedeutet jetzt nicht mehr etwas, das dem ganzen Menschen, sondern das einem seiner Organe zustößt. (Virchow auf dem Kongreß zu Rom: ›Es gibt keine Allgemeinkrankheiten, sondern nur mehr Organ- und Zellenkrankheiten.‹)

Und so verändert sich naturgemäß die anfängliche Mission des Arztes, bezwingend der Krankheit als einer Ganzheit entgegenzutreten, zu der eigentlich geringeren Aufgabe, jedes Leiden ursächlich zu lokalisieren und einer systematisch längst gegliederten und beschriebenen Krankheitsgruppe zuzuweisen. Sobald der Arzt das Leiden diagnostisch richtig erkennt und beim Namen nennt, hat er das Eigentliche seiner Leistung schon meist zu Ende getan, und die Behandlung erledigt sich dann von selbst durch die für diesen Fall vorausbefohlene Therapie.

Vollkommen abgelöst vom Religiösen, vom Magischen, ein erstudiertes Erkenntniswissen, arbeitet die moderne Medizin statt mit individuellen Ahnungen mit sachlichen Sicherheiten, und wenn sie sich auch noch gern poetisch als ›ärztliche

226

Kunst‹ bezeichnet, so darf dieses hohe Wort nur noch im gemengten Sinn von Kunsthandwerk gelten. Denn längst fordert die Heilkunde von ihren Jüngern kein priesterliches Auserwähltsein mehr wie einst, keine geheimnisvoll visionären Kräfte, keinen übergewöhnlichen Einklang mit den universalen Mächten der Natur: Berufung ist zum Beruf geworden, Magie zum System, das Heilgeheimnis zu Arzneikunde und Organwissenschaft. Nicht mehr als seelischer Akt, als jedesmal wunderbares Ereignis vollzieht sich eine Heilung, sondern als reine und beinahe rechnerische Vernunfthandlung von seiten des Arztes; das Erlernte ersetzt das Spontane, das Schulbuch den Logos, den geheimnisvoll schöpferischen Priesterspruch. Wo das alte magische Heilverfahren höchste Seelenspannung forderte, erheischt die neue, die klinisch-diagnostische Methode vom Arzt das Gegenteil, nämlich nervenlose Helligkeit des Geistes bei vollkommenster sachlicher Seelenruhe.

Diese unvermeidliche Versachlichung und Verfachlichung des Heilprozesses mußte im neunzehnten Jahrhundert zu noch übertriebenerer Steigerung gelangen: denn zwischen den behandelten und behandelnden Menschen schiebt sich ein drittes, ein vollkommen seelenloses Wesen ein, der Apparat. Immer entbehrlicher wird der durchschauende und die Symptome schöpferisch zusammenfassende Blick des geborenen Arztes für die Diagnose. Das Mikroskop entdeckt für ihn den bakteriologischen Keim, das Meßinstrument überprüft statt seiner den Schlag und Rhythmus des Bluts, das Röntgenbild erspart ihm die intuitive Schau...

Als fossiles, vorweltliches Wesen stirbt dagegen der Hausarzt aus, dieser einzige, der noch den Menschen im Kranken kannte, nicht nur seinen körperlichen Zustand, seine Anlage und ihre Veränderungen, sondern auch seine Familie und damit manche seiner biologischen Bedingtheiten — er, der letzte, in dem noch etwas von der alten Dualität des Priesters mit dem Heilhelfer war. Die Zeit stößt ihn vom rollenden Band...

Gegen diese Entpersönlichung und vollkommene Entseelung der Heilkunde hat sich die breite, zwar unwissende, aber doch ahnungsvolle Masse des eigentlichen Volkes von je gewehrt. Genau wie vor Tausenden von Jahren blickt heute der primitive, der noch nicht genug gebildete Mensch die Krankheit als etwas Übernatürliches ehrfürchtig an, noch immer setzt er ihr den seelischen Akt des Hoffens, Fürchtens, Betens und Gelobens entgegen, noch immer ist sein erster verbindender Gedanke nicht Infektion oder Arterienverkalkung, sondern Gott. Kein Lesebuch und kein Schullehrer wird ihn jemals überreden können, daß Krankheit auf ›natürlichem‹ Weg, also völlig sinnlos und unverschuldet entstehe; und darum mißtraut er von vornherein jeder Praxis, die auf nüchternem, technischem, auf kaltem — das ist: seelenlosem — Wege Krankheit zu beseitigen verspricht.

Die Ablehnung des gelernten Hochschularztes durch das Volk entspringt zutiefst dem Verlangen — einem Erbmasseninstinkt — nach dem universal verbundenen, Tier und Pflanzen verschwisterten, geheimniskundigen ›Naturarzt‹, der aus der Natur heraus, nicht durch Staatsexamina Arzt und Autorität geworden ist. Das Volk will noch immer statt des Fachmanns, der ein Wissen von den Krankheiten besitzt, den ›medizinischen Menschen‹, der ›Macht‹ hat über die Krankheit...

Ihre eigentlich gefährlichen Gegner sind der akademischen Wissenschaft, aber nicht aus den Bauernstuben und den Zigeunerlagern erwachsen, sondern aus ihren eigenen Reihen.

Der erste, der gegen die Entseelung, gegen die Entschleierung des Heilwunders kämpft, ist Paracelsus. Er bekämpft den Hochmut, das dogmatisch Autoritative einer Wissenschaft, die jeden Zusammenhang mit der hohen Magie der natura naturans verloren habe, die Elementarkräfte weder ahne noch achte und das Strömende nicht spüre, das von der Einzelseele wie von der Weltseele ausgehe. Und so dubios auch seine eigenen Rezepturen heute anmuten, der geistige Einfluß dieses Mannes wächst gleichsam unter der Haut der Zeit weiter und bricht dann zu Anfang des 19. Jahrhunderts in der sogenannten romantischen Medizin vor, die, eine Seitengruppe der philosophisch-dichterischen Bewegung, wieder einer höheren Vereinheitlichung des Körperlich-Seelischen zustrebt.

In ihrem unbedingten Glauben an das Universal-Beseelte der Natur verficht sie die Überzeugung, die Natur selbst sei die weiseste Heilerin und benötige den Menschen höchstens als Beihelfer. Wie das Blut gegen jedes Gift, von keinem Chemiker belehrt, sich Antitoxine schaffe, so wisse der sich selbst erhaltende und sich selbst umgestaltende Organismus meist völlig allein mit seiner Krankheit fertig zu werden. Hauptsinn aller Menschenmedizin müsse darum werden, den Gang der Natur nicht eigenwillig zu überkreuzen, sondern nur den innen allzeit bereitliegenden Gesundheitswillen im Krankheitsfalle zu verstärken. Dieser Impuls könne aber auf seelischem, geistigem, auf religiösem Wege oftmals ebenso eindringlich bewirkt werden wie durch grobe Apparatur und das chemische Mittel. Die eigentliche Leistung geschehe in Wahrheit doch immer nur von innen, nie von außen. Die Natur selbst sei der innere Arzt, den jeder seit seiner Geburt in sich trage und der darum mehr von der Krankheit wisse als der Spezialist, der nur von außen den Symptomen nachtastet.

Zum erstenmal ist Krankheit, der Organismus und das Heilproblem durch die romantische Medizin wieder als Einheit gesehen.

Eine ganze Reihe von Systemen entwächst im 19. Jahrhundert dieser Uridee vom Selbstwiderstand des Organismus gegen die Krankheit. Mesmer gründet seine magnetische Lehre auf den ›Gesundheitswillen‹ im Menschen, die Christian Science auf die produktive Glaubenskraft der Selbsterkenntnis. Und wie diese Heilmeister die innere, so verwenden andere die äußere Kraft der Natur: die Homöopathie die unvermengten Stoffe; Kneipp und die anderen Naturheillehrer die erneuernden Elemente Wasser, Sonne, Licht; alle aber verzichten sie einhelligermaßen auf jede chemische Medikamentierung, auf alle Apparatur und damit auf die entscheidenden neuzeitlichen Errungenschaften der Wissenschaft.

Der gemeinsame Gegensatz aller dieser Naturheilungen, Wunderkuren und Heilungen durch den Geist gegen die schulmäßige Lokalpathologie läßt sich auf eine einzige knappe Formel fassen.

Die wissenschaftliche Medizin betrachtet den Kranken und seine Krankheit als Objekt und weist ihm beinahe verächtlich die Rolle absoluter Passivität zu; er hat nichts zu fragen und nichts zu sagen, nichts zu tun, als den Anordnungen des Arztes gehorsam und sogar gedankenlos zu folgen und sich selbst möglichst aus der Behandlung auszuschalten. In diesem Wort ›Behandlung‹ liegt der Schlüssel.

Denn während in der wissenschaftlichen Medizin der Kranke als Objekt ›behandelt‹ wird, verlangt die seelische Heilkur vom Kranken vor allem, daß er selbst seelisch handle, daß er als Subjekt, als Träger und Hauptvollbringer der Kur, die höchste ihm mögliche Aktivität gegen die Krankheit entfalte.

Und meist beschränkt sich der Hilfsakt ihrer Meister auf nichts anderes als auf das gesprochene Wort. Wer aber weiß, welche Wunder der Logos, das schöpferische Wort, zu wirken vermag, diese zauberische Schwingung der Lippe ins Leere, die doch unzählige Welten erbaut und unzählige Welten zerstört hat, den wird es nicht erstaunen, daß auch in der Heilkunst wie in allen anderen Sphären einzig durch das Wort zahllose Male wahrhafte Wunder geschehen sind, daß bloß durch Zuspruch und Blick, diese Sendezeichen von Persönlichkeit zu Persönlichkeit, manchmal in völlig niedergebrochenen Organen Gesundheit noch einmal durch den Geist aufgebaut werden konnte.

Durchaus wunderbar, sind solche Heilungen weder Wunder noch Einmaligkeiten, sondern sie spiegeln nur undeutlich ein uns noch geheimes Gesetz höherer Zusammenhänge zwischen Körper und Seele, die vielleicht kommende Zeiten deutlicher ergründen werden; genug schon für unsere Zeit, daß sie die Möglichkeit der Kuren auf rein seelischem Wege nicht länger leugnet und eine gewisse befangene Ehrfurcht Erscheinungen zollt, die rein wissenschaftlich nicht zu deuten sind.

Diese eigenwilligen Absonderungen einzelner Heilmeister von der akademischen Medizin gehören für mein Empfinden zu den interessantesten Episoden der Kulturgeschichte...«

Der Dichter Stefan Zweig hat vor einem halben Jahrhundert schon vieles von dem vorweggenommen, was sich heute klarer abzuzeichnen beginnt.

Das Wunder war vor
20 000 Jahren schon bekannt

Wie bereits erwähnt, hat es die Wunderheilung immer schon gegeben. Es gibt sogar Höhlenzeichnungen, die ganz offensichtlich zeigen, wie Menschen einander die Hände auflegen.

Allerdings blieb das Wunder im Laufe der Geschichte stets auf einen erwählten Personenkreis beschränkt, auf Heilige und Könige.

So war es beispielsweise in Frankreich und England durch sieben Jahrhunderte hindurch üblich,

daß der König am Tag seiner Inthronisation Skrofu-
lose-Kranke heilte. Die heute nur noch sehr selten
anzutreffende Abart der Tuberkulose war im Mittelalter als Folge einer unhygienischen Lebensweise sehr verbreitet. Die Erkrankten waren ähnlich
den Aussätzigen »gezeichnet«. Man erkannte sie
an rüsselförmig geschwollenen Lippen, an entzün-
deten Augen und Augenlidern und an der ständig
tropfenden Nase.

Um zu zeigen, daß er würdig sei und von Gottes Gnaden rechtmäßig den Thron bestiegen
hatte, legte der neue König diesen kranken Menschen die Hände auf. Die Geschichte weiß zu berichten, daß das Wunder niemals ausblieb. In England hielt sich dieses Königswunder bis ins 18.
Jahrhundert, in Frankreich war Karl X. der letzte König, der 1825 die Skrofulose-Heilung vor-
nahm.

Neben dem Wunder durch die Erwählten gab es
aber immer auch die Naturbegabungen, die sich
mehr und mehr in den Vordergrund schoben, je
entschiedener das Wunder geleugnet wurde. Meistens handelte es sich dabei um einfache Menschen vom Lande, häufig um Frauen, die hellsich-
tig waren und viel von Kräutern verstanden, oder
um Männer, die mit der Wünschelrute umgingen
und die Hand auflegten.

Interessanterweise wandten sie alle mehr oder
weniger genau dieselbe Methode an: Mit ihren
Händen versuchten sie, wie das auch heute noch
geschieht, »kranke Ausstrahlungen« zu ertasten,
um auf diese Weise eine Diagnose zu erstellen.
Und dann strichen sie mit ihren Händen in einigem
Abstand über den kranken Leib, vom Kopf zu den

Füßen. Sie schüttelten die Hände aus, als wollten sie die Krankheit herausziehen und wegwerfen. Und sie übermittelten gleichzeitig eine eigene, geheimnisvolle Kraft.

Mesmer und der »animale Magnetismus«

Franz Anton Mesmer (1734—1815), geboren und gestorben am Bodensee, dürfte der erste Arzt gewesen sein, der ernsthaft versuchte, das Geheimnis der Wunderheilkraft zu enträtseln. Der Theologe, Doktor der Philosophie und der Medizin, hatte sich schon in seiner Dissertation »Über den planetarischen Einfluß« mit der Frage befaßt, ob nicht ein geheimnisvolles »Fluidum« den scheinbar leeren Weltraum erfülle, das sich heilend oder — im ungünstigen Falle — krankmachend auf den Mensch auswirke. Schon als junger Mann stellte er die These auf, es müsse irgendeine geheimnisvolle Kraft »durch weite Räume des Himmels ergossen, auf das Innerliche jeder Materie einwirken. Ein Uräther, ein geheimnisvolles Fluidum, scheint den ganzen Kosmos und damit auch den Menschen zu durchdringen.«

In Wien, wo er einen fürstlichen Palast an der Landstraße 161 bewohnte, in dem Musiker und

Künstler, unter ihnen der junge Wolfgang Amadeus Mozart, häufig zu Gast waren, erfuhr er von einem Durchreisenden, der seine Magenkrämpfe durch Auflegen eines Magneten geheilt hatte. Das interessierte ihn so sehr, daß auch er mit Magneten zu heilen versuchte. Damals hatte man ja von Elektrizität noch kaum eine Ahnung. Er baute immer noch kompliziertere Geräte zur Verstärkung der Magnetkraft, zuletzt den berühmt gewordenen Bottich, das »Baquet«: Die Patienten saßen rund um einen großen, mit magnetisiertem Wasser und Glas und Eisenteilen gefüllten, zugedeckten Bottich. Der Raum war abgedunkelt. Aus dem Bottich hing ein Seil, das alle mit einer Hand anfaßten. Mit der anderen Hand berührten sie die Fingerspitzen des Nachbarn, weil Mesmer erkannt hatte, daß das »Heilfluidum« verstärkt wird, wenn es durch Menschen hindurchgeht. Dann trat Mesmer in den Raum und berührte alle Patienten mit einem dünnen Eisenstäbchen.

Das schien so wunderbar zu funktionieren, daß der Ruhm Mesmers bald weit über die Grenzen Österreichs hinausdrang. Immer mehr Ärzte bauten sein »Heilgerät« nach und heilten wie er als »Magnetopathen«.

Der Ruhm verwandelte sich bald in den größten Medizinskandal seiner Zeit, als man zu Dr. Mesmer die blinde Pianistin Maria Theresia vom Paradies brachte, ein Patenkind der Kaiserin Maria Theresia. Mesmer nahm die Künstlerin in sein Haus auf und schaffte es, daß sie tatsächlich sehen konnte. Doch nun setzte der konzentrierte Angriff der geschlossenen Ärzteschaft Wiens gegen ihn ein. Man beschuldigte ihn bei der Kaiserin, er habe überhaupt keine Erfolge erzielt, sondern sich das Mädchen hörig gemacht. Die Pianistin bilde sich unter seinem »magischen Einfluß« nur ein, sie könnte sehen. Da die junge Frau nicht freiwillig das Haus des Wunderarztes verlassen wollte, wurde sie unter Zuhilfenahme der Eltern gewaltsam weggebracht — und war auf der Stelle wieder blind.

Mesmer mußte Wien verlassen und ging nach Paris, wo er bald zum berühmtesten Arzt Frankreichs aufstieg. Überall wurden seine »Baquets« aufgestellt. Und man tat dies noch, als Mesmer längst erkannt hatte, daß die Heilkraft nicht von den Magneten ausgeht, sondern von einer dem Menschen innewohnenden Kraft, die er »animaler Magnetismus« nannte. Mesmer heilte nun durch Handauflegen ohne Magneten, und zwar genauso, wie das die Heiler seit eh und je tun: Mit »magnetischen Strichen«, also einem Entlangführen der Hände über den Körper des Patienten.

Doch auch in Paris erlebte Dr. Mesmer seine Verurteilung. Der Mesmerismus griff derart um sich, daß sich König Ludwig XVI. gezwungen sah — man stand kurz vor der Französischen Revolution und konnte keine Unruhe gebrauchen —, die Akademie der Wissenschaften und die Gesellschaft der Ärzte aufzufordern, den Magnetismus in seinen nützlichen und schädlichen Folgeerscheinungen amtlich zu untersuchen.

Das geschah dann auch, und zwar sehr gründlich. In der Untersuchungskommission befanden sich Dr. Guillotin, der Erfinder der Tötungsmaschine Guillotine, Benjamin Franklin, der Erfinder des Blitzableiters, der Astronom Bailly, der Chemiker Jussieu. Die Wissenschaftler kamen zu dem vernichtenden Urteil: »Nachdem die Kommissäre erkannt haben, daß das Fluidum des animalischen Magnetismus durch keinen unserer Sinne wahrgenommen werden kann, da es keine Wirkungen weder auf sie selbst ausübte noch auf die Kranken, die sich ihm unterworfen haben, da sie feststellten, daß die Berührungen und Streichungen nur selten günstige Veränderungen in der Körperlichkeit hervorgebracht haben und immer gefährliche Erschütterungen in der Einbildungskraft, da sie auch andererseits bewiesen haben, daß auch die Einbildung allein ohne Magnetismus Krämpfe erzeugen kann und der Magnetismus ohne Einbildung nichts, haben sie einstimmig beschlossen, daß nichts den Beweis eines magnetisch-animalischen Fluidums gibt und daß dieses nicht feststellbare Fluidum infolgedessen ohne Nutzen ist ...« Dieses Urteil wurde am 11. August 1784 veröffentlicht. Die Wissenschaftler warnten den König sehr eindringlich davor, Mesmer weiterhin wirken zu lassen.

1792 muß Mesmer, inzwischen völlig verarmt, vor Robespierre aus Paris fliehen. In Wien will man ihn aber auch nicht mehr. So kehrt er zum Bodensee zurück, wo er nach einigen Jahren verkannt und vergessen stirbt.

Interessant ist nun, daß gerade jene, die diesen »Winkelried der modernen Seelenheilkunde«, wie Stefan Zweig ihn nennt, anerkannten und für die Geschichte der Medizin für bedeutsam hielten, seine wahre Leistung gründlich verkannten. Mesmer hat bei seinen Heilungen ganz sicherlich suggestive, hypnotische Elemente eingesetzt. Sein Auftreten in langer violetter Seidenrobe, die an ei-

nen indischen Magier erinnerte, die Verdunke-
lung des Heilraumes, der in ein magisches, golden-
farbenes Licht getaucht war, das sich in zahllosen
Spiegeln verfing, die Ausschmückung des Raumes
mit symbolischen Sternzeichen, die Berieselung
der Patienten mit leiser Hintergrundmusik — das
alles schaffte eine Atmosphäre gesteigerter Erwartung. »Schweigen und Verschweigen steigert die
mystische Gefühlskraft, darum werden in Mesmers Zauberstube die Sinne, Auge, Ohr und Gefühl auf raffinierteste Weise gleichzeitig beschäftigt und gereizt«, schreibt Stefan Zweig. Tatsächlich fielen viele Patienten Mesmers während der
Behandlung in eine Art Trance oder Hypnose, mitunter sogar in Zuckungen und Verkrampfungen.
Deshalb geht man bis heute weithin davon aus, daß
die Heilerfolge Mesmers auf reiner Suggestion be-
ruhten, und bezeichnet ihn deshalb, sofern er
nicht grundsätzlich abgelehnt wird, als den Vater
moderner Seelenheilkunde, als den Vorläufer der
Hypnosetherapeuten, als Wegbereiter Sigmund
Freuds.

Die Suche Dr. Mesmers nach dem »Fluidum«, der
»animalen Heilkraft«, wurde als Irrweg abgetan.
Niemand kam auf die Idee, daß Trance und Hypnose möglicherweise nur als »Türöffner« für das
Wunder dienten.

Nicht zuletzt das tragische Schicksal von Franz
Anton Mesmer, der schon so nahe an die Wahrheit
herangekommen war, dürfte viele Ärzte fortan abgehalten haben, sich intensiver mit der Frage nach
der eigentlichen Heilkraft zu beschäftigen und diesem Geheimnis nachzuspüren. Mesmer hat verzweifelt bei allen wissenschaftlichen Akademien

238

versucht, Anerkennung zu finden. Umsonst. Dagegen durfte ihn jeder in aller Öffentlichkeit einen Betrüger nennen.

So blieb das Magnetisieren seit Mesmer dem Heiler vorbehalten: Was man mit keinem der fünf Sinne und mit keinem Meßgerät nachweisen kann, darf für einen Arzt nicht existieren.

Die Seelenheilkunde beschränkte sich aber später auf suggestive Methoden (Hypnose, autogenes Training, Psychoanalyse, Psychotherapie). Erst in unserem Jahrhundert haben vor allem zwei Leute das Thema Geistheilung wieder ins Gespräch gebracht. Das war auf der einen Seite der Mann mit der unfaßbaren Ferndiagnose, Amerikas »schlafender Prophet« Edgar Cayce, auf der anderen Seite der Geistheiler Harry Edwards in England.

Der »schlafende Prophet« und seine Ferndiagnosen

Edgar Cayce, ein schlichter Farmerssohn aus Hopkinsville in Kentucky (1877—1945), schien für ein nutzvolles Leben in dieser Welt ziemlich ungeeignet. Er mußte vorzeitig die Schule verlassen, weil er weder mit handwerklichem Geschick noch mit intellektuellen Gaben besonders ausgestattet war. Er versuchte sich in einigen Berufen, scheiterte aber jeweils nach kürzester Zeit. Mit 21 Jahren erkrankte er an den Stimmbändern. Es bestand die Gefahr, daß er seine Stimme verlor. Als ihm kein Arzt helfen konnte, versetzte ihn ein Heilpraktiker in Trance. In diesem Zustand konnte Cayce in sich hineinsehen und die Ursache seines Leidens selbst erkennen. Er wußte gleichzeitig, welche Medikamente ihm helfen würden — und wurde gesund. Diese Gabe nun nutzte zuerst ein Heilpraktiker, später ein Arzt. Cayce, im Wachzustand so wenig begabt, auf anderer Bewußtseinsebene aber ein Riese, versetzte sich selbst im Hinterzimmer in Trance und diktierte die Diagnosen. Der kleine Mann mit der Nickelbrille zog die Jacke aus, legte sich auf das Sofa, löste die Krawatte, öffnete den Hemdkragen, die Knöpfe an den Manschetten und den Gürtel, schließlich zog er auch noch die Schuhe aus. Dann streckte er sich aus und legte die Hände auf die Stirn. Seine Frau beugte sich über ihn, berührte seine Wangen und gab ihm den Befehl einzuschlafen. Er schloß die Augen, faltete die Hände über der Brust und begann ruhig und gleichmäßig zu atmen. Seine Frau bat ihn: »Wir möchten von dir, Edgar Cayce, der du hier vor uns liegst, wissen, was Gerald Thomsen, wohnhaft in New York, 5th Avenue, 5. Stock, fehlt...« Für einen kurzen Augenblick war es ganz still, dann murmelte Edgar Cayce: »Ja, ich sehe ihn. Er sitzt gerade in seiner Küche und liest die Zeitung...« Und dann folgte die Diagnose und die Angabe des Heilmittels, das ihm helfen sollte. Es genügte, dem Medium den Namen und die Adresse eines Patienten zu nennen. Er fand ihn auch über Tausende von Kilometern hinweg. Und er sah ihn nicht nur, sondern er konnte offensichtlich auch in ihn hineinsehen. In weit über zehntausend solcher »Readings«, wie er die Aufzeichnungen seiner »Visionen« nannte, gab er so viele Rezepte, daß sich in den USA daraus eine eigene Cayce-Medizin mit speziellen Krankenhäusern entwickelte.

Unter anderem erklärte er in Trance auch das Wesen der Heilung: »Alle Kraft, alle Heilung jeglicher Art ist eine Veränderung der Schwingungen von innen, die Einstimmung des Göttlichen im Innern des lebendigen Gewebes eines Körpers mit den schöpferischen Energien. Wie immer dies geschieht — es ist die Harmonie der atomaren Struktur der lebendigen Zellkräfte mit ihrem geistigen Ursprung …

Die geistige Haltung des Menschen muß bestimmt sein von schöpferischem Denken. Keine Feindseligkeit! Kein Selbstmitleid! Kein Bedauern, daß manche anders oder in irgendeiner Beziehung besser sind und sich an Dingen erfreuen dürfen, die eigentlich Ihnen zustehen! Wie das Dasein auch immer verlaufen mag: Es geschieht alles nur zum Ruhme der Schöpferkraft …

Ich bin sicher, daß die geistige Einstellung oft die körperliche Verfassung des Menschen beeinflußt. Keiner kann seinen Nachbarn hassen, ohne Magen- oder Leberbeschwerden zu bekommen. Niemand kann es sich leisten, eifersüchtig und zornig zu sein, ohne mit Verdauungsstörungen oder Herzbeschwerden rechnen zu müssen.«

Edgar Cayce hat vor allem unter der amerikanischen Ärzteschaft viel Unruhe, ja Bestürzung ausgelöst. »Wozu studieren wir eigentlich jahrelang Medizin, wenn irgendein völlig Ungebildeter daherkommt, sich auf die Couch legt, die Augen zumacht und dann Krankheiten besser diagnostiziert und behandelt als jeder Arzt«, rief ein Arzt in höchster Erregung auf einem Kongreß aus, als man über Cayce diskutierte. Man nahm den »schlafenden Propheten« unter die Lupe, versuchte ihn als Scharlatan zu entlarven, konnte ihm aber letztlich keinen gravierenden Fehler nachweisen. Der Arzt, der mit ihm zusammenarbeitete, sollte mit Berufsverbot belegt werden. Doch letztlich blieb nur die Möglichkeit, Edgar Cayce wegen unberechtigter Ausübung des Arztberufs und wegen Wahrsagerei anzuklagen. Zweimal war er dann auch wegen solcher Beschuldigungen im Gefängnis.

Doch Cayce ist an der Medizin in Amerika nicht spurlos vorbeigegangen. Immerhin gab es nun doch Wissenschaftler — zum erstenmal überhaupt —, die ein ehrliches Interesse daran zeigten, das Phänomen Geistheilung unvoreingenommen zu überprüfen.

Im Jahre 1961 taten sich der Biochemiker Professor Bernard Grad von der McGill-Universität in Montreal, Professor Remi J. Cadoret, Physiologe an der Universität Manitoba, und der Mathematiker Professor G. Paul zusammen, um die Fähigkeiten eines Wunderheilers zu testen.

Um jede Möglichkeit einer Suggestion auszuschalten, entschlossen sich die drei Wissenschaftler, mit dem Heiler einen Tierversuch mit 300 Mäusen durchzuführen. Man brachte den Tieren unter örtlicher Betäubung eine Hautverletzung bei und teilte sie dann in drei Gruppen zu je 100 Mäusen ein. Die erste Gruppe wurde nicht behandelt, die zweite Gruppe vertraute man dem Heiler an, die dritte einer Person, die nicht an Wunder glaubte.

242

Täglich nahm der Heiler den Käfig seiner Tiere für 15 Minuten zwischen seine Hände. Die Tiere selbst konnte er dabei nicht sehen, weil der Behälter mit Papier rundum abgedeckt war. Es fand also auch keine direkte Berührung statt.

Der Erfolg verblüffte die Wissenschaftler. In ihrem Schlußbericht heißt es: »Am 15. Tag war die durchschnittliche Wundfläche der Tiere, die Mr. E. behandelte hatte, signifikant kleiner als bei den anderen beiden Gruppen. Der Heiler hat einen gewissen Einfluß dergestalt ausgeübt, daß die Zeit der Heilung deutlich verkürzt wurde. Die Natur dieses Einflusses ist allerdings unklar.«

Einen ähnlichen Versuch ließ Professor Grad mit Pflanzen wiederholen, und zwar mit Gerstenkörnern. Diese Körner wurden zunächst so vorbehandelt, daß die Bedingungen für ein günstiges Wachstum sehr gering waren. Man wässerte sie zunächst in Salzwasser und hielt sie danach 48 Stunden lang bei 40 Grad.

Dann setzte man je 20 Körner in 24 Töpfe.

Zum Begießen der Pflanzen verwendete man zwei Gießkannen, von denen der Heiler eine jeweils vor dem Gießen eine Viertelstunde lang »behandeln« durfte. Er nahm die Kanne in die eine Hand und hielt die andere Hand über das Wasser. Das ganze Experiment wurde als »Doppelblindversuch« durchgeführt: Weder der Heiler noch der Professor wußten, welche Töpfe mit welcher Kanne begossen wurden. Wieder war das Ergebnis überzeugend: Ab dem siebten Tag waren die Pflanzen, die das »Heilwasser« bekommen hatten, ganz entschieden größer und kräftiger als die übrigen.

Harry Edwards,
der »Vater« der modernen Geistheiler

Harry Edwards: der Name ist in vielen Berichten über Geistheiler immer wieder aufgetaucht. Von ihm könnte man sagen, daß er der Geistheilung vor allem nach dem Zweiten Weltkrieg zu einem ersten großen Durchbruch verholfen hat. Der etwas behäbige Mann mit den großen dunklen Augen unter kräftigen Brauen hat zweierlei bewirkt: Einmal stellten seine Massenveranstaltungen, an denen bis zu 7000 Menschen, meistens Patienten, teilnahmen, vor allem aber seine Fernheilungen über viele Kilometer hinweg, die gewöhnlich auch noch ohne Wissen der Kranken und damit ohne deren Erwartungshaltung und Glaubensbereitschaft, die größte Zumutung für unser rationales Denken dar. Entsprechend laut war der Aufschrei des Entsetzens, daß es so etwas in unserer modernen Welt überhaupt geben sollte.

Zum anderen war er der erste, der Systematik in die Geistheilung brachte und sich darum bemühte, Talente zu entfalten und zu schulen. Viele namhafte Heiler der Gegenwart haben noch bei ihm gelernt. Wenn sie über ihn erzählen, geraten sie alle ins Schwärmen. Harry Edwards ist im Gegensatz zu vielen anderen von Angriffen weitgehend verschont geblieben. Angesichts seiner unendlich vielen und spektakulären Erfolge konnten die Kritiker nur staunen. Ihre Wut über die Unerklärlichkeit des Geschehens äußerte sich hauptsächlich in häßlichen Verleumdungskampagnen in der Presse. Doch weil er darauf nicht empfindlich reagierte, sondern erhaben darüberstand, schien er irgendwie unangreifbar. Die Attacken verliefen sich im Sand und hörten bald auf. Der Zweite Weltkrieg und die Wirren der Nachkriegszeit verhinderten es leider, daß dieser wohl größte aller Heiler Gelegenheit fand, mit ernsthaft interessierten Schulmedizinern Kontakt aufzunehmen und sie von der Realität des Geistheilens zu überzeugen.

Der 1893 geborene Harry Edwards war zunächst Buchdrucker. Seine heilenden Kräfte entdeckte er als Feldwebel während des Ersten Weltkriegs. Er war als Militärberater und Ausbilder in Persien eingesetzt. Als er eines Tages an der Stadt Kermanshah vorbeikam, hörte er aus einem Fenster ein lautes Schreien. Eine junge Frau war von einem Skorpion gestochen worden, und es gab weit und breit keinen Arzt. Harry Edwards legte seine Hand auf die Wunde — und das Gift verlor seine Wirkung. Die Frau erholte sich rasch und ohne alle Komplikationen.

Das sprach sich natürlich herum, so daß sich vor seinem Zelt bald Schlangen kranker Menschen bildeten. Er konnte auch immer wieder den Soldaten helfen, wenn sie sich verletzt hatten oder erkrankt waren.

Zurückgekehrt nach England, machte sich Harry Edwards daran, seine Fähigkeiten zu enträtseln und zum Segen kranker Menschen einzusetzen. Er kam in Kontakt mit Heilern und wurde selbst zum Heiler. Wahrscheinlich war er auch der erste, der davon sprach, daß nicht er heilt, die Kräfte nicht von ihm stammen, sondern er nur einen Kanal darstellt, durch den die Heilkräfte zum Kranken strömen können.

Damit wurde eine deutliche Trennung gezogen zwischen Mesmers animalem Magnetismus und dem Geistheilen. Das eine, so Edwards Einsicht, stammt aus dem Heiler selbst, der eigene Heilenergien von sich abgibt, sich dabei erschöpft. Das andere ist ein Durchfließenlassen der kosmischen Energien, eventuell ein Transformieren oder Bündeln dieser Energien durch den Heiler. Beide Richtungen existieren heute nebeneinander. Der eigentliche Geistheiler aber versteht sich seit Edwards als Kanal, der wie ein Trichter sich zum Kosmos hin öffnet und durch seine Hände ausströmen läßt, was selbst in ihn hineingeflossen ist.

Ein weiterer Affront gegen die Vernunft: Harry Edwards scheute sich nicht — auch das war seinerzeit verrückt und unfaßbar, wird heute jedoch weithin als selbstverständlich hingenommen — zu erklären, er habe geistige Helfer im Jenseits. Und zwar nannte er als seine wichtigsten jenseitigen Geisthelfer den berühmten französischen Biologen und Chemiker Louis Pasteur und den fast ebenso berühmten englischen Chirurgen Lord Joseph Lister (1827—1912), den Begründer der antiseptischen Wundbehandlung. Was kümmerte es den selbstsicheren, in sich ruhenden Mann, daß man ihn deshalb verspottete und verlachte und zum Spiritisten abstempelte?

Edwards Spezialitäten beim Heilen waren rheumatische Erkrankungen, Rückgratverletzungen, Knochenleiden ganz allgemein, Lähmungen, aber auch Blindheit und Taubheit. Frau Stephanie Merges hat uns eine Heilung geschildert, die sie als Schülerin selbst miterlebt hat.

Berühmter geworden sind vor allem seine Fernheilungen, bei denen es für ihn scheinbar keine unmöglichen Entfernungen gab. Er heilte Amerikaner, ohne sie jemals gesehen zu haben, ebenso Deutsche und Australier — auf einen einfachen, einmaligen Brief hin. Noch heute leben viele tausend Menschen, die darauf schwören, von Harry Edwards geheilt worden zu sein.

Harry Edwards größtes Verdienst aber ist es, daß er in England eine regelrechte Heiler-Tradition aufgebaut hat, die heute viele hundert Heiler umfaßt. In Shere, Surrey, baute er ein Heilzentrum auf, das heute in seinem Geiste weitergeführt wird. Dort hat sich alles eingefunden, was Rang und Namen in der Heiler-Szene hatte, um sich von ihm unterweisen zu lassen. Harry Edwards gründete die »National Federation of Spiritual Healers«, einen Verband, der bald internationale Bedeutung erlangte. Zum erstenmal in der Geschichte des Geistheilens gab es für Geistheiler so etwas wie eine Heimat, einen Ort, an dem man die eigene Arbeit mit Gleichgesinnten diskutieren, überprüfen, notfalls auch korrigieren konnte. Zum erstenmal arbeitete nicht mehr jeder versteckt, geheim, verborgen in stiller Abgeschiedenheit vor sich hin, sondern man lernte sich kennen, begann zusammenzuarbeiten und ging gemeinsam an die Öffentlichkeit. Wenn heute Heiler in England in Krankenhäuser gerufen werden, um offiziell zugelassen neben dem Arzt tätig zu werden, dann ist das nicht zuletzt das Verdienst von Harry Edwards. Er hat, im wahrsten Sinn des Wortes, die Geistheilung in Großbritannien hoffähig gemacht. Bei ihm holten nicht nur Spitzenpolitiker Rat, sondern auch Mitglieder der königlichen Familie.

Harry Edwards verstarb 1976 im Alter von 83 Jahren. Doch überall, wo es um Geistheilung geht, scheint er gegenwärtig zu sein. Vermutlich wird sich bald der eine oder andere Heiler darauf berufen, daß Edwards durch ihn aus dem Jenseits wirke.

Günther Schwarz: »Bruder John« spricht zu dir

Eine ähnliche Begabung wie Harry Edwards war Günther Schwarz in Krün bei Garmisch-Partenkirchen. Allerdings entsprach es nicht seiner Art, »Jünger« um sich zu scharen und die Öffentlichkeit zu suchen. Er war ein stark introvertierter Mann und wirkte entsprechend ganz im stillen. Um so erstaunlicher, daß sich in seinem Arbeitsraum in seinem Häuschen in Krün zwei-, dreihundert Ordner stapelten — mit Dankesbriefen buchstäblich aus aller Welt. Und fast alle der weit über 10 000 Briefe waren Dankesbriefe: »Sie haben mir geholfen: Ich bin geheilt!« Die Adresse des Fernheilers ist seit den 30er Jahren unter der Hand von einem Kranken an den anderen weitergegeben worden. Er selbst hat niemals eine öffentliche Heilung abgehalten oder Kranke bei sich empfangen. Er hat so gut wie keinen seiner Patienten persönlich kennengelernt, hat niemals die Hand aufgelegt. Schwarz stellte sich jeden Abend auf den Balkon seines kleinen Hauses, dachte an die leidgeplagten Menschen, die ihm geschrieben hatten, und betete für sie. Gelebt hat er sehr schlicht und fast spartanisch von den Honoraren seiner Bücher, die seine Patienten ihm abkauften. Entsprechend ist er heute praktisch vergessen — freilich nicht von den vielen Menschen, denen er helfen konnte.

Begonnen hatte bei ihm alles mit einem Gelübde. Günther Schwarz war im Ersten Weltkrieg als Pilot über der Nordsee ins Meer gestürzt. Er schwamm viele Stunden im eiskalten Wasser und war völlig entkräftet und unterkühlt fast am Ende, als er versprach: »Wenn ich gerettet werde, dann will ich fortan nur noch der Menschheit dienen.« Als der Oberst nach dem Weltkrieg nach Hause zurückkehrte, überlegte er, wie er das Versprechen erfüllen könnte. Es gingen ihm tausend Ideen durch den Kopf: Ich könnte als Krankenpfleger in einem Krankenhaus tätig werden oder als Missionar nach Afrika gehen. Ich könnte einen Lehrberuf erwählen oder einfach als »guter Mensch« irgendeinen Beruf ausüben und durch mein Beispiel andere überzeugen.

Es dauerte eine ganze Weile, bis Günther Schwarz seine Berufung fand, und noch einmal eine Weile, bis er ihr nicht mehr auswich, sondern sich ihr konsequent stellte. Zu keiner Zeit glaubte er an eine spezielle persönliche Begabung, sondern von allem Anfang an verstand er sich als Helfer, als Verstärker, als Mittler — vor allem aber als Lehrer.

»Hast du etwa Sorgen oder Angst vor etwas, weil du denkst, daß gerade das eintreten könnte, was du nicht wünschst, so holst du das Unerwünschte herbei, weil du ja daran denkst. Fest steht hierbei, daß du laut geistigem Gesetz stets das, was du denkst, in die Gegenwart setzt. Es wird damit gegenwärtig. Du selbst holst also das, um was du dich gesorgt hast, in mehr oder minder großem Maße herbei. Ich werde täglich viele Male angerufen und um Hilfe gebeten. In Unwissenheit über die richtigen geistigen Zusammenhänge wird mir gesagt: ›Ich möchte Sie bitten, mich von der Krankheit, die ich habe, zu befreien.‹ Darauf kann ich notwendigerweise nur antworten: ›Wenn Sie behaupten, Sie hätten diese oder jene Krankheit, so setzen Sie Ihre Krankheit in Auswirkung des geistigen Gesetzes Du bist, was du denkst! in die Gegenwart. Sie bewirken damit, daß Ihre Krankheit weiterhin gegenwärtig ist. Genau das wollen Sie ja nicht. Sie verhindern damit, daß ein anderer, also auch ich selber, Ihnen zur Genesung verhelfen kann. Auch aus diesem Grunde lehne ich es ab, mich auch nur mit einem einzigen Gedanken um Ihre Krankheit zu kümmern. Ich bemühe mich dagegen um Ihre Gesundheit!‹«

Günther Schwarz verordnete, wie er es selbst nannte, eine »Gedankenkur«, die er auf der Suche nach dem eigenen Weg selbst durchgemacht hatte.

Wenn ihn jemand um Hilfe anrief, dann ermahnte er ihn, eine neue Denkweise zu übernehmen, und versprach, dabei zu helfen. Er verabredete mit dem Patienten eine bestimmte Zeit, meistens war es abends 8 Uhr. Viele tausend Menschen wußten sich im Lauf der Jahre um diese Zeit für eine halbe Stunde mit »Bruder John«, so nannte er sich selbst, verbunden und versuchten, gedanklich mit ihm in Kontakt zu kommen.

Und immer wieder ereignete sich in dieser »Fernverbindung« das Wunder. Unzählige Menschen sind bereit zu beschwören, daß sie mit Hilfe von Günther Schwarz ihren Krebs auf wunderbare Weise losgeworden sind. Andere berichteten ihm, daß während des Augenblicks der geistigen Kontaktaufnahme Geschwüre, Lähmungen, Entzündungen, Schmerzen einfach verschwanden.

Auch Schwarz war, trotz seiner Zurückgezogenheit, ein Pionier der Geistheilung. Auch er gehörte zu jenen, die sich selbst völlig zurücknahmen, um die Heilkraft des Geistes zum Fließen zu bringen. Doch die Bundesrepublik Deutschland ist natürlicherweise kein so guter Boden für die Geistheilung, wie das etwa England oder Amerika sind.

Mental Healing in Großbritannien

Großbritannien ist für das Geheimnisvolle, Unerklärliche immer ein besonderer Boden gewesen. Nirgendwo sonst gibt es so viele Gespenster und Schloßgeister wie auf der nebelverhangenen Insel. Nirgendwo sonst trieb der Spiritismus wildere Blüten als in Großbritannien.

Und das war auch das eigentliche Problem, das der Geistheilung vor allem in den letzten zwei Jahrhunderten im Wege stand: Tischrücken, Geisterbeschwörungen, vielerlei okkulte Praktiken, die in den Salons gelangweilter Damen praktiziert wurden. Die Geistheiler machten dabei munter mit. Wenn sie heilten, umgaben sie sich entsprechend mit lächerlichen Zeremonien und geheimnisvollen Riten, je wilder, desto besser, weshalb man sie bis in unsere Tage hinein auch keinesfalls ernstgenommen oder gar respektiert hat. Die Leute gingen zu ihnen nur im allerletzten Augenblick, wenn gar nichts anderes mehr helfen wollte. Und auch dann waren sie befallen von Angst, einem schlechten Gewissen, dem Gefühl, etwas ganz Ungeheuerliches und Verbotenes zu tun.

Shakespeares Hexentänze standen ihnen vor Augen, und sie befürchteten, sie müßten sich das momentane Heil mit der ewigen Verderbnis erkaufen, zumal die Kirche in England den Heiler mit allen anderen, die Okkultes praktizierten, in einen Topf warf und sie verurteilte.

Das hat sich von Grund auf geändert: England hat heute nicht nur die meisten, und wie viele sagen, die tüchtigsten Geistheiler, sondern dort ist auch die Charismatische Bewegung der Glaubensheiler inzwischen besonders stark vertreten. Wenn nicht alles täuscht, haben sich die Unterschiede zwischen beiden in Großbritannien bereits am meisten verwischt. Zumindest ist die große gegenseitige Ablehnung nicht mehr gegeben. Gelegentlich kommt es zwischen beiden Gruppen sogar zu Berührungspunkten. Das »Council for Health and Healing« der Kirchen gehört dem Dachverband CHO (»Confederation of Healing Organizations«) zwar nicht an, arbeitet aber mit ihm zusammen.

Das ist eine völlig neue Situation — in den meisten anderen Ländern noch völlig undenkbar.

Das Geistheilen ist sowohl aus der geheimnisvollen Verborgenheit wie auch aus der Abgeschiedenheit und Selbstisolierung herausgetreten. In aller Regel geht man nicht mehr in irgendein abgelegenes, verstecktes Haus auf mühsamen, verschlungenen Pfaden zum Geistheiler hinaus. Man findet zumindest in jeder größeren Stadt zwischen ganz normalen Geschäften ein Zentrum, in dem Geistheiler in Gruppen zusammenarbeiten. Dorthin kann man gehen, ohne daß es etwas kosten würde. Man braucht nicht einmal persönlich zu erscheinen, es genügt, einen Brief zu schreiben und sein Anliegen vorzutragen. Wenn man einen frankierten Briefumschlag mit der eigenen Adresse beilegt, bekommt man umgehend Antwort. Und auch diese Antwort kostet nichts. Man kann Zeitschriften und Mitteilungsblätter der verschiedenen Organisationen beziehen, um sich ständig zu informieren, was sich auf dem Gebiet der Geistheilung tut. In diesen Mitteilungsblättern schreiben die bekanntesten Heiler wie beispielsweise Tom Johanson.

In England gibt es auch die bisher besten Möglichkeiten, sich im Heilen schulen zu lassen. Dabei ist interessant zu vermerken, daß nicht nur das Handauflegen, die Fernheilung, die Erstellung von Diagnosen regelrecht geübt werden, sondern die »Schüler« werden nicht selten dazu gebracht, hellseherische Fähigkeiten zu entdecken, die Fähigkeit, Verstorbene zu malen, die sie selber gar nicht gekannt haben, und das sogenannte intuitive Schreiben zu praktizieren, bei dem der Kugelschreiber wie von Geisterhand geführt über das Papier huscht und Gedanken niedergeschrieben werden, die aller Wahrscheinlichkeit nach nicht die eigenen Gedanken sind. Am Ende der Lehrzeit, die sich über Jahre hinzieht — in Abendkursen und Wochenendveranstaltungen —, kann man dann eine Prüfung ablegen. Alles ist öffentlich, durchsichtig, für jedermann zugänglich geworden. Denn der moderne Geistheiler hat keine Geheimnisse mehr zu verbergen. Er braucht keine abgedunkelten Räume, keine Kerzen, keine Symbole, keine Rituale mehr. Und trotzdem funktioniert die Heilung — nicht immer, aber doch sehr häufig.

Ist man aber in ein Krankenhaus eingeliefert worden, dann kann man den Arzt bitten, einen Heiler zuzuziehen. Selbstverständlich gibt es noch ausreichend viele Ärzte, die sich weigern, diesem Wunsch nachzukommen, doch viele sehen darin heute nichts mehr, was ihrem Ansehen oder ihrem Berufsethos abträglich sein könnte. Außerdem riskieren die Ärzte nicht mehr, dieser Zusammenarbeit wegen vor ein Standesgericht gezerrt zu werden. Auch Mediziner an Universitätskliniken geben in England heute zu, daß in manchen Fällen zumindest ein Heiler etwas bewirken kann, das der Arzt nicht vermag. Und wenn es bisher auch nicht gelungen ist, diese Wirkung zu erklären, so wird sie doch nicht länger einfach geleugnet, sondern anerkannt. Schließlich stellen sich die Heiler längst nicht mehr gegen die Ärzte. Keiner wird einem Patienten raten, seine medizinische Behandlung abzubrechen oder eine Operation zu unterlassen, keiner gibt auch mehr vor, ein besonders begnadeter Mensch zu sein, der über übernatürliche Kräfte verfügt — im Gegenteil: Die Heiler betonen bei jeder Gelegenheit, daß jeder Mensch heilen kann und daß praktisch täglich irgendwo geheilt wird, ohne daß die Menschen, die das vollbringen, überhaupt um ihr Talent wissen. Es gibt die Selbstheilung ebenso wie das Heilen anderer.

So heißt es in einer Broschüre der »Home Counties Association of Spiritual Healing« beispielsweise:

* »Sei dir bewußt, daß Gesundheit oder Krankheit häufig Folgen deiner Geisteshaltung sind. Deine Gedanken können dein körperliches Befinden sowohl positiv wie negativ beeinflussen. Kummer, Schuldgefühle, Zorn, Ängste und andere Gefühle können deine Gesundheit sehr wohl beeinträchtigen. Vergib jenen, die deinen Kummer verursachen. Sag ›ja‹ zu deinen Lebensbedingungen.

Wenn sie dich bedrücken, diskutiere sie mit deinem Heiler oder Gruppenleiter.

* Praktiziere ›Selbstheilen‹. Versuche, dich selbst als gesund und kräftig vorzustellen. Ein- oder zweimal täglich solltest du dich zurückziehen und dir vorstellen, wie Gottes Heilkraft auf deinen Körper einwirkt. Und sag dir jeden Tag einige Male, daß es dir bessergeht. Diese verschiedenen Schritte werden dir helfen, jene positive Geisteshaltung anzunehmen, die für wirkliche Gesundheit von wesentlicher Bedeutung sind.«

Gegen solche Formulierungen und Aufforderungen läßt sich eigentlich nichts einwenden. Auch dem Arzt kann es nur recht sein, wenn sein Patient zu dieser Haltung findet, denn dadurch wächst die Möglichkeit, daß seine Behandlung, seine Medikamente, seine Eingriffe eine günstigere Wirkung zeigen.

Die britische Geistheilung geht neuerdings noch einen Schritt weiter. Da viele Geistheiler, wie dargestellt, davon ausgehen, daß jedes Kind in der Lage ist, die Aura eines Menschen zu sehen, und da viele Kinder erzählen, sie spielten mit Kindern, die gar nicht mehr leben, versucht man, die Kinder behutsam dahin zu führen, daß sie diese »Fähigkeiten« behalten, sie nicht als etwas Absonderliches fürchten, sondern sie über die Pubertät hinaus ins Erwachsenenleben retten. Man hat inzwischen auch erfahren, daß Kinder ganz vorzügliche Heiler sind, und zieht sie gelegentlich hinzu, wenn Eltern oder Familienmitglieder erkrankt sind, läßt sie die Hände auflegen.

Und noch etwas versucht man, wenngleich diese Experimente noch ganz in den Anfängen stecken:

Man hat herausgefunden, daß beispielsweise Schizophrene sehr »offen« sind für die Aufnahme und Übertragung kosmischer Heilenergien. Deshalb ermuntert man sie zum Heilen, mit dem verblüffenden Effekt, daß sie nicht selten selbst dabei gesunden. Verblüffend ist diese Tatsache allein deswegen, weil speziell Schizophrene in aller Regel mit Suggestionen und hypnotischen Methoden nicht zu erreichen sind.

Eine überaus interessante Entwicklung, die es sorgfältig zu beobachten gilt. Es wäre immerhin möglich, daß uns die Briten in diesem Punkt tatsächlich weit, sehr weit voraus sind.

Forschen und Suchen in der Bundesrepublik Deutschland

Ganz anders ist demgegenüber die Situation in der Bundesrepublik Deutschland. Hier ist das Bild wesentlich bunter, unklarer, auch undurchsichtiger. Da wir ein recht großzügiges Heilpraktikergesetz haben und es relativ einfach ist, den Heilpraktikertitel zu erhalten und damit die Genehmigung zum Heilen, tummeln sich sehr viele Heiler unterschiedlichster Prägung unter diesem Schutzmantel. Das Merkmal persönlicher Tüchtigkeit ist zudem noch weit stärker ausgeprägt als anderswo, die Magnetopathen finden sich ebenfalls noch zahlreicher als in anderen Ländern — und die Vermischung der Geistheilung mit magischen Praktiken.

Auch die Einstellung der Leute, die zum Heiler gehen, ist eine andere als in England. Ein Heiler, der einmal nicht helfen konnte, kommt ebenso schnell in den Ruf der Scharlatanerie wie der Hellseher, der sich einmal irrt. Vielleicht hängt das noch zusammen mit der uralten Vorstellung, daß es sich beim Geistheilen eben nicht um eine natürliche Sache handelt, sondern um ein Gottesgnadentum. Wenn der Heiler versagt — und stets wird die Schuld beim Heiler gesucht, nicht in einem eigenen Fehler oder in der Tatsache, daß die Krankheit für die eigene Persönlichkeit vielleicht wichtig sein könnte —, dann geht man sofort davon aus, daß der »Prophet« eben doch kein Prophet ist, sondern sich dieses Amt nur anmaßt.

Diese knallharte Forderung nach Erfolg ohne die rechte Bereitschaft einer eigenen Leistung hat zweifellos manches Talent dazu verführt, das eigene Können etwas »aufzumöbeln«, wobei gelegentlich auch mit Einschüchterung und noch fragwürdigeren Methoden gearbeitet wird. Mitunter ist es wirklich nicht einfach, zwischen seriösem Heiler und Hexe zu unterscheiden, wobei selbst Voodoo-Zauber in negativer Form und dergleichen mehr zur Anwendung gelangt.

Daneben liegt über unserem Land noch der »Bruno-Gröning-Schock«. Viele erinnern sich noch lebhaft an den Mann mit dem mächtigen Kropf, der zwischen 1949 und 1959 die Massen auf den Marktplätzen zusammenströmen ließ. Nie zuvor hat ein Heiler so großen Zulauf gehabt wie Bruno Gröning. Nie war einer umstrittener. Keiner hat so viele Emotionen geweckt wie der Mann, der mit seinen Stanniolkugeln bekannt wurde. Immer wieder ist ihm das Heilen verboten worden. Den Ausgang seines letzten großen Prozesses hat er selbst nicht mehr erlebt. Er starb an Krebs, so die offizielle Version. Er ist innerlich verbrannt, sagen seine Freunde. Das fast Unglaubliche: Seine Stanniolkugeln werden heute noch weitergereicht. Es gibt in der Bundesrepublik eine Gemeinde mit rund 2000 Mitgliedern, die sich in kleineren Gruppen in 47 Städten zusammenfinden und die alle behaupten, sie seien zu seinen Lebzeiten oder auch erst nach dem Tod Bruno Grönings durch ihn geheilt worden.

Bruno Gröning, am 31. Mai 1906 in Danzig geboren, zeigte als Kind schon Auffälligkeiten, die ihn bald zum Außenseiter abstempelten: In seiner Nähe wurden Menschen gesund, zeigten sich bösartige Tiere lammfromm. Nach der Volksschule machte er zuerst eine kaufmännische Lehre, wurde aber von seinem Vater gezwungen, diese Lehre abzubrechen und Zimmermann zu werden. Auch diese Lehre konnte er nicht abschließen, weil seine Firma in den schwierigen 20er Jahren mangels Aufträgen schließen mußte. Er versuchte dann, eine Bau- und Möbeltischlerei zu errichten, gab das Geschäft aber nach zwei Jahren wieder auf. Dann verdiente er sich sein Brot als Fabrikarbeiter, als Telegrammzusteller bei der Post. 1943 wurde er zum Militär eingezogen, 1944 verwundet, 1945 kam er in russische Kriegsgefangenschaft.

In die Heimat zurückgekehrt, arbeitete er vier

Jahre lang wieder als Arbeiter. Dann holte man ihn zu einer Heilung in Herford, die sich wie ein Lauffeuer herumsprach. Es kam zu einem Massenauflauf, zum sofortigen Heilverbot, woraufhin die Heilsuchenden sogar das Rathaus stürmten.

Bruno Gröning hat immer wieder versucht, mit Ärzten zusammenzuarbeiten. Gelegentlich fand er auch einen, der dann aber unter dem Druck seiner Kollegen schnell wieder aufgeben mußte. Abermals begann der endlose Marsch durch verschiedene Prozesse.

Richtig ist, daß Bruno Gröning tatsächlich niemals behauptet hat, er besitze eine besondere Heilkraft. Er hat auch keine Massenheilungen veranstaltet. Meistens stand er lange, bis zu einer Stunde, schweigend vor den Menschen, dann sprach er zu ihnen von Gott als dem einzigen Heiler: »Der alleinige Arzt, der Arzt aller Menschen, ist und bleibt unser Herrgott. Nur er kann helfen. Er hilft aber nur dem Menschen, der den Weg zu ihm gefunden hat oder aber bereit ist, den Weg anzutreten, den Glauben in sich aufzunehmen und mit ihm zu leben. Sie brauchen nicht an den kleinen Gröning zu glauben, aber Vertrauen müssen Sie mir entgegenbringen und dem Herrgott für seine große Tat, für seine große Macht, für seine Herrlichkeit danken. Nicht ich will den Dank. Nein. Den habe ich auch nicht verdient. Ich tue genauso meine Pflicht wie Sie in Ihrem Beruf. Es liegt am Menschen selbst, wie er sich freigemacht hat, um die Heilung zu empfangen. Das heißt, er muß rein sein. Er muß wissen, daß er kein Gotteslästerer ist. Er muß wissen, daß er sich verpflichtet und verbunden fühlt, mit dem Herrgott zu leben.«

Schließlich forderte er die Menschen auf zu beten. Regungslos blieb er selbst stehen. Zuletzt wandte er sich einigen Menschen persönlich zu, ließ sich von ihnen ihre Krankheit schildern und legte ihnen die Hand auf.

In späteren Jahren ließ er dann die Stanniolkugeln verteilen. Die Wirkung dieser Kugeln versuchte er so zu erklären: »Wenn ich eine Kugel berührt habe — sie ist ja ein kleines Gleichnis unserer Welt —, so kehren in ihr alle Strahlungen, von denen unsere Erde umflossen ist, wieder und bringen den Menschen mit der himmlischen Strahlung in eine sich niemals erschöpfende Verbindung. Von dem Moment an, in dem ein Mensch diese Kugel in die Hand nimmt, erfährt er eine vollständige Neuregelung. Alle Erregungszentren im menschlichen Nervensystem werden angesprochen, so daß auch der Blutkreislauf wieder in Bewegung kommt. Sämtliche Erkrankungen von Organen und Gliedern werden so bekämpft, daß sie von den heilenden Strömungen überwältigt werden, selbst wenn es sich um so schwere Krankheiten wie Tuberkulose, Knochenfraß, ja sogar Wirbel- und Knochenveränderungen und Krebs im Anfangsstadium handelt. Es gibt nichts, wogegen man mit der Kugel nicht angehen könnte.«

Solche Aussagen wurden in den 50er Jahren als Skandal aufgenommen und mit dem immer lauteren Ruf beantwortet, diesem Mann müsse das Handwerk gelegt werden.

Gröning war ein zu einfacher Mensch, um voll zu begreifen, womit er letztlich umging. Und er war zu empfindsam, um den harten Anfeindungen widerstehen zu können. Er selbst hat zwar nicht aufgegeben, sich aber in Erklärungen gegenüber Ärzten und Richtern erschöpft. Er besaß nicht die Selbstsicherheit und Ruhe eines Harry Edwards. Zuletzt ist er am aussichtslosen Kampf zerbrochen — und an schamlos mißbrauchter Freundschaft, die den »Wundermann« als munter sprudelnde Geldquelle einsetzen wollte.

Kurz vor seinem Tod vertraute er wahren Freunden noch an: »Wenn ich nicht mehr hier bin, werden die Menschen soweit sein, daß sie sich selbst helfen können.«

Und er sagte auch: »Wenn ich nicht mehr in meinem Körper sein werde, dann ist der Weg offen für alle. Wer mich rufen wird, für den werde ich dasein. Das Heilen wird weitergehen. Jeder kann die göttliche Kraft weitergeben.«

Das haben viele, die durch ihn ihre Gesundheit zurückbekamen, wörtlich genommen. Vor mir liegen Hunderte von »Erfolgsberichten«, in denen Menschen offen, mit Namensangaben, Beruf, Wohnort, Bild bekennen: »Ich habe mich an Bruno Gröning gewandt — und ich bin gesund geworden.« Diese Berichte sind kommentiert und bestätigt von zwei jungen Ärzten, die sich nicht scheuen, sich zu Bruno Gröning und damit zur Geist- und Gebetsheilung zu bekennen.

Kurz nach seinem Tod haben sich die zersprengten »Bruno-Gröning-Freunde« zusammengeschlossen, mit dem Ziel, das selbst Empfangene weiterzureichen.

Viele haben mir versichert: »Wir heilen täglich. Inzwischen sind gewiß viele Tausende gesund geworden, ohne daß sie etwas von unserer Hilfe erfahren. Wenn wir im Supermarkt eine Frau mit einem sichtbaren Leiden, etwa offenen Beinen, sehen, dann beschließen wir in der Gruppe, die sich regelmäßig trifft, für diese Frau zu beten. Wir freuen uns, wenn wir beobachten können, daß diese Frau tatsächlich ohne Binden, ohne Wunden daherkommt, also geheilt ist. Doch wir werden niemals auf sie zugehen und ihr sagen: Das hast du uns zu verdanken. Wir wirken ganz in der Stille — im Geiste Bruno Grönings.«

Ein einziges Beispiel nur aus der Fülle der dokumentierten Heilungen:

Frau Christel Schreiber aus Kassel schrieb an die Gemeinschaft: »Wir haben ein hartes Jahr hinter uns, aber wir haben es hinter uns. Unser Sohn Raimund, geboren am 22. 9. 1983, schien gesund, solange ich ihn stillen konnte. Ab dem fünften Monat aber fing es an: Die Augenlider waren voll Wasser, er hatte zuviel und übelriechenden weißen Stuhl. Raimund mußte ins Krankenhaus. Dort stellte man fest, daß er an Eiweißmangel litt. Nach dreiwöchiger Untersuchung fand man die Ursache in erweiterten Lymphgefäßen im Darm. Gleichzeitig stellte man fest, daß Raimund nahezu keine Immunstoffe besaß, also anfällig war für jede Infektion. Raimund wurde in die Universitätsklinik nach Göttingen überwiesen. Der Professor ließ uns wissen: ›Das Kind wird nie gesund sein können.‹ Und eine Ärztin sagte sogar: ›Das Kind wird nie wie sein Bruder spielen können. Damit müssen Sie sich abfinden. Sie müssen Ihr Leben danach einrichten. Das wird nie mehr.‹

Meine Mutter tröstete mich: ›Christel, es gibt

doch noch ein Wunder in der Welt. Du mußt daran glauben. Das muß nicht sein, daß ein Mensch sein Leben lang krank ist.‹

Und das Wunder wurde wahr. Als mein Kind in der Universitätsklinik lag, erfuhren die Bruno-Gröning-Freunde davon und stellten sich bittend für mein Kind ein. Sie nahmen den Bruno-Gröning-Heilstrom für mein Kind auf — und Raimund wurde gesund. Raimund ist prächtig gewachsen, seine Augen strahlen, er hat rote Bäckchen bekommen. Er sieht richtig frisch aus.«

Zwei Jahre später, am 18. 2. 1987, versicherte die Mutter erneut: Raimund ist völlig gesund, er kann alles essen und ist niemals krank. Der Professor wollte unbedingt wissen, ob die Eltern das Kind irgendwo anders hatten behandeln lassen. Er konnte das alles nicht begreifen.

Raimund ist auch mit fünf Jahren noch gesund. Alle Werte sind normal, was sie nach der schweren Krankheit eigentlich nicht sein dürften.

Nicht alle Wissenschaftler, auch das gilt es festzuhalten, waren seinerzeit gegen Bruno Gröning eingestellt. Es gab angesehene Prominente, etwa einen evangelischen Bischof und einen sehr berühmten Architekten aus Stuttgart, die sich öffentlich dafür eingesetzt hatten, Bruno Gröning nicht zu verurteilen, ohne genau zu überprüfen, was sich bei seinen Heilungen wirklich ereignet.

Die große Mehrheit allerdings hat sich zurückgezogen — und geschwiegen. Es war einfach zu ungeheuerlich, was sich da abspielte. Und letztlich, wer mag es verdenken, besaß man ja auch keinerlei Möglichkeiten, die Geistheilung wirklich einer

Überprüfung zu unterziehen. Möglicherweise ist Bruno Gröning nur um zwei Jahrzehnte zu früh aufgetreten? Wie würde es heute aussehen, erführen wir von einem Bruno Gröning?

*

Heute dürfte es in der Bundesrepublik etwa 250 bis 300 ernstzunehmende Geistheiler geben. Auch sie haben Verbände ins Leben gerufen, die allerdings nicht so straff organisiert sind wie in England. Die deutschen Heiler sind größtenteils Individualisten. Sie haben für das, was sie tun, noch nicht einmal den richtigen Namen gefunden.

Ganz unerwartete Schützenhilfe erhielten sie vor etwa zehn, zwölf Jahren von Universitätswissenschaftlern der unterschiedlichsten Fachrichtungen — abgesehen von der Medizin. Es waren vor allem Physiker, Chemiker, Soziologen, die sich mit der »paranormalen Heilung« befaßten und den Schritt über die enggefaßten Grenzen einer überholten Naturwissenschaft hinaus wagten.

Professor Dr. Alfred Stelter ist ein typisches Beispiel dafür. Der Physiker und Chemiker an der Hochschule für Maschinenbau in Dortmund, bis 1965 wissenschaftlicher Mitarbeiter für Weltraumforschung in Bad Godesberg, seit 1974 Inhaber eines Lehrstuhls für Radiochemie in Dortmund, scheut sich nicht, zugleich auch Vorlesungen und Seminare über Parapsychologie und Paraphysik zu halten. Und dabei interessiert ihn ganz besonders das Thema Parapsychologie und Medizin. Er hat in Europa, in den USA, in der Sowjetunion, in Ostasien und auf den Philippinen medialen Heilungen beigewohnt und sich unter anderem sehr leidenschaftlich gegen die Verurteilung der medialen Operateure auf den Philippinen eingesetzt, indem er sich an Ort und Stelle selbst überzeugte und Illustrierten-Berichte als bewußte Fälschungen entlarvte.

Wissenschaftler wie Professor Stelter werfen der Medizin vor, daß sie noch auf einem völlig veralteten und überholten klassischen Physik-Bild aufbaut und nicht zur Kenntnis nahm, daß die Wissenschaft gerade auf dem Gebiet der Physik sich mächtig weiterentwickelt hat.

»Am stärksten auf ganz bestimmte Denkgewohnheiten eingeschworen — um nicht zu sagen, auf bestimmte Gehirnbahnen eingefahren — ist der Spezialist, die Kapazität auf einem Gebiet. Sie weiß so gut wie kein anderer, was hier möglich ist und was nicht«, sagt Professor Stelter. »Daher stoßen revolutionierend neue Erkenntnisse bei den für den betreffenden Bereich zuständigen Fachwissenschaftlern naturgemäß auf den heftigsten Widerstand. Es kommt infolgedessen nicht von ungefähr, daß umwälzende Entdeckungen oft von Personen gemacht werden, die ein bestimmtes Gebiet nur relativ oberflächlich kennen, sozusagen mehr aus der Vogelperspektive, die also keine Experten sind. Bei ihnen treten infolge ihrer nicht so gründlichen Detailkenntnisse auch nicht so viele Einwände a priori auf.

Um nur einige Beispiele zu nennen: Die folgenschwere Entdeckung der Kernspaltung — ein Prozeß der Kernphysik — verdanken wir zwei Chemikern, Otto Hahn und Fritz Straßmann, nachdem die eigentlichen Experten dieses Gebiets, die Physiker, vier Jahre lang falsche Deutungen geliefert hatten.

Die moderne Psychologie erhielt wertvolle Impulse durch die von Ingenieuren und Mathematikern geschaffenen kybernetischen Gedankengänge. Und Sigmund Freud, der Begründer der Psychoanalyse und offizielle Entdecker der unbewußten seelischen Vorgänge, war bekanntlich nicht Psychologe, sondern Mediziner und stand in stärkstem Widerspruch zu den reinen Bewußtseinspsychologen seiner Zeit.«

Professor Stelter sagt auch: »In unserem Jahrhundert hat die Physik grundsätzlich neue Wege eingeschlagen und gänzlich neue Dimensionen erschlossen, indem sie in Bereiche eingedrungen ist, in denen sie auf jegliche Anschaulichkeit verzichten muß, weil es in unserer menschlichen Vorstellungs- und Erfahrungswelt nichts Analoges dazu gibt. Der Physiker weiß, daß er sich auf seine Formeln mehr verlassen kann als auf das Anschauungsvermögen seines sogenannten gesunden Menschenverstandes, wenn es beispielsweise darum geht, Vorgänge im Atomkern zu beschreiben.

Medizin und Biologie haben diesen kühnen Sprung, den die Physiker im ersten Drittel unseres Jahrhunderts vollzogen haben, noch nicht mitgemacht, sondern stehen in ihrer Denkweise noch weitgehend auf dem Boden der klassischen Naturwissenschaften.

Das moderne Atommodell hat keine Ähnlichkeit mehr mit dem Modell von Rutherford und Bohr. Der moderne Physiker stellt sich das Atom nicht mehr vor. Er beschreibt es lediglich durch Formeln. Es ist unanschaulich.

Dagegen sind die Vorstellungen vom Wesen des menschlichen Körpers, der sich ja letztlich aus diesen unanschaulichen Atomen aufbaut, keinem derartig grundsätzlichen Wandel unterzogen worden.«

Heißt das, die Medizin hat die modernen wissenschaftlichen Entwicklungen und Einsichten verschlafen und fußt heute auf einem falschen Weltbild — vergleichbar der Astronomie, die durch Jahrhunderte nicht zur Kenntnis nehmen wollte, daß die Erde nur einer von vielen Planeten ist und nicht das Zentrum unseres Sonnensystems bildet?

Immerhin: Einen Schritt im Gefolge der modernen Physik hat die biologische Forschung doch getan — wenngleich er von der offiziellen Wissenschaft noch keine Anerkennung fand: die Plasmaforschung.

Die Physiker wissen es seit vielen Jahrzehnten: Für die Materie unserer Welt gibt es nicht nur die bekannten drei Aggregatzustände fest, flüssig, gasförmig, sondern darüber hinaus einen vierten Zustand, das physikalische Plasma (es darf nicht mit den biologischen Begriffen Blutplasma, Zellplasma verwechselt werden). Dabei handelt es sich um ein ionisiertes Gas.

Sind die Atome im festen Zustand praktisch »eingefroren«, im flüssigen Zustand recht beweglich, im gasförmigen wirbelnd, so beginnen diese Bausteine unserer stofflichen Welt, sich im Zustand als Plasma aufzulösen. Sie verlieren ihre Elektronen, wobei elektrisch geladene Teilchen zurückbleiben. Dieses Plasma reagiert nun auch magnetisch völlig verändert.

Gibt es ein solches physikalisches Plasma, das in

der Natur im scheinbar »leeren« Weltraum, in den höchsten Schichten der Erdatmosphäre und im Sonneninnern vorkommt, vielleicht auch in unserem Körper — nicht etwa das »heiße«, sondern das sogenannte »kalte« Plasma?

Seit dem Jahre 1944 haben sich zahlreiche prominente russische Wissenschaftler davon überzeugen lassen. Sie sprechen vom Bioplasma, das ihrer Meinung nach in feinsten Strukturen einen gewissen Körper bildet, den Bioplasmakörper, womit der Esoteriker, der seit Jahrhunderten einen sogenannten Astralleib, einen feinstofflichen Körper, ein »Fluidum« fordert, ebenso bestätigt wäre wie der Akupunkteur.

Die Russen sprechen von einer neuen Energie, die im Körper zirkuliert und weder Blut noch Elektrizität ist, aber ständig abgestrahlt wird. Sie bildet, nach Meinung der Forscher, die Erklärung für alle parapsychologischen Erscheinungen wie Hellsehen, Gedankenübertragung, Geistheilen, Psychokinese.

Daß diese Energie keinen elektrischen oder elektromagnetischen Charakter haben kann, bewiesen sie in aufwendigen Versuchen mit Fernhypnose: Einem besonders tüchtigen Medium gelang es, Menschen über eine Entfernung von 1700 Kilometer hinweg in Hypnose zu versetzen. Und dieser Versuch gelang auch, wenn die Testperson in einer völlig abgeschirmten Bleikammer saß.

Weitere Hinweise auf die Existenz eines solchen Körpers lieferten die sogenannten Kirlian-Fotografien. Der russische Ingenieur Semjon Kirlian und seine Frau Valentina entwickelten schon in den 50er Jahren in Krasnodar die »Elektrofotografie im Hochfrequenzfeld«. Man bringt also den Gegenstand, den man fotografieren will, etwa einen Fuß oder eine Hand, zusammen mit Fotopapier in ein bestimmtes elektrisches Feld. Hinterher sind auf dem Bild Funken zu sehen, die von den Fingern ausgehen. Das sind ganz natürliche Entladungen, wehren die Gegner der Kirlian-Bilder ab. Die Befürworter dieser Technik dagegen sind überzeugt, daß sie auf diese Weise die Aura fotografieren können. Sie verweisen darauf, daß sich die Strahlenbilder je nach Gemütsbewegung, vor allem aber bei Erkrankungen so deutlich verändern, daß die Fotografien zur Diagnose verwendet werden können.

Bei solchen Kirlian-Bildern läßt sich nun etwas Seltsames beobachten: Reißt man von einem grünen Blatt ein Stückchen ab, dann ist auf dem Foto hinterher der komplette, unbeschädigte Strahlenkranz zu sehen, so als wäre das abgerissene Stückchen noch vorhanden — oder ein zweiter, feinstofflicher Körper, um den herum sich die Aura bildet? Dasselbe Bild ergibt sich bei einem amputierten Finger oder einer fehlenden Zehe: Im Strahlenkranz der Aufnahme ist der Finger vorhanden, wenngleich etwas schwächer strahlend als die gesunden Finger daneben.

Sollten etwa elektrische Entladungen eines Fingers möglich sein, der seit langem nicht mehr existiert?

Schon in den 30er Jahren hatte das britische Medium Geraldine Cummins gemutmaßt: »Der Geist wirkt nicht direkt auf das Gehirn ein. Zwischen Geist und Körper gibt es als Bindeglied einen ätherischen Körper. Viel mehr korpuskulare Partikel, als die Wissenschaftler ahnen, wandern an Fäden von dem ätherischen Körper oder Double zu gewissen Regionen des Körpers oder des Gehirns. Ich möchte sie ›Lebenseinheiten‹ nennen. Der ätherische Körper ist der einzige Kanal, durch den sich Geist und Leben mit der physischen Gestalt in Verbindung setzen können. Sollte ein Faden zwischen den beiden reißen, versagt die Kontrolle augenblicklich.«

Solche Experimente und Thesen hat Professor Stelter meistens an Ort und Stelle selbst überprüft oder versucht, sie im Labor nachzuvollziehen. Er kommt zu dem Ergebnis: »Die Vorstellung von der Existenz des vierten Aggregatzustandes in lebenden Organismen — eventuell noch mit weiteren freien Elementarteilchen — ist etwas revolutionierend Neues, wovon bisher wohl in kaum einem medizinischen Lehrbuch in der ganzen westlichen Welt ein Wort oder eine Vermutung zu finden ist. Vielmehr beruhen unsere Vorstellungen vom menschlichen Körper ganz und gar auf den Vorstellungen der klassischen Physik des vorigen Jahrhunderts und den Anschauungen der Chemie. Alles scheint aber darauf hinzudeuten, daß es sich bei der vermuteten neuartigen Energie um eine Realität handelt.«

Professor Stelter versucht auch zu beweisen, daß Geistheilungen nicht einfach als psychogene Heilungen abgetan werden können: »Eine Heilung allein durch Beeinflussung des Gefühlslebens des Patienten beziehungsweise durch Erzeugung des Glaubens in ihm, daß er wieder gesundet, ist eine sogenannte psychogenetische Heilung. Wie sie zustande kommt, ist heute noch weitgehend ein Rätsel. Nicht zuletzt deshalb sollte man sich hüten, alle Heilungen, die nicht in das Schema der offiziellen Medizin hineinpassen, als ›psychogenetisch‹ wegerklären zu wollen. Es gibt unerklärliche Heilungen, die nicht nur konventionelle Glaubensheilungen sind, wenn auch eine Glaubenskomponente in der Heilung mitbeteiligt sein kann. Man denke an die zahlreichen, von der katholischen Kirche wie auch von Ärzten als Wunder anerkannten Heilungen in Lourdes, wo unter anderem Heilungen kleiner Kinder und Säuglinge von schwersten Mißbildungen erfolgten, Heilungen, die ganz gewiß nicht durch den Glauben der Kranken, also psychogenetisch, zu erklären sind. Hier liegt eine paranormale Wirkung vor, die heute noch nicht wissenschaftlich erklärbar ist. Das gleiche gilt für die unbestreitbaren Leistungen mancher sogenannter geistiger Heiler oder Heilmedien. Geistige Heilungen können durch direkten physikalischen Kontakt erfolgen, aber ebenso scheint es Fernheilungen zu geben. Eine Mitbeteiligung von Psychogenese bei den meisten PSI-Heilungen wird sich oft nicht ganz ausschließen lassen — und im Interesse der Patienten wäre das wohl auch gar nicht wünschenswert. Denn wenn die gläubige Einstellung der Patienten den paranormalen Heileffekt noch steigert, dann kann das ja nur gut sein.

Vor allem aber spricht gegen die stereotype Annahme der Psychogenese, daß die Voraussetzung des absoluten Glaubens an die Möglichkeit einer Wunderheilung in vielen Fällen gar nicht gegeben ist. In anderen Fällen kann auch der stärkste Glaube nach allem, was wir heute wissenschaftlich akzeptieren, nicht die eingetretenen körperlichen Veränderungen auf normalem physiologischem Weg erklären, oder aber, wir müßten unsere wissenschaftlichen Konzeptionen von dem, was durch den Glauben möglich ist, grundlegend revidieren und den Glauben als eine der gewaltigsten Mächte mit den größten Möglichkeiten ansehen, die es gibt und die man wissenschaftlich erschließen sollte. Statt dessen schaut man mit einer gewissen Geringschätzung auf sogenannte ›Glaubensheilungen‹ herab und ordnet sie in medizinischen Kreisen oft in das Gebiet der Quacksalberei ein.«

Professor Stelter stellt des weiteren fest: »Die schöpferische Kraft des Bewußtseins ist vermutlich die Ursache all unserer Aktivitäten und auch der paranormalen Phänomene. Aus der Strukturierung des Bewußtseins — einschließlich der Tiefenschichten, meist Unterbewußtsein genannt — ergeben sich zugleich die Möglichkeiten wie auch die Grenzen eines Menschen oder auch einer Gemeinschaft, ja einer ganzen Kultur.

Hätten unsere Wissenschaften ebensoviel Arbeit in die Erforschung der Möglichkeiten des Bewußtseins investiert, wie sie in die Erforschung der materiellen Strukturen und ihrer Energien hineingesteckt haben, dann könnten wir am laufenden Band wahre Wunder erleben. Es gibt bestimmte Kohärenzzustände des Bewußtseins und des Unterbewußtseins, unter denen ungeahnte psychische Energien freigesetzt werden können, die weit über das hinausgehen, was rational möglich erscheint.

Hierbei scheint sich auch zu zeigen, daß das Bewußtsein eine dem Materiellen übergeordnete Größe ist. Aus diesem Bewußtsein heraus ergeben sich auch Möglichkeiten der Heilung von Krankheiten, die all unsere bisherigen wissenschaftlichen Konzepte sprengen.«

Von ganz anderer Seite geht der Wissenschaftler Dr. Walter A. Frank, Ethnologe und Soziologe an den Universitäten Köln und Bonn, an das Thema Geistheilung heran. Als Ethnologe hat er sich sehr intensiv mit den Ritualen und Praktiken der Schamanen befaßt. Heute hält er an der Universität Köln Seminare ab, in denen er die Teilnehmer in die Geistheilung einführt und auch mit praktischen Übungen zeigt, was dabei beachtet werden muß und was sich damit erreichen läßt. Mitunter hat der Dozent selbst spektakuläre Erfolge. Doch er ist im eigentlichen Sinn kein Heiler. Er sieht seine Aufgabe darin, Anerkennung für die Geistheilung zu erreichen. An seinen Seminaren kann jedermann teilnehmen. Ein Seminar ist für Anfänger, eingeladen dazu sind Leute, die etwas mehr über sich und ihre Fähigkeiten erfahren und ihr Bewußtsein erweitern möchten. Ein zweiter Kurs ist für Leute, die bereits Erfahrungen mit Geistheilen besitzen und bei ihm ihre »Technik« verfeinern möchten. In beiden Kursen verteilt Dr. Frank Fragebogen, auf die seine Studenten eigene Erfolge oder Erfolge, die ihnen bekannt wurden, eintragen sollen. Er nennt diese Aktion »Internationales Forschungsprojekt Geistheilung«.

Auf diesem Blatt, in Englisch und Deutsch abgefaßt, bittet Dr. Frank: »Bitte helfen Sie, öffentliche Anerkennung für die Geistheilung zu erreichen, indem Sie das Formular so ausführlich wie möglich ausfüllen. Falls Sie die Methode inzwischen selbst anwenden, machen Sie bitte Kopien des Formulars in ausreichender Zahl, und füllen Sie für jede Anwendung eines aus; auch den Behandelten lassen Sie bitte eines ausfüllen. Je mehr Dokumente wir sammeln können, um so besser für die Sache.

Falls Sie/Ihr Klient unter medizinischer Behandlung stehen, bitte Diagnose und Behandlung, möglichst mit Arztnamen, und bisherige Ergebnisse der Behandlung angeben.

Bitte seien Sie so genau und ausführlich wie möglich in der Beschreibung der Geistheilung, beschreiben Sie Ihre körperlichen und seelischen Empfindungen. Sollten nach Einsendung weitere Ergebnisse eintreten, bitte weiteres Formular (Kopie) einsenden.

Bitte sammeln Sie die Formulare derer, die Sie behandeln, und senden Sie sie zusammen ein, damit zusammengehörende Beschreibungen als solche besser erkannt werden für die Auswertung.

Wenn Sie sich sicher genug fühlen, können Sie auch Heilgruppen organisieren, vor allem für Fernheilungen. In diesem Fall sind die Einzelheiten von größter Wichtigkeit, um mögliche Ergebnisse eindeutig der Fernheilung zuordnen zu können (Zeitpunkt!). Der Fernbehandelte sollte nicht informiert werden, bevor Wirkungen eindeutig eintraten. Lassen Sie Formulare durch seine Familie/Freunde ausfüllen und senden Sie sie ein. Dies verhindert, daß durch ›Suggestion‹ eine ›Placebo‹-Wirkung als Heilungsursache in Frage kommt statt der Geistheilung...«

Mit dieser Aktion hofft Dr. Frank, endlich Material in die Hand zu bekommen, das Umfang und Art und Erfolge der Geistheilung in der Bundesrepublik Deutschland verdeutlicht.

Interessanterweise grenzen sich Wissenschaftler wie Professor Stelter und Dr. Frank deutlich von den eigentlichen Parapsychologen ab, die »hauptamtlich« an Universitäten, etwa an der Universität Freiburg, die Aufgabe übernommen haben, paranormale Fähigkeit wie die Geistheilung wissenschaftlich zu untersuchen.

Zugegebenermaßen sind auch Wissenschaftler wie der Freiburger Professor Hans Bender speziell auf diesem Gebiet nicht gerade weit gekommen. In seinem Büchlein: »Telepathie, Hellsehen und Psychokinese« erzählt der Parapsychologe von einer Wunderheilung durch C. G. Jung, die eigentlich ganz unbeabsichtigt zustande kam.

Er vergleicht diese Heilung mit dem Versuch eines Hamburger Arztes, dem in den 50er Jahren so berühmten Geistheiler Dr. Kurt Trampler aus Gräfelfing bei München zu beweisen, daß hinter der Geistheilung wahrhaftig nichts stecke. Der Hamburger Arzt hatte drei praktisch hoffnungslos erkrankte Patientinnen und bat den Heiler, ihnen durch Fernheilung zu helfen. Die Anstrengungen Dr. Tramplers waren angeblich umsonst. Es geschah nichts.

Daraufhin ging der Arzt zu den Patientinnen, erzählte ihnen von der Chance einer Fernheilung, vom Wunder, das immer wieder geschieht. Er gab ihnen ein Buch von Trampler mit der Ankündigung, zu einer bestimmten Zeit würden sie durch den Heiler geheilt. Trampler wußte von alledem nichts.

Doch nun ereignete sich das Wunder. Alle drei Patientinnen wurden blitzartig gesund und konnten bald als geheilt entlassen werden, obwohl die Heilung nur in ihrer Einbildung geschehen war.

Professor Bender folgert: Bei C. G. Jung war großes Mitleid einerseits und Erwartung bei den Patientinnen andererseits gegeben. Es bestand also
eine »starke affektive Resonanz«. Der Hamburger
Arzt hatte seine Patientinnen regelrecht »im Glauben vorbereitet«.

In beiden Fällen fand keine »Heiler-Leistung«
statt. »Wunderheilungen sind unvorhersehbare
Spontanphänomene und nicht Erfolge einer kunstgerechten Therapie. Noch so geschickte Routi-
ne-Suggestionen vermögen es nicht. Offenbar ist
ein besonderes ›affektives Feld‹, eine spezifische
doppelseitige Resonanz erforderlich, damit einmal eine Heilsuggestion eine außergewöhnliche
Wirkung hat. Nicht nur der ›Glaube‹ des Patienten,
sondern auch der ›Glaube‹ des Heilers ist im Spiel
— eine Wechselbeziehung, die als Übertragung
und Gegenübertragung ein Zentralproblem der
analytischen Situation ist.«

Man darf fast vermuten, daß Professor Bender
heute anders als Anfang der 80er Jahre denkt. Jedenfalls sind diese Vorstellungen durch viele Erfahrungen und Beweise widerlegt. Die Heilung »im
affektiven Feld« gibt es ganz gewiß, doch sie darf
eben nicht mit der Geistheilung verwechselt werden, mit der sie nur indirekt zu tun hat. Schon gar
nicht reicht es aus, alles auf suggestive Beeinflussungen zu reduzieren.

»Heilzentrum« Schweiz

Fast ein Wunder für sich ist das, was sich seit einigen Jahren in der Schweiz auf dem weiten Feld der Geistheilung ereignet. Wunderbar deshalb, weil alles, was auch nur entfernt »okkult« aussieht, von den eidgenössischen Behörden mit größtem Argwohn beobachtet wird. Gewiß, die Situation ist in den einzelnen Kantonen unterschiedlich, doch sie ist nirgendwo unbedingt freizügig. Der Stand des Heilpraktikers ist in der ganzen Schweiz verboten. Heilen gegen Entgelt dürfen nur Ärzte, und diese wachen eifersüchtig darüber, daß dieses Gesetz strikt eingehalten wird und ihnen niemand ins Handwerk pfuscht.

Das bekam schon der weltberühmte Kräuterpfarrer Johann Künzle zu spüren, zu dem die Leute selbst aus den USA angereist kamen. 1920 verurteilte ihn ein Gericht zu einer Buße von 500 Franken wegen unerlaubter Ausübung des Heilberufs. Und man drohte dem Pfarrer an: »Bei erneuter Zuwiderhandlung gegen das Verbot der Quacksalberei muß der Angeklagte mit einer Strafe von 10 000 Franken und mit der Ausweisung rechnen.«

»Was soll ich denn tun?« rätselte der Pfarrer. »Ich kann die armen, leidgeplagten Menschen doch nicht einfach fortschicken?«

Nun zeigte die Schweiz, in diesem Fall der Kanton Graubünden, seine typische Eigenart. Die Leute fühlten sich bevormundet. »Wir lassen uns kurieren, von wem wir wollen — und von dem, der das kann«, schimpften sie und forderten eine Volksbefragung. Viele Ärzte fürchteten Schlimmes, 150 von ihnen schrieben an den Großen Rat und forderten eine Ablehnung der Initiative, wie man das in der Schweiz nennt. Eine Spezialgenehmigung für den Pfarrer könnte eine Lawine auslösen und Heilpraktikern, Kurpfuschern, Scharlatanen die Tür öffnen, warnten sie.

Doch es kam zur Abstimmung. Die Bündner stimmten mit 12 500 gegen 8 400 Stimmen für ihren Kräuterpfarrer, der daraufhin vor den Behörden eine Prüfung ablegen mußte — und weiterhin heilen durfte.

In der Schweiz gibt es auch heute noch den Gauklerparagraphen, der den Behörden die Möglichkeit einräumt, jeden sofort über die Grenzen abzuschieben, der mit düsteren Prophezeiungen, mit Wunderheilungen und dergleichen Unruhe unters Volk trägt.

Andererseits ist die Schweiz in den letzten Jahren, nicht zuletzt dank der Basler PSI-Tage, zum großen Treffpunkt der Esoteriker geworden. Dort treffen sich alle, die in der »Szene« mitreden möchten. Man kann Seminare besuchen, heilende Steine erwerben und lernen, wie man mit Pendel oder Tarot-Karten umgeht. Der Andrang zu den Basler PSI-Tagen ist mittlerweile so groß, daß man sich rechtzeitig anmelden muß, um überhaupt noch eine Teilnehmerkarte zu bekommen.

Dieser Erfolg ist vor allem dem Physiker Professor Alex Schneider zu verdanken, dessen Frau Ursula Schneider in St. Gallen einen sehr hilfreichen Heilerkreis um sich gesammelt hat. Einige der namhaftesten Heiler treffen sich bei ihr mehr oder weniger regelmäßig, wobei sie mit Fernheilung und Gebet kranken Menschen zu helfen versuchen.

Von Basel aus organisiert der Theateragent und Eigentümer des Züricher Bernhard-Theaters, Einar Grabowsky, regelmäßig esoterische Vortragsreisen. Er lädt alles ein, was Rang und Namen hat, und stellt seine Theater in der ganzen deutschsprachigen Schweiz zur Verfügung. Grabowsky selbst ist überzeugt, daß auch die Zukunft des Theaters in der Öffnung für esoterische Fragen liegt.

Auch solche Veranstaltungen wären wohl noch vor wenigen Jahrzehnten völlig unmöglich gewesen, speziell Ausländer hätte man rasch über die Grenze abgeschoben. Und es hätte auch niemand das Risiko übernommen — finanziell wie gesellschaftlich —, Hellseher, Wunderheiler, Verkünder eines neuen Zeitalters, Interpreten alter Propheten durchs Land zu führen.

Das alles ist möglich geworden, weil sehr angesehene Persönlichkeiten in der Schweiz, wie beispielsweise der Arzt und Psychiater Dr. Hans Naegeli-Osjord in Zürich, der Präsident der Schweizerischen Gesellschaft für Parapsychologie, speziell das Thema Geistheilen diskutabel gemacht haben: Es steht jemand dahinter, der seiner fachlichen Qualifikation wegen Respekt und Achtung verdient.

Dr. Naegeli-Osjord hat als Arzt und Wissenschaftler 1947 den aufsehenerregenden Fall des Holländers Mirin Dajo, alias Arnold Henskers, dokumentiert. Die Ereignisse um den Varietékünstler, der sich einen Degen durch den Körper stoßen ließ und dabei praktisch unverletzt blieb, gehören auch heute zu den erstaunlichsten und — dank Dr. Naegeli-Osjord — am sorgfältigsten überprüften »Wunder«.

Dajo stellte sich am 31. Mai 1947 der Wissenschaft im Züricher Kantonsspital. Unter den Ärzten befand sich auch der Chef der chirurgischen Abteilung, Professor Dr. Werner Brunner.

Mirin Dajo machte seinen Oberkörper frei, sammelte sich einen kurzen Moment, dann nahm ein Begleiter den Degen und stieß ihn vom Rücken her so durch Dajos Körper, daß die Spitze der Waffe gut zwanzig Zentimeter weit vorne aus dem Bauch herausragte. Es floß kein Blut, Dajo wankte nicht, zeigte nicht das kleinste Anzeichen von Schmerz, obwohl der Degen doch lebenswichtige Organe durchdrungen haben mußte.

Die Wissenschaftler lächelten nicht mehr, waren aber noch keineswegs überzeugt. Sie baten den »Zauberkünstler« zu einer Röntgenaufnahme. Mirin Dajo marschierte mit dem Degen in seinem Körper ein Stockwerk höher in die Röntgenstation. Die sofort entwickelten Aufnahmen zeigten eindeutig, daß der Körper Dajos durchbohrt und lebensgefährlich verletzt war.

Und doch war er es nicht. Nach zwanzig Minuten zog man den Degen aus seinem Körper heraus und stellte fest, daß nur kaum sichtbare und schon beinahe verheilte Wunden zurückgeblieben waren. Diese Demonstration wurde kurz später auch in einer Basler Klinik wiederholt, wobei Dajo die Ärzte sogar aufforderte, den Stoß mit der Klinge selbst auszuführen.

Mirin Dajo behauptete seinerzeit, er sei felsenfest davon überzeugt, daß ihm der Degen nichts anhaben könne. Er arbeitete mit Suggestion: »Wo ich bin, da kann der Degen nicht hinkommen!«

Die öffentlichen Demonstrationen sind dem Holländer bald verboten worden, weil seine Zuschauer scharenweise in Ohnmacht fielen und einer von ihnen vor Schreck sogar einen Herzschlag erlitt.

Das ist nun ganz typisch: Die meisten Ärzte und Wissenschaftler, die das miterlebt hatten, gingen trotz eigenen Augenscheins und trotz des Röntgenbilds zur Tagesordnung über. Lieber mißtrauten sie ihren eigenen Sinnen und ihrer Aufmerksamkeit, als daß sie bereit gewesen wären, danach zu fragen, was hier wirklich geschehen ist. Irgendein Trick, so meinten sie, mußte ihnen wohl entgangen sein, denn daß ein Mensch eine solche Verletzung spurlos hinnimmt, das ist einfach unmöglich.

Nur Dr. Naegeli-Osjord begreift die große Chance, miterlebt zu haben, daß das Unerklärliche existiert. Und nur er fühlt sich aufgefordert, den unfaßbaren Möglichkeiten, die sich hier auftun, energisch nachzuspüren. Als er Jahre später auf den Philippinen den medialen Operationen beiwohnt, hat er verständlicherweise eine andere Einstellung zu den Ereignissen, die sich dort abspielen, als andere, die neugierig, aber verständnislos neben ihm stehen.

Dr. Naegeli-Osjord gilt heute als der große Tutor

der Geistheiler in der Schweiz, die unangefochten dominierende Instanz, die sowohl von den Heilern selbst als auch von den Ärzten anerkannt wird. Vorbei sind die Zeiten, da man kleinlich und neidisch den Heilern nachgespürt hat, um festzustellen, ob sie auch wirklich keine Bezahlung für ihre Leistung entgegengenommen haben. Nach wie vor ist es in der Schweiz für jeden, der kein Arzt ist, selbstverständlich verboten, gegen Entgelt zu heilen. Doch die »Hexenjagden« früherer Zeiten sind vorbei.

Seit alters her gibt es in den Bergen — in der Schweiz ebenso wie im benachbarten österreichischen Bregenzer Wald und im deutschen Allgäu — eine starke Glaubensfähigkeit und Offenheit für das Wunder. Zumindest in jedem zweiten Dorf findet man eine natürliche »Begabung«, die zusätzlich zum Arzt geholt wird, wenn Mensch oder Vieh erkranken. Diese Leute gehören ganz selbstverständlich in die Landschaft.

Wie sehr sich die Haltung ihnen gegenüber gewandelt hat, zeigt das Beispiel des Heilers Ernst Tanner aus Urnäsch im Appenzeller Land. Der Heiler, heute weit über 80 Jahre alt, früher Inhaber eines Sanitätsgeschäfts, wurde nebenberuflich zum Laienrichter berufen. Er machte in diesem »Nebenjob« dank seiner paranormalen Fähigkeiten eine geradezu phantastische, ja einmalige Karriere: Er stieg nämlich bis in das Amt des Obergerichtspräsidenten auf, das er neun Jahre lang innehatte. Er — der Laie! der Heiler! — als Chef vieler Juristen! Immerhin entspricht dieses Amt in etwa einem Landesgerichtspräsidenten.

1989 gilt festzuhalten, daß im Hinblick auf die

Geistheilung die Schweiz der Bundesrepublik Deutschland und Österreich weit voraus ist. In der Schweiz wird handfeste, solide Forschungsarbeit betrieben und streng darauf geachtet, daß Auswüchse aller Art unterbleiben.

Der »Magus von Strovolos«

Ein kurzer Ausflug nach Zypern sei an dieser Stelle deshalb erlaubt, weil auch dieser spezielle Fall von einem Wissenschaftler »ausgegraben« wurde. Und würde nicht der Lehrer einer amerikanischen Universität dafür geradestehen, man wäre geneigt, diese Geschichte in das Reich blühender Phantasie und bunter Märchen zu verweisen. Doch der Dozent Dr. Kyriacos C. Markides, selbst auf Zypern geboren, 1970 an der Wayne State University in den USA zum Doktor der Soziologie promoviert, lehrt seit 1972 an der University of Maine in Orono, ganz im Nordosten der USA. Während ausgedehnter Ferienaufenthalte »studierte« er den auf Zypern bereits legendären Spyrus Sathi, den er gewöhnlich Daskalos nennt.

Der geradezu unheimliche Mann war 1954 angeblich auch schon von Harry Edwards besucht worden. Und der umstrittene Erzbischof Makarios, einst Kirchenfürst und Herrscher über die Insel, soll sehr auf ihn gehört und ihn immer wieder vor Angriffen seiner Kirche geschützt haben.

Dr. Markides versucht nachzuweisen, daß der »Magus von Strovolos« nicht nur über die Elemente gebietet — wenn er will, legt sich ein Meeressturm augenblicklich! —, sondern weit darüber hinaus auch Stoffe zu dematerialisieren und danach neu zu materialisieren vermag.

Markides berichtet von einem Heilungsfall, bei dem er selbst zugegen war: Eine Frau, etwa 50 Jahre alt, seit Jahren mit einer völlig ruinierten Wirbelsäule bettlägerig, bat ihn, er möchte doch bei Daskalos ein gutes Wort für sie einlegen, damit er sie besucht und heilt. Der Magus ließ sich zu der Frau bringen, die ihm erzählte, ihre Wirbel glitten ständig aus der richtigen Position. Die Ärzte hätten schon alles versucht, ohne helfen zu können. Sie sei deswegen sogar schon in Israel gewesen, wo man ihr die Wirbelsäule buchstäblich verdreht habe. Doch damit sei alles nur noch schlimmer geworden. Ein berühmter Arzt habe ihr dann den Rat gegeben, sie solle lernen, mit ihren Schmerzen zu leben, da ihr Fall unheilbar sei.

Daskalos bat zwei Frauen, die zugegen waren, die Patientin sorgfältig auf den Bauch zu drehen und ihren Rücken freizumachen. Dann begann er sanft über die Wirbelsäule zu streichen und sie zu massieren.

»Es ist ernst«, sagte er dann. »Ihre ganze Wirbelsäule ist durcheinander. Die Wirbel stehen falsch und sind in ihrer Substanz auch schon reichlich porös.«

Er behandelte die Frau weiter und bat dann die

Umstehenden, sich davon zu überzeugen, daß die ganze Wirbelsäule weich wie eine Knetmasse geworden war.

»Nun werde ich die Knochen an die richtige Stelle setzen und sie wieder verfestigen. Ich habe die Kristallstrukturen schon dematerialisiert.«

Nach 25 Minuten war die Behandlung beendet. Die Kranke drehte sich um — und stand auf. Daskalos bat sie, mit den Händen die Fußspitzen zu berühren — sie versuchte es, und es gelang.

»Er hat mir eine ganz neue Wirbelsäule gemacht«, jubelte die Geheilte, und der »Magus von Strovolos« nickte bestätigend, als wäre das die größte Selbstverständlichkeit der Welt.

Meistens heilt Daskalos aber, so berichtet Dr. Markides, indem er kranke Menschen von den sogenannten »Elementalen« befreit.

Was das ist, erklärt er so: »Elementale haben ihr eigenes Leben, wie jedes andere Lebewesen; sie können eine Existenz unabhängig von ihrem Erzeuger, also dem, der sie ausgesandt hat, besitzen. Jeder Gedanke und jedes Gefühl, das jemand ausstrahlt, ist ein Elemental. Jeder Mensch schickt durch seine Gedanken Schwingungen aus. Die Weise, wie ein Mensch schwingt, bestimmt Typ und Qualität des Elementals, das er damit erschafft. Schwingt ein Mensch in erster Linie durch Gefühle, dann steht er unter dem Einfluß von Emotionen und Wünschen; das Denken spielt nur eine untergeordnete Rolle. So werden Elementale von Wunschgedanken erschaffen. Wenn ein Mensch unter dem Einfluß des Denkens steht, erschafft er Elementale aus noetischer (geistiger) Substanz und wird die Kraft der bildlichen Vorstellungen zu

286

meistern lernen. Ein Wahrheitsforscher sollte sich darin üben, mächtige, aber gutartige Elementale zu erzeugen, die aus starken Gedanken aufgebaut sind, wobei Wünsche, Begierden und Gefühle einen untergeordneten Rang einnehmen. Solche Elementale von Gedankenwünschen leben länger, sind stärker und neigen dazu, die Aufgabe, für die sie erzeugt wurden, viel rascher zu erfüllen.

Elementale von Wunschgedanken sind charakteristisch für gewöhnliche Menschen, die nicht viel von dem Wesen von Denken und Wünschen verstehen. Infolgedessen fallen sie häufig gerade jenen Elementalen zum Opfer, die sie selbst erzeugt haben. Es ist ein Naturgesetz, daß Elementale, die geschaffen und ausgesandt wurden, eines Tages zum Unterbewußtsein ihres Erzeugers zurückkehren müssen. Dann steigen sie vom Grund seiner Erinnerungen an den Oberspiegel des Bewußtseins auf, um neue Energie zu erhalten, und ziehen sich wieder zurück. Der gleiche Kreislauf wiederholt sich so lange, bis es solchen Elementalen gelungen ist, im Bereich des Unterbewußten des Menschen auf größere Dauer zu bleiben. Dann nehmen sie Energie vom ätherischen Doppel des Menschen auf und verlängern ihr Leben auf diese Weise. So bilden sich Gewohnheiten, Süchte und Besessenheiten wie Rauchen, Spielen und Trinken.«

Das hieße also ganz einfach ausgedrückt: Jeder Gedanke, jeder Wunsch, jede Herzensregung nimmt leibhaftige Gestalt an und beginnt damit ein selbständiges Leben. Wenn wir einen Menschen lieben, dann schicken wir ihm damit lauter kleine liebenswerte Lebewesen, die sich an seine Aura setzen und ihn glücklich machen. Wenn ich einen Mitmenschen hasse, dann schicke ich ihm kleine Teufel — ebenfalls selbständige kleine Lebewesen, die sich an meinen Feind anklammern und ihn quälen. Doch irgendwann werden diese Teufelchen zu mir zurückkehren und mich selbst quälen.

Das Heilen des »Magus von Strovolos« besteht nun darin, die Elementale vom Kranken zu lösen und mitzuhelfen, daß sie sich auflösen. Das kann aber, so Daskalos, erst geschehen, wenn sie die Aufgabe, zu der sie geschaffen wurden, gelöst haben. Ein Elementale darf man weder bekämpfen noch fürchten. Man löst es am schnellsten auf, indem man es nicht beachtet, sondern mit Gleichgültigkeit behandelt. Eine ganz gewiß abenteuerliche, aber nicht uninteressante Darstellung der Krankheit und ihrer Heilungsmöglichkeiten.

Der »Magus von Strovolos« glaubt übrigens, all sein Wissen und Können durch seinen geistigen Helfer, den Apostel Johannes, bekommen zu haben.

Unheimliches Italien

Wohl nirgendwo sonst begegnet man Ende der 80er Jahren so viel Magischem, Spiritistischem, mit Zauber und Hexerei Verbundenem wie in Italien. Und immer ist dieses Treiben mit einer religiösen Färbung verbunden, auch wenn diese nur in dem harten Gegensatz zur Kirche und in dem Versuch besteht, ihr bewußt zuwiderzuhandeln. Italien ist nicht nur wundergläubig, sondern weithin wundersüchtig. So findet sich immer wieder eine weinende Madonna, die sich dann bald als simpler Trick entlarvt. Seltsamerweise hat es in diesem Land, der Heimat des Glaubens und der ganz besonderen Madonnenverehrung, wie der Italiener meint, bisher keine Marienerscheinung gegeben, die von der Kirche anerkannt worden wäre. Die Franzosen haben ihr Lourdes und La Salette, die Portugiesen ihr Fatima, die Spanier ihr Garabandal, sogar die kommunistischen Jugoslawen ihr Medjugorje. Italien aber kann nur in der Geschichte zurückgehen und alte Heilige »ausgraben«. Heute scheint sich dort nichts Weltbewegendes zu ereignen.

Vielleicht ist das ein ganz wichtiger Grund für die merkwürdigen Praktiken und das so stark mit Mystizismen beladene Treiben. Gewiß, England hat laut Statistik die meisten und am besten organisierten Hexen. Doch verglichen mit den Frauen, die sich in Italien magischen und okkulten Praktiken hingeben, scheinen die englischen

Hexen harmlos zu sein. Sie versuchen allenfalls, etwas Großes und Wesentliches, das im Laufe der Jahrtausende verlorengegangen ist, eine Weisheit der Frau und eine Verwurzelung des Weiblichen, wiederzufinden. Ihr Vorbild sind die keltischen Druiden, die wenigstens zwanzig Jahre lang lernen mußten, ehe sie ihr Amt ausüben durften.

In Italien ist entweder Gott oder der Teufel, ein Engel oder ein böser Dämon im Spiel, wobei sich viele offensichtlich lieber an Dämonen als an Engel wenden. Das Verbotene übt einen eigenartigen Reiz aus. Außerdem weiß man sich selbst nicht eben heilig, sondern eher sündhaft. Also wird der Engel wohl auch nicht zur Hilfe bereit sein.

Es kommt aber noch ein Punkt hinzu. In Zusammenarbeit mit einem Dämon hat man weit mehr Spielraum: Man kann nicht nur Gutes bewirken, sondern auch Böses. Gerade darin aber — ein Engel würde das niemals mitmachen — kann man Macht entfalten und die Kunden, die kommen, an sich binden.

Nirgendwo sonst, das kann man auch feststellen, tut sich heute der seriöse Geistheiler so schwer wie in Italien. Wie sollte er sich deutlich erkennbar von den Schwarzmagiern unterscheiden?

Hier stellt sich eine zentrale Frage des Geistheilens: Wenn Haß und Neid und Eifersucht und dergleichen negativer Regungen mehr nicht nur zu Energieballungen, sondern — wie der »Magus von Strovolos« meint — zu richtigen bösartigen Lebewesen werden können: muß ich mich dann nicht massiv dagegen zur Wehr setzen — am besten, in-

dem ich den »vernichte«, der mir das Unglück zu-
schicken will?

Es ist die uralte biblische Auseinandersetzung:
Auge um Auge, Zahn um Zahn — oder: Halte ihm
auch die rechte Wange hin! Während wir Menschen angesichts der sterbenden Umwelt zu der
Einsicht gezwungen wurden, daß das Leben von
Millionen von Arten so eng ineinander verfloch-
ten und voneinander abhängig ist, daß man in dieses Kräftespiel nicht eingreifen, auch nicht das
winzigste Stückchen »ausrotten« darf, ohne das
Ganze zu gefährden, so verfährt die Medizin mit
dem »Ökosystem« unseres Körpers noch immer,
als würden die ökologischen Gesetze zwar drau-
ßen, aber nicht drinnen gelten.

Heilen heißt weithin vernichten! Man vernichtet
Bakterien und Viren. Man zerschneidet, zer-
strahlt, »vergiftet« Krebstumoren. Die ganze moderne Medizin, so könnte man sagen, ist vom haß-
erfüllten Zerstörungstrieb erfüllt.

Dieser Weg kann niemals zur Gesundheit, sondern nur zu neuer Feindschaft führen, zu neuer
Unordnung, zu einer Krankheit, die noch schlimmer ist, als es die ursprüngliche war.

Hier ist genau der Kernpunkt aller Heilung angesprochen und das Erkennungszeichen des wahren
Heilers gegeben: Überall, wo auch nur der kleinste Ansatzpunkt von Haß oder Feindseligkeit,
von »Gegenzauber« oder »Zurückwerfen der
Krankheit auf ihren Verursacher« gegeben ist,
überall dort kann es keine wahre Heilung geben.
Wer die »Elementalen« zurückschleudern will auf
den, der sie ausgeschickt hat, der schickt naturgemäß neue negative Kräfte aus, die über kurz

oder lang auf ihn zurückfallen müssen. Wer Haß und Feindseligkeit aussät, wird Haß und Feindseligkeit ernten.

Wahre Geistheiler bringen ihren Patienten heute genau aus diesem Grund bei, weder gegen Krankheiten noch gegen Krankheitserreger Gefühle der Feindseligkeit, der Angst und des Abscheus zu entwickeln. Man braucht seinen Krebs nicht gerade zu lieben, so würde man ihn eher »aufbauen« — mit negativen Gefühlen jedoch belastet man die eigene Gesundheit nur um so mehr und verschlimmert man das Leiden. Wahrscheinlich erleben wir die große Heilwende erst dann, wenn wir diese Tatsache begriffen haben.

In Italien jedenfalls sind auch unter erfahrenen Heilern noch Ideen von »Abwehrzauber« anzutreffen. Vielleicht braucht der Südländer stärker als andere das Zeremoniell, so daß vieles, was man dort erlebt, gar keinen Zauber im eigentlichen Sinn darstellt, sondern nur eine notwendige »Show«?

Wie auch immer: Der Eindruck, der Heiler versuche den Teufel mit Beelzebub auszutreiben, läßt sich in Italien nicht immer vermeiden. Es ist sicherlich auch kein Zufall, daß sich der berühmteste und berüchtigtste Okkultist unseres Jahrhunderts, der Engländer Aleister Crowley (1875—1947), seinen Teufelsorden auf Sizilien gründete. Crowley hielt sich selbst für das in der Apokalypse angekündigte Tier mit der Zahl »666«. Schon seine Mutter hatte ihn nur als Bestie bezeichnet. Sein Gesetz lautete: »Tue, was du willst!« Er verband hohes magisches Können mit Teufelskult und »heiligen Orgien«.

Dieser Mann, das glaubt man zu spüren, spukt noch in den Köpfen vieler Italiener, die sich für Heiler halten oder die ihre Fähigkeiten als Heiler noch vervollkommnen möchten. Das Aufsuchen bestimmter »Kraftplätze«, nächtliches Verharren auf uralten Etrusker-Grabfeldern, das Verbrennen von Wachspuppen und dergleichen mehr hat ganz sicher nichts mit Geistheilen zu tun.

Die Geistheiler im Sinne eines Harry Edwards dürften in Italien recht selten sein, und die wenigen haben es doppelt schwer, weil sie auf der einen Seite hart von der Kirche attackiert werden, sich auf der anderen Seite gegenüber den »Magiern« zur Wehr setzen müssen, die sich natürlich nicht scheuen, die unliebsame Konkurrenz mit allen Möglichkeiten auszuschalten.

Holistic Healing in den USA

In den Vereinigten Staaten von Amerika — fast möchte man sagen, auf dem ganzen amerikanischen Kontinent — ist die Geistheilung mehr und mehr eingeflossen in ein gesundheitliches Gesamtkonzept, das mit dem Begriff »holistic« bezeichnet wird. Überall sind Zentren entstanden, in denen man sich »ganzheitlich« behandeln lassen kann, etwa im Urlaub oder an Wochenenden. In diesen Zentren arbeiten Ärzte neben Psychologen, Experten für Heilkräuter, Ernährungsspezialisten und Schamanen neben Geistheilern. Krankheit wird nicht nur als körperliches Versagen, sondern auch als Gesamtproblem des Menschen, seines Körpers, seiner Seele, seines Geistes begriffen.

Wer neu in einem solchen Zentrum ankommt, etwa im »Center for Holistic Health« in San Diego, Kalifornien (dort ist auch der Sitz der Gesellschaft für holistische Gesundheit »Association for Holistic Health«), findet zunächst Gelegenheit, sich mit dem gesamten Kollegium der um Heilung Bemühten zu unterhalten. Er kann seine Probleme darlegen und wird dann darüber aufgeklärt, welche Möglichkeiten der Heilung sich in seinem speziellen Fall anbieten. Vielleicht sagt man ihm, er müsse sich in ein Krankenhaus begeben und dort operieren lassen, weil die Krankheit keinen Aufschub dulde. In diesem Fall wird dem Patienten freigestellt, sich nach der Operation wieder einzufinden, damit er dann die nötige »Umstimmung« erfährt, die ihn in Zukunft vor ähnlichen Erkrankungen bewahrt.

Man rät ihm vielleicht zur psychotherapeutischen Behandlung oder schickt ihn zum Ernährungsexperten. Oder man verweist ihn an den Geistheiler, der ihm die Hände auflegt, zugleich aber auch versucht, die Ursachen des Leidens aufzudecken und den Patienten zu einer wesentlichen Lebensänderung zu führen.

In den USA spricht man »vom Weg zu Gesundheit und Glück« und nennt die holistische Therapie eine neue Hinwendung zu lebenslangem Wohlbefinden. Das ist fast sensationell und höchst sympathisch: Der Geistheiler versteht sich nicht mehr als die letzte und höchste Instanz der Heilkunst, hoch über allen anderen thronend, im Grunde der einzige, der wirklich heilen kann, während Heilpraktiker und Ärzte sich in den Niederungen vergeblich um die Gesundheit bemühen, sondern er reiht sich ein in die Gruppe der Spezialisten, die gleichberechtigt neben ihm wirken. Er versucht nicht, den Chirurgen, den Augenarzt, den Psychotherapeuten zu ersetzen, er ist nicht einmal der einzige, der den Kontakt zu hilfreichen Geistern herzustellen vermag. Denn neben ihm sitzen ja der Schamane, der sich darauf noch viel besser versteht, und der Glaubensheiler, der zu Gott und seinen Heiligen betet.

Und er ist auch nicht der einzige Geistheiler. Das ist für Amerika ganz typisch und weltweit vorbildlich: Geistheiler wirken fast ausschließlich im Teamwork. Sie helfen sich gegenseitig, korrigieren sich gegenseitig, treten im Zusammenschluß gemeinsam auf, weil sie der Meinung sind, daß sich die Heilenergien in der Gemeinschaft deutlich verstärken lassen.

Interessanterweise findet man solche Gruppen — ob sie nun einer mehr esoterischen Ausrichtung angehören oder ob sie sich aus Glaubensheilern zusammensetzen — überwiegend an der Westküste, vor allem in Kalifornien, abgesehen von Zentren in Boston und in New York.

Eigentlich ist das Geistheilen in den meisten Staaten der USA nach wie vor verboten. Nicht verboten aber ist das Heilen innerhalb der Kirchen. Die Religionsfreiheit gilt in den USA als unantastbar, weshalb sich der eine oder andere in diesen Freiraum flüchtet und einen religiös gefärbten Mantel umhängt. Was Wissenschaftler und Ärzte betrifft, so halten sie sich der Geistheilung gegenüber Ende der 80er Jahre stark zurück: Es gibt weder massive Angriffe noch Versuche der Annäherung.

Gewiß, auch in den USA hat man Versuche gemacht, Geistheiler an das Krankenbett zu holen. Doch im Gegensatz zu den Briten holten die Amerikaner nicht begabte Heiler aus dem eigenen Land, sondern Zauberer, Schamanen, Medizinmänner aus dem afrikanischen Busch. Und bei diesen Experimenten ging es auch nicht darum, irgendeine bisher unerkannte Heilenergie zu entdecken, sondern zu überprüfen, ob bestimmte, vielleicht ursprüngliche Rituale der Naturvölker eine besonders wirksame Form der Suggestion darstellen. Von Begriffen wie Bioenergie, Bioplasma und dergleichen hält man in den USA nicht viel. Die meisten Wissenschaftler und Ärzte dürften sie noch nie gehört haben.

Die heilende Kraft der Imagination

1985 hat in den USA das Buch einer Ärztin, der Forschungsdirektorin für Rehabilitationswissenschaft, großes Aufsehen erregt: Frau Dr. Jeanne Achterberg versuchte, die Geistheilung auf eine relativ einfache Formel zu bringen und damit die Grundlagen und die Methoden für eine neue Medizin zu erarbeiten, »in der die lebensfeindliche Trennung von Körper und Geist aufgehoben ist«.

Eine der Hauptursachen für Krankheit und Gesundheit und zugleich das älteste und wichtigste Hilfsmittel im Heilungsprozeß, sagt Jeanne Achterberg, ist das Vorstellungsbild, das heißt: Lange bevor der Mensch zu sprechen begann, kommunizierte er mit Hilfe seiner Imaginationskraft. Diese bildhaften Vorstellungen schickte er als Mitteilung nicht nur nach außen zu seinen Artgenossen, sondern sie waren für ihn auch die Verständigungsmöglichkeit mit seinem Körper. Lange bevor der Mensch sich als Einzelperson verstand, wußte er sich über die Vorstellungskraft mit Gleichartigen verbunden. Und so ist es heute noch: Wenn unser Geist und unsere Seele dem Körper etwas sagen wollen, dann tun sie das nicht mit Worten, sondern mit inneren Bildern.

Wenn vor unserem geistigen Auge ein sehr lieber Mensch auftaucht oder wenn wir gar an seinen Duft erinnert werden, dann löst das nicht nur warme Gefühle aus, sondern es kommt zugleich auch zu biochemischen Vorgängen.

Wenn wir uns vorstellen, wir nähmen an einem Marathonlauf teil, finden sich automatisch Veränderungen in unserer Muskulatur: Der Blutdruck erhöht sich, das Wellenmuster im Gehirn verändert sich, und selbst die Schweißdrüsen werden aktiviert.

Das alles geschieht einzig aufgrund einer visuellen Vorstellung.

Kein Zweifel: Die Sprache des Traums ist nach wie vor das symbolhafte Bild. Sind Bilder tatsächlich so etwas wie die Ursprache der Welt, die nicht nur Menschen untereinander, sondern auch Tiere, vielleicht sogar Pflanzen verstehen?

Wenn das so ist — und es kann heute kaum mehr einen Zweifel daran geben, daß es so ist —, dann dürfen wir nicht länger versuchen, unserem Körper Befehle zu erteilen: »Du mußt gesund werden!«

Wir müssen auch einsehen, daß mit mächtigen Willensanstrengungen so gut wie nichts zu erreichen ist: »Ich will gesund werden!«

Der Körper, die Organe, die Zellen verstehen nur die Sprache der lebhaften, möglichst klaren Bilder: Die Vorstellung der Gesundheit! Das bildhafte Glück!

Wenn wir krank geworden sind, dann hat unser Körper falsche Bilder bekommen, nämlich die des Leids, des Unglücks, der Krankheit.

Wenn wir also gesund werden wollen, dann müssen wir unsere innere Bildersammlung »ausmisten«, alles aus uns hinauswerfen, was trübe, negativ, herabdrückend, krankmachend sein könnte.

298

Gleichzeitig gilt es, als Medium der Mitteilung für unseren Körper eine neue Bildersammlung anzulegen: Bilder voller Freude, voll kraftstrotzender Gesundheit, voller Optimismus, voller Sonne.

»Das Erzeugen von visuellen, symbolhaften inneren Bildern mittels unserer Vorstellungskraft — das ist ein Vorgang, der in der Medizin immer schon eine Schlüsselrolle gespielt hat. Gemeint ist jener gedankliche Vorgang, der unser gesamtes Sinnensystem umfaßt: Sehen, Hören, Riechen, Schmecken, Tasten, Bewegungs- und Orientierungssinn; gemeint ist der Kommunikationsmechanismus zwischen Erkenntnis (Wahrnehmungs- und Empfindungsvermögen), Emotion und körperlicher Veränderung.

Unsere Vorstellungswelt oder die Art der inneren Bilder, die wir mit unserer Einbildungskraft erzeugen, hat eine oberflächliche und zugleich eine tiefgreifende Wirkung auf den Körper. Jene tiefgreifende Wirkung auf den Körper verleiht dem inneren Bild Macht über Leben und Tod und spielt auch bei den weniger dramatischen Aspekten des Lebens eine entscheidende Rolle.

Mentale Übungen, Voodoo-Flüche, Wallfahrten zu religiösen Zentren und medizinischen Heilstätten sowie die Reaktion auf Placebos haben alle eines gemeinsam: sie sind Mittel zu dem Zweck, die Vorstellung, das innere Bild oder die Erwartungshaltung zu verändern, die die Patienten hinsichtlich ihres Gesundheitszustandes haben. Die gewandelten Vorstellungen verursachen tiefgreifende physiologische Veränderungen, eine Tatsache, die vom Glanz moderner Medizin nicht überschattet werden darf. Trotz unserer gewaltigen technologischen Fortschritte werden wir uns immer wieder mit dem Einfluß von Erwartungshaltungen und religiösen Überzeugungen der Menschen auseinandersetzen und die manchmal wundersame Macht der Imagination anerkennen müssen.«

Vor allem die negativen Auswirkungen der Einbildungskraft sind hinlänglich bekannt und heute auch nicht mehr bestritten: Der Medizinmann schüttelt Knochen und spricht einen Fluch aus. Schon beginnt das Herz seines Opfers zu flattern, die Körpertemperatur fällt schlagartig, und es tritt ein schneller Tod ein. »Tod durch Lähmung des parasympathischen Nervensystems« würde es der Physiologe nennen. Jeanne Achterberg sagt: »Das Opfer stirbt an seiner zu regen Phantasie; nicht aus Furcht, sondern aus Hoffnungslosigkeit.«

Ähnliches erleben wir wohl täglich auf unseren Straßen und Autobahnen: Schätzungsweise 80 Prozent der Unfallopfer, die nicht mehr gerettet werden können, sterben nicht an ihren Verletzungen, sondern am Schock! Die Vorstellung des nahenden Todes bringt das Leben zum Stillstand.

Besonders beredt ist das zwingende Beispiel Streß: Wir hören am Telefon die unheildrohende Stimme des Chefs, der uns zu sich ruft. Obwohl wir klug genug sind zu wissen, daß dieses Kommando alles andere, nur keine Lebensgefahr bedeutet, bildet das Vorstellungsbündel Vorgesetzter, Verärgerung, Tadel, Ungnade, Entlassung ein uraltes und so schlimmes Musterbild von Gefahr, daß unser Körper reagiert, als bestünde tatsächlich die höch-

300

ste Gefahr für Leib und Leben: Alle Körperkräfte werden mobilisiert, als gelte es einen Kampf auf Leben und Tod zu bestehen oder sein Heil in wieselflinker Flucht zu suchen. Dabei verändern sich nicht nur Herzschlag, Atemfrequenz, Grundumsatz, werden nicht nur »Betriebsstoffe« wie Zucker und Fette in einer bisher ungeklärten Geschwindigkeit zu den Muskeln geschafft, sondern sogar das Blut wird chemisch so verändert, daß es im Fall einer Verletzung rascher gerinnt und die Gefahr des Verblutens damit verringert.

Dieser ganze, man möchte sagen uralte »Mechanismus« wird sofort gestoppt, wenn ich mir den Chef als liebenswert-tüchtigen Mann vorstelle, der sich nur hinter einer grimmigen Maske verbirgt, damit keiner merkt, wie nett und verletzlich er im Grunde ist.

Wenn, so folgert Jeanne Achterberg, das Negative so schlimme Auswirkung haben kann, daß ein Fluch imstande ist, einen Menschen zu töten, dann muß die Imagination umgekehrt auch als Heilkraft einsetzbar sein.

»Wenn wir die Imagination als überlieferten und überzeugenden Gesundheitsaspekt erneut in den Mittelpunkt rückten, würden wir noch in diesem Jahrzehnt (gemeint sind die 80er Jahre) sensationelle Fortschritte auf dem Gebiet der Medizin einleiten können. Die für diesen Wandel verantwortlichen neuen Kräfte entspringen der Verbindung von Theologie, Psychologie, Medizin und Anthropologie und werden getragen von der Persönlichkeit des Wissenschaftlers und des Schamanen.« Frau Jeanne Achterberg hat bei Schamanen gelernt und ist dabei zur Überzeugung gelangt: »Der

Schamanismus ist die Wissenschaft von der Vorstellungskraft.«

»Das neue Bewußtsein von der Macht der menschlichen Psyche, von der Imagination als dem Wesen des Universums«, sagt Dr. Achterberg, »gewinnt selbst in konservativen akademischen Kreisen an Bedeutung. Die Medizin ist zwar weder Ziel noch Ursache dieser Veränderungen, trotzdem ist sie Nutznießer, denn im Körper offenbart sich, wie nirgendwo sonst, daß Geist und Seele aus illusionärem Stoff sind. In seinem relativen Gesundheitszustand zeigt sich die Harmonie des einzelnen mit dem Kosmos. Der Körper hat keine Geheimnisse, er kennt keine Lügen. Weder vergangene noch gegenwärtige Gedanken lassen den Körper ohne physische Spuren zurück. Die Behandlung dieser komplexen Ideen-, Gefühls- und Seinslandschaft ist das Aufgabengebiet der Medizin, zum Guten oder zum Schlechten, und deswegen werden die neuen Entwicklungen, das neue Verständnis von der Macht der Imagination auf die Medizin ihre direkten Auswirkungen haben.«

Dr. Jeanne Achterberg und Dr. G. Frank Lawlis versuchen seit rund zehn Jahren, Patienten diese Einsichten beizubringen und die Wirkung der Vorstellungsbilder zu erforschen und immer noch effizienter einzusetzen. Sie nennen ihre Technik den »Körper-Geist-Vorstellungstypus«. Besonders überzeugende Erfolge erreichten sie damit bei Patienten mit chronischen Schmerzen, Rheuma, Krebs, Diabetes, schweren orthopädischen Schäden, Verbrennungen, Alkoholismus, Migräne, Hypotonie.

Die beiden Wissenschaftler konnten sogar nachweisen, daß die Vorstellungskraft im Hei-

302

lungsprozeß eine meßbare Größe ist. Sie forderten einige hundert Krebskranke im letzten Stadium auf, sich den Kampf in ihrem Körper zwischen bösartigen Krebszellen und weißen Blutkörperchen vorzustellen. Aufgrund der erhaltenen Schilderungen konnten sie schon nach kurzer Zeit mit hundertprozentiger Sicherheit vorhersagen, wer im Laufe von zwei Monaten sterben würde, und mit dreiundneunzigprozentiger Sicherheit, wer wieder gesund würde. Wenn die Kranken, die sowohl die Größe, die Farbe, das Aussehen der Krebszellen als auch der weißen Blutkörperchen schildern sollten, den Krebs als gefährlich rot, als mächtig, als aggressiv und unausrottbar darstellten, wenn sie ihn als eine Krabbe, eine Ameise oder ein U-Boot zeichneten, standen die Aussichten auf Heilung schlecht. Das war auch dann der Fall, wenn die weißen Blutkörperchen nur als diffuse Schneeflocken oder kleine Wölkchen gesehen wurden. Am schlimmsten waren jene dran, die sich überhaupt kein Bild machen und gar nichts vorstellen konnten.

Nannten die Patienten den Krebs dagegen ein schwaches Tierchen, und zeichneten sie die weißen Blutkörperchen als Tiger, als Haie, als Bären, als Sir Richard von König Artus' Tafelrunde, dann hatten sie beste Aussichten auf Heilung.

Jeanne Achterberg berichtet von 1300 wissenschaftlichen Untersuchungen der jüngsten Zeit, die sich mit dem Einfluß des Geistes auf das Immunsystem des Körpers und dem dazugehörenden neuroendokrinen System befassen. Die Wissenschaftlerin zitiert zwei Forscher, die 400 Fälle sogenannter spontaner Remissionen oder Spontanheilungen bei Krebs gesammelt und untersucht haben.

Als Spontanheilung gilt in der Medizin das unerklärliche Verschwinden einer Krankheit ohne jegliche medizinische Intervention und ohne ersichtlichen Grund. Es gibt solche Heilungen wohl täglich — nicht selten »trotz« einer Behandlung, womit gemeint ist, daß jemand wieder gesund würde, obwohl man ihn eigentlich zu Tode behandelte!

Eine gründliche Durchforstung der gesammelten 400 Fälle ergab nun, daß alle einen einzigen Punkt gemeinsam haben: Durch irgendein Ereignis veränderte sich ihre Haltung und ihre Einstellung zur Krankheit. Einer fand Trost in einem Buch, ein anderer glaubte plötzlich an den Saft »roter Rüben«, ein dritter schloß Frieden mit seinem Gewissen.

Jeanne Achterberg bekennt: »Ich bin überzeugt davon, daß die Erfolgsquote mancher Schulmediziner stark übertrieben wird, bezweifle aber nicht, daß sie eine ganze Reihe von Heilungen zu verzeichnen haben. Offensichtlich kann alles zum Erfolg führen, wenn man nur fest genug daran glaubt.«

Nicht selten finden Patienten den richtigen Weg völlig intuitiv und ohne jede Anleitung. Eine Heiltherapeutin, so erzählt Dr. Achterberg, bekam plötzlich starke Gebärmutterblutungen. Alle ärztlichen Maßnahmen waren vergeblich. Schließlich machte man die junge Frau mit der Notwendigkeit vertraut, die Gebärmutter zu entfernen.

Der Gedanke, schon in so jungen Jahren der Chance auf Mutterschaft beraubt zu sein, war für die Therapeutin unerträglich. Deshalb erbat sie sich einige Tage Bedenkzeit, zog sich zurück — und stellte sich nun vor, ein weißes Licht strahle in ihre Gebärmutter und heile sie. Nach einer Woche war sie völlig gesund. Sie hatte nicht gewußt, daß das weiße Heillicht seit Jahrhunderten in allen Kulturkreisen bekannt ist. Es war ihr einfach so eingefallen.

Und noch ein überaus interessantes Experiment, das den Zusammenhang zwischen Geist, Gedankenkraft und Immunsystem demonstriert:

Dr. Howard Hall, Psychologe der Pennsylvania State University, und seine Kollegen Dr. Santo Longo und Dr. Richard Dixon zeigten zwanzig Freiwilligen zunächst Aufnahmen von Lymphfunktionen, dann wurden sie in Hypnose versetzt. In der Hypnose nun wurden sie aufgefordert, ihre Blutkörperchen anzuschauen und sich vorzustellen, wie sie sich vermehrten, als kräftige Haifische herumschwammen und geschwächte Krankheitserreger vernichteten. Man sagte den Hypnotisierten, die Haie würden ihre Säuberungsarbeit auch über die Hypnose hinaus fortsetzen.

Um zu kontrollieren, ob sich im Blut der Freiwilligen etwas tut, hatte man ihnen vor dem Experiment Blut abgenommen. Man wiederholte die Blutabnahme nach der Hypnose und noch einmal eine Woche später. Ergebnis: Vor allem bei den jüngeren Testpersonen war die Immunaktivität nach dem Experiment deutlich gesteigert.

*

Das alles ist ungemein faszinierend. Sicherlich gehört das Fachgebiet der Psychoneuro-Immunologie zum Aufregendsten, was die Wissenschaft zu Beginn der 90er Jahre zu bieten hat, liefert sie uns doch täglich neue Beweise dafür, daß körperliche Leiden keine zufälligen Ereignisse sind, sondern letztlich von jedem noch so flüchtigen Gedanken ausgelöst werden können — daß umgekehrt aber auch der rechte, der positive Gedanke, vor allem die richtige Lebenseinstellung, die Umprogrammierung unseres »Computers Heilkraft« auf heilsame Imaginationen die wirksamste, einfachste, billigste Arznei darstellt. Das Wunder wird möglich mit der bildhaften Vorstellung der Gesundheit, weil das die Sprache ist, die der Körper versteht.

Ganz bestimmt wird damit die Geistheilung teilweise erklärt — allerdings nur teilweise, noch nicht ganz.

Dr. Jeanne Achterberg schließt ihr Buch mit den Sätzen:

»Nach der gemeinschaftlichen Anstrengung, die unternommen wurde, um die Imagination im Dienst der Wiederherstellung und Erhaltung der Gesundheit einzusetzen, verschwinden physische Empfindungen und Wortgebilde, die Gehirnwellenmuster gehen vom halbwachen Alpha-Niveau in tiefere Zustände über. Die vorstellungslose, wortlose Leere wird als ein Zustand der Einheit empfunden, der göttlichen Harmonie gleichsam. Das Streben nach Gesundheit erscheint unerheblich angesichts des großen Plans; Magie bleibt Magie; der Geist triumphiert.

Und schließlich sollte die Imagination nicht als

Allheilmittel für alle Schmerzen und Wehweh-
chen der Menschheit betrachtet werden — es sei
denn, wir sind der tiefen Überzeugung, daß es keine Grenzen des Bewußtseins und seiner immanen-
ten Fähigkeit gibt, Dinge und Zustände zu verändern.

Genau um dieses ›Es sei denn!‹ geht es.«

»Transpersonale Verbundenheit«

Dr. Jeanne Achterberg hat in ihrer Forschungsar-
beit speziell die Bedeutung der inneren Bilder als
»Boten« gezeichnet, die unterwegs sind zu Drüsen,
Organen, Systemen unseres Körpers, um ihnen die
Wünsche, Anweisungen, Befehle des Geistes und
der Seele zu überbringen.

Zumindest angedeutet hat die Forscherin eine
zweite Bedeutung — und sie ist für die Geistheilung mindestens gleich bedeutsam: die Imagination als verbindendes Moment zwischen den Menschen. Vielleicht kann man auch hier sagen: Bevor
die Menschen in der Lage waren, sich untereinander mit Worten zu verständigen, besaßen sie die
viel präzisere, direktere, zusammenführende Verständigungsmöglichkeit der Imagination.

Am Anfang war nicht das Wort, wie wir normalerweise annehmen, ein Begriff, der von jedem, der ihn gebraucht oder hört, anders interpretiert werden kann, sondern am Anfang stand das Bild, das Symbol, die Imagination, die keine Interpretation braucht. Und wenn uns auch im Laufe der Geschichte Worte immer mehr auseinandergeführt haben — in der biblischen Geschichte vom Turmbau zu Babel ist das wunderbar beschrieben —, so gibt es doch nach wie vor die verbindende, allen Menschen geläufige Sprache der Imagination.

In der biblischen Geschichte heißt es treffend: »Da stieg der Herr herab, um sich Stadt und Turm anzusehen, die die Menschenkinder bauten. Er sprach: Seht nur, ein Volk sind sie, und eine Sprache haben sie alle. Und das ist erst der Anfang ihres Tuns. Jetzt wird ihnen nichts mehr unerreichbar sein, was sie sich auch vornehmen. Auf, steigen wir hinab und verwirren wir dort ihre Sprache, so daß keiner mehr die Sprache des anderen versteht.« (Genesis 1,11)

Die Situation ist klar: Die Nomaden, des Umherziehens müde, wollten sich an einem sicheren Ort niederlassen. Und sie schufen die ersten kulturellen, technischen Leistungen (Backsteinbrennen, Errichten eines Turms). Gleichzeitig mußten sie sich aber gegeneinander abgrenzen, die Orte in der Stadt untereinander aufteilen, das Eigentum zum Nachbarn hin umzäunen. Es wurden »Sprachregelungen«, Gesetze, Begriffe nötig. Das zersprengte die Einheit der Gemeinschaft und schuf das Individuum.

»Darum nannte man die Stadt Babel, Wirrsal.«

Man könnte so sagen: Wir alle sprechen heute

308

viel zuviel und lassen keinen Raum mehr für das »Gespräch« der verbindenden Bilder und Imaginationen. Ein kleines Beispiel dazu: Als Kind und junger, heranwachsender Mensch habe ich noch den Sonntag mit dem zentralen Ereignis der heiligen Messe im kleinen Dorf im Schwarzwald erlebt. Aus allen Richtungen strömten die Männer, Frauen und Kinder zusammen in das winzige Kirchlein. Und dann knieten sie in den Bänken und beteten den Rosenkranz. Der Pfarrer las vorne seine Messe lateinisch. Keiner verstand, was er betete oder sang, das war auch gar nicht wesentlich. Die einfachen Menschen suchten und brauchten keine Information, die an den Intellekt gerichtet war. Für sie war nicht wichtig, etwas über Jesus Christus zu erfahren, sie suchten vielmehr den direkten Kontakt zu Jesus Christus. Indem sie immer wieder gemeinsam denselben Text wiederholten, den Verstand gewissermaßen einlullten, nahmen ihre Imaginationen Gestalt an, wurden ihre Vorstellungen, ihre Wünsche, ihre Anliegen zu mächtigen Bildern. Einer war in dieser Stunde und in diesem Zustand mit dem anderen auf geradezu magische Weise verbunden, denn diese Imaginationen kennen keine Täuschung, keinen Schwindel, keine Irreführung, keine Doppeldeutigkeit.

Das war ein unschätzbar wertvolles Zusammenklingen, wie man es heute kaum mehr irgendwo vernimmt, ein gemeinsames Verarbeiten und Bewältigen der Sorgen, wie es wirksamer kaum vorstellbar ist. Leider ist das Verständnis dafür geschwunden. Man hält die Leute, die den Rosenkranz beten, für Träumer, Schläfer, unmündige Plapperer.

»Gesundheit bedeutet Einklang«, sagt Dr. Jeanne Achterberg. »Es bedeutet Übereinstimmung mit der Welt. Gesundheit ist die intuitive Erkenntnis, daß das Universum und seine vielen Bewohner aus derselben Materie bestehen — Tiere, Pflanzen, Mineralien, Sterne. Gesundheit heißt in der schamanischen Gesellschaft, alle Schöpfungserfahrungen zu erleben, sie immer wieder zu durchleben und ihr Wesen und ihre unzähligen Bedeutungen zu erfassen.

Gesundheit heißt, über den eigenen beschränkten Bewußtseinszustand hinauszuwachsen, um in das Meer des Universums einzutauchen.«

Geistheiler und Glaubensheiler haben mir immer wieder versichert, daß die Fernheilung nur dann zustande kommt, wenn es gelingt, sich den Patienten, auf den man sich eingestellt hat, möglichst klar vorzustellen, sein Leiden zu sehen, um dann die Vorstellungen der Gesundung voller Mitleid und Liebe zu schicken.

Ist das nicht die Kommunikation in der ursprünglichen, verbindenden Imagination?

Sollten wir durch ein phantastisches Netz alle direkt miteinander verbunden sein, ein Netz bestehend aus inneren Bildern, die allen gemeinsam sind? Handelt es sich bei diesen Bildern, über die wir einander gegenseitig unmittelbar beeinflussen können, um die Archetypen C. G. Jungs?

Gelegentlich sieht man ein älteres Ehepaar scheinbar stumm und wortlos beieinandersitzen. Oberflächlich erweckt es den Eindruck, als seien beide verstummt und hätten einander nichts mehr zu sagen. Doch dieser Eindruck täuscht. Bei genauerem Hinsehen sieht man nämlich, daß ein feines Lächeln auf ihren Zügen ruht, und der alte Mann an ihrer Seite nickt von Zeit zu Zeit, als würde er etwas bestätigen. Ganz sicher, davon bin ich fest überzeugt, sprechen die beiden in der »Ursprache« der Imagination miteinander. Sie brauchen keine Worte, keine gedrechselten Formulierungen. Einer weiß, was der andere denkt, ohne daß dieses »Denken« ausformuliert und in die mißverständliche Sprache übertragen werden müßte.

Wenn Psychologen und Psychotherapeuten heute speziell in der Eheberatung oder in der Elternberatung die Ratsuchenden auffordern: »Sprecht halt miteinander! Ihr müßte zu Hause den Mund aufmachen und dem Partner und den Kindern sagen, was euch bedrückt!«, dann kann dieses Rezept wohl nicht zuletzt deshalb nicht funktionieren, weil das Gespräch auf der falschen Ebene erfolgt und so nur neue Mißverständnisse auslöst.

Richtiger wäre es wohl zu sagen: »Setzt euch heute abend einmal zueinander. Schließt die Augen. Sagt kein Wort. Laßt euere Gedanken ruhig wandern. Sie finden schon dahin, wo sie ankommen sollen. Versucht zu hören! Nach diesem Abend des äußeren Schweigens habt ihr euch vielleicht mehr gesagt als in euerem ganzen gemeinsamen Leben davor.«

Dies scheint mir auch die schönste und wirksamste Möglichkeit zu sein, anderen Menschen zu helfen: Man schickt ihnen Segenswünsche in lebhaften, klaren Bildern. Das ist die unbegrenzte Macht des Segens.

Mit anderen Worten: Zur Selbstheilung muß man das positive, heilsame Bild zu den eigenen Organen und Zellen schicken, Zwiesprache in Bildern und Vorstellungen halten mit dem eigenen Körper. Zur Heilung anderer muß man diesen die gleichen positiven Vorstellungen zukommen lassen. In beiden Fällen — das weiß ich aus eigener Erfahrung — erweisen sich die Hilfsmöglichkeiten als grenzenlos. Man braucht weder »magnetische Kräfte« noch ein besonderes Wissen.

Nach dem Zweiten Weltkrieg, ich war gerade 16 Jahre alt und ging in meiner Vaterstadt auf die Oberrealschule, mußten wir in unser Haus in Offenburg eine französische Offiziersfamilie aufnehmen. Diese Familie Caron hatte zwei kleine Buben im Alter von drei und fünf Jahren, mit denen ich sehr viel spielte. Wir mochten einander.

Eines Tages bekam Alain, der ältere, plötzlich hohes Fieber und begann zu phantasieren. Er bestand darauf, daß ich ständig an seinem Bett saß. Das tat ich dann auch. Zwei Tage später erkrankte der kleine Jacques, noch heftiger als Alain. Im Krankenhaus stellte man spinale Kinderlähmung fest. Die beiden Beine Jacques' waren bereits gelähmt. Auch Alain kam nun sofort ins Krankenhaus.

Für mich stand damals absolut fest, daß die beiden Buben wieder voll gesund würden. Ich machte eine sogenannte Novene, ging also neun Tage lang jeden Morgen in die Frühmesse und betete für die beiden. Nur einfach so, aber voll Vertrauen.

Und das Wunder geschah. Die beiden Buben waren wieder zu Hause, noch ehe ich meine Novene beendet hatte. Und beide wurden völlig gesund. Es blieb nicht die geringste Lähmung oder sonstige Behinderung zurück, was niemand mehr für möglich gehalten hatte.

Damit will ich nun nicht sagen, Alain und Jacques

312

hätten mir und meinem Gebet ihre Gesundheit zu verdanken. Die beiden erfuhren nie, daß ich für sie gebetet hatte. Sicherlich haben das damals auch andere getan.

Mit dieser Geschichte will ich nur andeuten, daß ich selbst das Wunder erfahren habe. Denn 1945 gab es noch kein Impfserum gegen die spinale Kinderlähmung und auch sonst praktisch keine Hilfe. Ein Nachbarsjunge, der uns gegenüber wohnte, starb wenige Tage nach der Rettung der beiden kleinen Franzosen innerhalb weniger Stunden an derselben Krankheit. Für mich, meine Geschwister, meine Eltern hatte es zu keiner Zeit auch nur die geringste Befürchtung gegeben, wir könnten uns angesteckt haben. Ich erinnere mich sehr gut an jene Tage. Es wurden keinerlei Maßnahmen eines besonderen Schutzes getroffen, nicht irgendwelche außergewöhnlichen Hygienevorschriften oder Isolierungen angeordnet. Wir lebten »ganz normal« wie bisher. Noch heute bewundere ich meine Eltern ob ihrer damaligen »Sorglosigkeit« — im besten Sinn des Wortes! Obwohl wir die spinale Kinderlähmung im Haus hatten, sind wir gesund geblieben, so wie die beiden Buben auch wieder gesund geworden sind.

Ich bin überzeugt, daß jene kindliche Haltung, die einfach vertraut, die nichts zu erzwingen versucht, weil das auch gar nicht notwendig ist — daß diese Einfachheit, die keine Angst, keine Bedenken, keine Zurückhaltung kennt, die stärkste Macht auf dieser Erde ist, eine Heilkraft, die alle Grenzen zu sprengen vermag: »Laßt die Kinder zu mir kommen und wehret ihnen nicht. Ihnen gehört das Himmelreich!« (Matthäus 19)

313

Und: »Wer das Reich Gottes nicht so annimmt wie ein Kind, der wird nicht hineinkommen.« (Markus 10)

Es ist sicher kein Zufall, daß viele große Heiler sehr einfache, in sich ruhende Menschen sind, die keinen Streß, keine innere Unruhe, keine Zweifel, keinen falschen Ehrgeiz kennen, Menschen, die innerlich Kinder geblieben sind, offen, klar im Denken und Handeln.

Biofeld — Aura — Plasma

Wenn nun aber gefragt wird, wie man sich das Einwirken von Gedankenbildern, Imaginationen auf den eigenen oder gar einen fremden Körper, speziell auf einen erkrankten Körper, vorstellen könnte, dann scheint mir gerade diese Erklärung relativ einfach und plausibel zu sein:

Ich glaube nicht, daß heute auch nur ein einziger Mediziner noch ernsthaft daran zweifelt, daß nur der Körper selbst sich zu heilen imstande ist und alle Therapien immer nur Hilfen zu dieser Heilung sein können.

Ebensowenig darf man heute noch in Abrede stellen, daß diese Heilkraft in gewisser Weise eine Art Intelligenz besitzt. Wenn unsere T-Lymphozyten imstande sind, zu erkennen, was körperfremd und was körpereigen ist, was gesund und was krank ist, welche Mikroorganismen harmlos oder gar nützlich und welche höchst gefährlich sind, wie Antikörper aussehen müssen, um einen ganz speziellen »Angreifer« zu neutralisieren, kurz, wenn man das große Wunder »Leben« betrachtet, dann mögen sich immer wieder simple biochemische Erklärungen finden lassen. Doch sind diese biochemischen Reaktionen nicht lediglich das Ergebnis einer übergeordneten intelligenten Steuerung?

Auch die Geistheilung ist keine Heilung im eigentlichen Sinn, sondern nur eine Hilfe zur Heilung. Die Heilung selbst kann nur zustande kommen, wenn die Antwort auf das Signal, wie immer es aussehen mag, richtig ist. Das heißt aber: Letztlich hängt die Heilung einzig und allein von der Antwort ab, ob sie nun bewußt und deshalb selbst klar erfahren gegeben wird, oder ob der Heiler in unbewußte Regionen vorzustoßen vermag und von dort die nötige Antwort bekommt. Insofern kann sicherlich auch ein Bewußtloser seine Zustimmung erteilen. Wo die positive Antwort aus irgendeinem Grund verweigert wird, ist dagegen auch der tüchtigste Heiler machtlos. Niemand kann mich gegen meinen Wunsch und Willen heilen, auch nicht mit den besten Mitteln.

Wenn das richtig ist — und es ist richtig —, dann muß die nächste Frage lauten: Wer nun erteilt die Zustimmung zu meiner Heilung? Sicherlich ist es nicht mein bewußter Intellekt, er könnte ja sogar »abgeschaltet« sein, wenn die »Anfrage« an mich gerichtet wird. Er braucht auch nicht darum zu wissen, daß überhaupt angefragt wurde. Die Heilung funktioniert nicht selten trotzdem. Umgekehrt könnte ich laut und deutlich um Heilung bitten und sie innerlich gleichwohl ablehnen. Dann käme die Heilung trotz aller Anstrengungen ebenfalls nicht zustande.

Wer also muß die Antwort geben, die dem Körper den Weg zur richtigen Reaktion freilegt?

Es muß eine Instanz sein, die nicht an Ort und Zeit gebunden, nicht auf meinen Körper beschränkt ist. Sie muß sich in Verbindung setzen können mit dem Heiler, ob er vor mir steht oder sich 10 000 Kilometer entfernt befindet. Eine geistige Instanz, die die Imagination des Heilers aufnehmen und sie zur eigenen machen kann. Heiler und Patient müssen in dieser Instanz miteinander verschmelzen, müssen zusammenschwingen in der heilbringenden Harmonie.

Erst seit Anfang der 70er Jahre wissen wir um die Existenz körpereigener Substanzen, die in einem winzigen Labor des Gehirns produziert werden. Diese sogenannten »Endorphine« ähneln in ihrer chemischen Struktur den Opiaten. Nur weil es an Nervenzellen Rezeptoren für diese Endorphine gibt, können Rauschgifte überhaupt im menschlichen Körper zur Wirkung kommen. Die Endorphine vermögen Schmerzen zu blockieren, aber auch einen rauschhaften Glückszustand auszulösen, je nach Art dieser vielfältigen Substanzen.

Ihre Wirkung können diese Endorphine aber nur zur Entfaltung bringen, wenn sie ausgeschüttet und damit in das Blut gebracht werden. Und dies geschieht nur im Zusammenspiel zwischen sinnlichem Reiz und bewußter, positiver Aufnahme dieses Reizes. Das bedeutet also: Es reicht nicht, daß die Welt mir Schönes, Erfreuliches, Beglückendes, Erhebendes anbietet — ich muß das, was ich sehe, höre, rieche, schmecke und fühle, auch als angenehm aufnehmen. Ich muß es wirklich sehen, hören, riechen, schmecken, fühlen und mich daran erfreuen. Erst in diesem Augenblick schüttet mein Labor meine körpereigenen »Glücksdrogen« ins Blut. Wenn ich also stumpfsinnig durch die Welt gehe oder mich gar über jede Kleinigkeit ärgere und Anstoß nehme, dann mache ich mich selbst unglücklich. Wenn ich mich dagegen auch nur über eine kleine Blume am Wegrand zu freuen vermag, dann stellt sich das Glücksgefühl ein, das höchstes Wohlbefinden bereitet und das auch als Heilkraft wirkt. Es gibt inzwischen Beweise dafür, daß Endorphine das Immunsystem stärken. Man hat auch herausgefunden, daß die Endorphine für die Placebo-Wirkung verantwortlich sind: Der Körper wird ohne jeden Wirkstoff gesund, weil ihm mitgeteilt wurde, jetzt stünde ein wunderbares Mittel zur Verfügung. Er heilt sich selbst, weil Zuversicht und Hoffnung die Barrieren eingerissen haben, die der Heilung bislang im Wege standen.

Ein amerikanisches Ärztemagazin veröffentlichte folgende tragische Geschichte, die aufzeigt, wie mächtig die Vorstellung im menschlichen Körper zu wirken vermag:

In einem US-Krankenhaus sollte das neue Krebs-Wundermittel Krebiozen getestet werden. Als man die Patienten auswählte, die für den Test in Frage kamen, stieß man auf einen Todeskandidaten, dem man nur noch wenige Tage, höchstens einige Wochen einräumte. Er fieberte, war ans Bett gefesselt, rang keuchend nach Luft. Der Ärzteausschuß lehnte ihn ab, doch dieser Mann klammerte sich so verzweifelt an diese letzte Hoffnung und beschwor die Ärzte so nachdrücklich, daß sie ihm schließlich diesen »letzten Wunsch« nicht abschlagen wollten.

Sehr bald stellt sich heraus, daß dieses Mittel wertlos war. Bei keinem Patienten zeigte sich auch nur die geringste Wirkung. Nur der todkranke Mr. Wright erholte sich praktisch von einer Stunde auf die andere. Sein Tumor, so berichtete der Arzt, war gleichsam wie Schnee auf einer heißen Ofenplatte dahingeschmolzen. Wenige Tage nach Beginn der Behandlung war er auf die Hälfte zusammengeschrumpft. »Eine so gründliche und schnelle Rückbildung wäre selbst bei täglicher Intensivbestrahlung unmöglich gewesen, auch nicht bei einem radiosensitiven Tumor. Und sein Tumor war noch nicht einmal mehr für Bestrahlung empfänglich gewesen.« Mr. Wright wurde als praktisch geheilt entlassen. Er verließ das Krankenhaus am Steuer seines Flugzeugs.

Doch dann hörte er in den Nachrichten, daß Krebiozen ein höchst umstrittenes, wahrscheinlich wirkungsloses Medikament sei, das bei allen Tests versagte. Zwei Monate später war er wieder in der Klinik, im selben hoffnungslosen Zustand wie zuvor. Da die Ärzte der Meinung waren, sie könnten sowieso nichts verderben, sagten sie zu dem Patienten, sie würden ihm diesmal die »doppelte Dosis« verabreichen. In Wirklichkeit gaben sie ihm ein Placebo. Wieder wurde Mr. Wright völlig gesund. »Seine zweite Heilung«, so der Ärztebericht, »verlief noch dramatischer als die erste.

318

Erneut schmolz der Tumor nur so dahin. Der Patient konnte ambulant behandelt werden und flog schon bald wieder nach Hause — vor Gesundheit strotzend.«

Wiederum zwei Monate später las er den abschließenden Bericht der American Medical Association über Krebiozen: Landesweite Tests hatten gezeigt, daß dieses Mittel in der Krebsbehandlung wertlos ist! Wenige Tage danach erlag Mr. Wright seinem Krebsleiden.

*

Es ist schon so: Wir sprechen zwar von unwillkürlichen Reaktionen des Körpers, vom autonomen vegetativen Nervensystem, um damit auszudrücken, daß viele Körperfunktionen ohne unser Dazutun selbständig funktionieren. Wenn der Körper mehr Sauerstoff braucht, verstärkt und erhöht sich der Herzschlag, und die Atmung wird automatisch heftiger und rascher, ohne daß wir das bewußt steuern müßten. Mit vielen anderen Funktionen ist es ähnlich. Wenn wir angestrengt denken, schickt der Organismus verstärkt Blut in das Gehirn. Und wenn wir verdauen, zieht er das Blut zu den Verdauungsorganen ab. Glücklicherweise, so muß man sagen, funktioniert das so. Denn wenn wir es steuern müßten, hätten wir keine Überlebenschancen.

Doch diese Autonomie ist sehr begrenzt. Letztlich kann der Körper von sich aus überhaupt nichts steuern, sondern er wird gelenkt und geleitet, gestoppt und in die Irre geführt — durch den alles regelnden Geist, durch unsere innere Einstellung zu uns selbst, zu unseren Mitmenschen, zu unserer

Umwelt. Solange wir keine gesunde Einstellung finden, muß der Körper krank werden.

Wenn wir aber mit uns zufrieden sind, wenn wir in den gegebenen Umständen unser Glück finden, dann kann auch der Körper nahezu unbegrenzt alle Probleme regeln.

Das allein schon müßte eine ungemein beglückende Einsicht sein und zu einem Impuls werden, der uns gesund erhalten und gesund machen kann: Ich brauche nicht länger irgendeine zufällige Fehlentwicklung in meinem Körper zu befürchten. Ich muß mit meiner geistig-positiven Haltung nur dafür sorgen, daß seine Heilkräfte »freie Bahn« haben, dann wird er mit allem fertig, was auf ihn einstürmt, mit Giften, mit Strahlen, mit Schmutz und mit Entartungen. »Seht, ich habe euch die Vollmacht gegeben, auf Schlangen und Skorpione zu treten und die ganze Macht des Feindes zu überwinden... Nichts wird euch schaden können!« (Lukas 10,19)

Die Lebenskraft nun, die unsere richtige Geisteshaltung auf den Körper überträgt, so sagen die Geistheiler, ist eine Energie, die man sehen, vielleicht sogar fotografieren kann. Es handelt sich nicht um eine Art Elektrizität, denn die Energie, die man im Osten Bioenergie nennt und die so stark gebündelt sein soll, daß sie einen zweiten, feinstofflichen Körper, das Biofeld, bildet, das auch »heil« bleibt, wenn der materielle Körper ein Glied verliert, vermag offensichtlich auch Signale auszusenden, die Abschirmungen für elektrische Signale, Funk und Radiosignale mühelos passiert. Es muß sich also um eine andersartige, bisher unbekannte Energie handeln.

Bei uns im Westen spricht man vom Energiekörper, dessen Ausstrahlungen in der Aura wahrgenommen werden können. Wenn seit Menschengedenken Leute behauptet haben, sie könnten diese Aura sehen, wenn heute Tausende sagen, sie würden die Aura ihrer Mitmenschen wahrnehmen und könnten an Form und Farbe dieser Energiestrahlen Gesundheit und Krankheit ablesen, dann darf man wohl nicht einfach von Betrug oder Täuschung, auch nicht von Selbsttäuschung ausgehen — auch dann nicht, wenn sich diese Energien bislang physikalischen Messungen weitgehend entziehen.

Keith Sherwood könnte mit seiner Vorstellung von den unterschiedlichen Schwingungen und dem Bioplasma, dem vierten Aggregatzustand der Materie, durchaus recht haben. Zumindest verdient dieses Modell eine tiefergehende Überlegung und Überprüfung.

Es sieht wirklich so aus, als müßte die moderne Medizin sich vom veralteten Physikbild des letzten Jahrhunderts verabschieden und das neue Physikbild in der Heilkunst berücksichtigen. Bisher, so könnte man sagen, versucht sie auf der Ebene der niedrigsten Schwingungen zu heilen, in der greifbaren, meßbaren Materie. Wenn es aber stimmt, daß dieser materielle Organismus krank geworden ist, weil er falsche Impulse, falsche Bilder bekam, dann kann ich im günstigsten Fall entstandene Fehler vorübergehend korrigieren, vielleicht sogar vorübergehend den Eindruck der Gesundheit vermitteln. Bleibt aber die falsche Steuerung von »oben«, von Seele und Geist nämlich, weiterhin bestehen, dann kann ich nicht verhindern, daß der »reparierte« Körper in sein altes Leiden — oder gar in ein schlimmeres — zurückfällt. Das ist eigentlich völlig logisch.

Warum sind die Krankheiten Krebs mit so großem Schrecken verbunden und bereiten solche Panik? Weil diese Leiden nach der ursprünglichen Heilung oftmals wieder da sind. Vermutlich ist es falsch anzunehmen, der Arzt habe den Tumor nicht gründlich genug ausgeräumt, so daß er wieder zu wachsen begann — eine Vorstellung, die zu immer noch radikaleren Operationsmethoden geführt hat. Der Hintergrund der erneuten Krankheit ist wohl in den meisten Fällen die Tatsache, daß nur die Folge einer Krankheit, aber nicht ihre Ursache beseitigt wurde. Die Krankheit war nie besiegt, ein neuer Tumor mußte fast notgedrungen heranwachsen.

Der Wert der Homöopathie, um nur ein Gegenbeispiel zu nennen, liegt eben darin, daß sie nicht ganz unten, sondern sehr viel höher ansetzt. Auch darüber muß sich die moderne Medizin aufgrund neuer wissenschaftlicher Einsichten Gedanken machen. Die Gegner der Homöopathie verweisen darauf, daß in den angebotenen Potenzen homöopathischer Mittel meistens nicht einmal ein einziges Molekül des ursprünglichen Wirkstoffs mehr vorhanden ist. Damit haben sie absolut recht. Einen »materiellen« Wirkstoff, der direkt auf den Körper einwirken könnte, gibt es in homöopathischen Mitteln nicht. Sie setzen viel höher an und wenden sich mit einer Information, die im Potenzieren, im Verschütteln von der Trägersubstanz gelöst wurde, direkt an den Geist.

Das ist wahre Heilkunst, Geistheilung!

Wozu dann noch Engel, Geisthelfer, Wesenheiten im Jenseits?

Selbst darin darf man wohl nicht kurzerhand einen Rückfall in mittelalterlichen Aberglauben sehen. Wenn sich selbst russische Forscher heute nicht mehr scheuen — und es handelt sich ja keineswegs nur um ein paar versponnene Außenseiter —, vom Überleben des Biofeldes nach dem Tod zu sprechen, wenn wir davon ausgehen, daß so mächtige Energien wie die seelischen und geistigen Kräfte des Menschen nicht einfach verschwinden können, sondern erhalten bleiben müssen, weil nichts im Kosmos verlorengeht, sich allenfalls umwandelt, wenn wir Abschied nehmen von der wohl veralteten Vorstellung, die Verstorbenen würden aus dieser Welt hinausgenommen in den »Himmel«, der sich außerhalb der Schöpfung befindet, dann ist auch die Vorstellung einer direkten Kommunikationsmöglichkeit mit jenen, die nach wie vor bei uns sind, die wir lediglich nicht mehr wahrnehmen können, weil unsere körperlichen Sinne nicht in die vierte Dimension ihres Daseins vordringen können, keineswegs mehr so abwegig, wie sich das einer rein materialistisch eingestellten Vernunft darstellen möchte.

Die Möglichkeit der Geistheilung — und gerade sie — macht uns deutlich, daß unser Leben nicht beschränkt bleibt auf das, was wir sehen, hören, riechen, schmecken, fühlen und messen können. Das

Wunder der Heilung sprengt die Grenzen, die unsere logische Einsicht uns setzen möchte, und öffnet den Blick in eine weit größere, buntere, mächtigere Welt, in der nichts mehr unmöglich ist und nichts durch unsere Grenzen Materie, Zeit und Raum eingeengt wird.

Ganz sicher brauchen wir uns nicht in spiritistische Sitzungen zu begeben oder mit hochkompliziertem technischem Gerät abplagen, um einen Kontakt mit Verstorbenen — ja auch mit Geistern und Engeln — herzustellen. Ich selbst bin fest davon überzeugt, daß viele Gedanken, die ich denke, auch Einsichten, die sich in diesem Buch wiederfinden, nicht meine eigenen Gedanken sind, sondern Gedanken, die mir zufließen aus anderen Dimensionen, wenn auch nicht aus anderen Welten. Für mich kann es keinen Zweifel daran geben, daß wir Menschen, ob wir uns kennen oder nicht, ob wir uns mögen oder nicht, viel enger miteinander verbunden sind und direkter uns gegenseitig beeinflussen, als wir das wahrhaben möchten. Viele solcher Beeinflussungen gehen weit über ein dumpfes Ahnen oder »Spüren« hinaus. Wir wissen, was in unserem Partner vorgeht, wir brauchen es ihm nicht zu sagen — und können es auch nicht vertuschen, wenn unsere Gefühle für ihn erkaltet sind. Nicht sein Bewußtsein, sondern tiefere Schichten seines Geistes wissen Bescheid.

Warum eigentlich sollten Verstorbene, die nun freier zu leben und zu denken vermögen, die keinen materiellen Grenzen mehr unterworfen sind, aufhören, uns ihre Liebe und Hilfe zufließen zu lassen?

Begriffserklärungen

Astralleib — ein zweiter menschlicher Körper, der nach Vorstellung vieler Heiler als beseelende Kraft im materiellen Körper wohnt, dieselbe Form besitzt, den materiellen Körper verlassen kann und im Tod ihn auf der Astralebene, einer neuen Dimension des Lebens, überlebt.

Ätherleib — häufig nur ein anderer Begriff für Astralleib, in der feineren Unterscheidung aber ein Zwischenglied zwischen astraler und physischer Form, nämlich ein feinstofflicher Körper, der gewissermaßen als Energieträger astraler Kräfte verstanden wird.

Aura — Strahlungsfeld, das nach Meinung vieler Esoteriker beseelte wie unbeseelte Körper umhüllt, also Menschen wie Steine, Tiere wie Pflanzen. Viele Heiler geben an, daß sie dieses Strahlungsfeld sehen und sogar an seiner Leuchtkraft und seinen Farben den Gesundheitszustand bzw. die Krankheit eines Menschen erkennen können. Auch die Bioenergietherapeuten des europäischen Ostens versuchen, dieses Energiefeld mit kosmischen Energien »aufzuladen«, um somit die körpereigenen Heilkräfte wieder zu stärken. Ob der Heiligenschein alter Darstellungen mit der Aura etwas zu tun hat, ist umstritten.

Außersinnliche Wahrnehmung (ASW) — Sammelbegriff für alle Erscheinungen, die mit den »materiellen« Sinnen nicht wahrgenommen werden können. Dazu gehören: Hellsehen, Hellhören, Prophezeien (Präkognition), Psychometrie etc. Sie können im Wachbewußtsein und in Trance gemacht werden.

Automatisches Schreiben — Niederschreiben eines Textes, ohne daß Wille und Absicht und Bewußtsein bei dessen Abfassung beteiligt ist. Die Hand fährt — ähnlich wie beim automatischen Malen oder Zeichnen — wie von Geisterhand geführt über das Papier. Fast immer befindet sich der Schreibende in Trance. Viele gehen davon aus, daß die Hand des Mediums von einem verstorbenen Wesen oder einem jenseitigen Wesen geführt wird.

Bioplasma — Der russische Wissenschaftler V. S. Grischenko hat den Begriff 1966 geprägt. Es ist der Versuch, moderne Physik in die Heilkunst einzuführen, nach der es neben den bekannten Zustandsformen fest, flüssig, gasförmig auch noch das Plasma gibt. Grischenko hält das Bioplasma als universale Lebenskraft für den fünften Zustand.

Chakra — Nach uralter Yogi-Tradition gibt es im menschlichen Körper Energiebahnen mit sieben Zentren, die sozusagen als Auffang- und Vermittlungsstellen für den gesunden Energieausgleich im Körper verantwortlich sind. Chakra heißt Rad. Man darf sich diese »Räder« aber nicht als etwas Physisches, Meßbares vorstellen, sondern diese Zentren sind feinstofflich, vielleicht sogar rein geistig.

Dematerialisation — Heiler, wie viele mediale Operateure auf den Philippinen, lassen krankes Gewebe einfach verschwinden. Dahinter steckt in etwa folgender Erklärungsversuch: Die Materie durch Transformation in eine höhere Schwingung versetzt. Damit entgleitet sie der dreidimensionalen Welt. Das heißt: sie ist noch da, aber von uns nicht mehr wahrnehmbar. Man spricht in solchen Fällen von der Dematerialisation.

Esoterik — Früher bezeichnete man so Geheimlehren, die nur Eingeweihten in bestimmten Gemeinschaften zugänglich waren. Heute werden unter diesem Begriff alle Versuche zusammengefaßt, seelische, übersinnliche Phänomene zu erklären und anzuwenden und den letzten Sinn des Lebens ohne Glaubensvorgaben zu erklären.

Exorzismus — Zeremonie unter Anwendung genau formulierter Texte, mit der ein bevollmächtigter Priester versucht, satanische Mächte und Kräfte des Bösen im Namen Jesu aus einem Menschen auszutreiben. In der katholischen Kirche gibt es auch heute noch vom Bischof ernannte Exorzisten, die diesen Ritus anwenden dürfen.

Geistchirurgie — (auch psychische Chirurgie) wird am häufigsten auf den Philippinen und in Brasilien praktiziert. Ohne Zuhilfenahme von Instrumenten öffnen Geistheiler den Leib des Patienten und entfernen krankhaftes Gewebe. Diese Heilungen sind heftig umstritten.

Imagination — Fähigkeit, sich im Geist ein Bild vorzustellen und es möglichst plastisch zu sehen und festzuhalten. In der Geistheilung gehört die Imagination zu einem besonders wichtigen Heilfaktor: Der Patient muß sich sehr lebhaft vorstellen, wie die Gesundheit in seinem Körper Gestalt annimmt.

Karma — Nach hinduistischer Vorstellung ist alles, was uns in diesem Leben widerfährt — speziell Leid und Krankheit —, die Auswirkung einer selbstfabrizierten Ursache in einem früheren Leben: Ich bin jetzt krank, weil ich eine Schuld auf mich geladen habe — oder auch diese Krankheit zur Bewältigung einer Aufgabe im künftigen Leben brauche. In der Reinkarnations-Therapie wird heute versucht, die Ursache momentaner Leiden in früheren Leben aufzuspüren.

Magie — Versuch, sich die geheimen Kräfte der Natur nutzbar zu machen. Nach alter Tradition wird unterschieden zwischen Weißer Magie, die nur das Gute beabsichtigt, und Schwarzer Magie, die Schaden zufügen möchte. Geistheilen hat nach Auffassung der meisten Heiler nichts mit Magie zu tun.

Medium — Ursprünglich eine Person, die als Mittler zwischen jenseitigen Wesen und Verstorbenen und der realen Welt auftreten kann: Das gerufene Wesen bedient sich der Sprechwerkzeuge des Mediums, da es selbst ja keine besitzt. Meistens spricht das Medium dann in veränderter Sprache und Stimmlage. Heute benutzt man den Begriff auch für Menschen, die über besonders deutliche paranormale Fähigkeiten verfügen.

Out-of-body-Reisen — Immer mehr Menschen behaupten, sie könnten ihren materiellen Körper verlassen und ohne ihn sich auf Reisen begeben. Dabei sollen sie über eine Silberschnur mit dem Körper verbunden bleiben, praktisch schwerelos durch Raum und Zeit schweben können. Solche Fähigkeiten sind zu allen Zeiten von Menschen behauptet worden.

Suggestion — Hervorrufen bestimmter Gedanken, Empfindungen, Verhaltensweisen durch »Überredung«. Dies gelingt besonders gut in der Hypnose. Deshalb werden beispielsweise Suchtkranke in der Hypnose suggestiv beeinflußt.

Telepathie — Kommunikation zwischen zwei Menschen ohne Zuhilfenahme der Sprache und anderer technischer Kommunikationsmittel auf rein geistiger Ebene.

Voodoo — Magische Praktiken, die vor allem in Mittelamerika ausgeübt werden. Mit Tanz, Musik, wilden Rhythmen versucht man, in eine Art Geister-Besessenheit zu geraten, um dann mit deren Hilfe anderen zu helfen oder ihnen zu schaden.

Zungenreden (Glossolallie) — Schon in der Bibel wird berichtet — und gutgeheißen, daß manche Menschen im Gebet in einen Zustand verfallen, in dem sie Unverständliches daherreden. Das ist auch heute noch innerhalb der Charismatischen Bewegung zu beobachten.

Literaturhinweise

Achterberg, Jeanne, *Heilung durch Gedankenkraft*, München 1989

Bieri, Edgardo L., *Spirituelle Medizin*, München 1982

Edwards, Harry, *Geistheilung*, Freiburg 1978
Praxis der Geistheilung, Freiburg 1982

Garfield, L. M/Grant, Jack: *Geisthelfer*, München 1989

Hochenegg, Leonhard/Höhne, Anita: *Die Kunst, nicht krank zu werden*, Genf 1987

Höhne, Anita, *Die neuen Magier der Gesundheit*, München 1984

Holbe, Rainer, *Ein Toter spielt Schach*, München 1988
Magie, Madonnen und Mirakel, München 1987

MacNutt, Francis, *Die Kraft zu heilen*, Metzingen 1982

Markides, Kyriacos, *Der Magus von Strovolos*, München 1988
Heimat im Licht, Die Weisheit des Magus von Strovolos, München 1988

Merges, Stephanie, *Du bist mehr, als du denkst*, München 1988

Naegeli-Osjord, Hans, *Besessenheit und Exorzismus*, Remagen 1983
Die Logurgie in den Philippinen, Remagen 1982

Rejmer, Jerzy, *Energetische Diagnose*, Zürich 1986

Sanford, Agnes, *Heilendes Licht*, Lüdenscheid 1984

Sherwood, Keith, *Die Kunst des spirituellen Heilens*, Freiburg

Stelter, Alfred, *PSI-Heilung*, München 1984

Wimber, John, *Heilung in der Kraft des Geistes* (Power Healing) Hochheim 1986
Vollmächtige Evangelisation (Power Evangelismen), Hochheim 1985

Zweig, Stefan, *Die Heilung durch den Geist*, Frankfurt 1983

Adressen und Kontaktadressen

Harry Edwards
Spiritual Healing
Sanctuary
Burrows Lea, Shere
GB-Guildford
Surrey GU 59 Q6

Dr. phil. Jerzy Rejmer
Grabenstraße 12
CH-6340 Baar
Telefon 042/311093

The Spiritualist Associa-
tion of Great Britain
33 Belgrave Square
GB-London, SW 1X 8QB

François Marrelli
Rue du Chene
F-68100 Mulhouse
Telefon 89661061

Dr. Walter A. Frank
Schloß Vehnd
5485 Sinzig-3 (Löhndorf)
Telefon 02642/6884

Ernst Tanner
CH-9107 Urnäsch
(Appenzeller Land)
Im Moos
Telefon 071/582133

John Wimber
Projektion J
Missionswerk e. V.
Postfach 1380
6203 Hochheim
Telefon 06146/2041

Francis S. MacNutt
O.P., Merton House
USA-St. Louis

Keith Sherwood
Oxford Tolson
61 Hurst Rise Rd.
Cumnor Hill
GB-Oxford OX2Q HE

Stephanie Merges
Südliche Hauptstraße 2
8183 Rottach-Egern
Telefon 08022/24947

Tom Johanson
Spiritualist Association
of Great Britain
33 Belgrave Square
London, SW 1X 8QB

oder:

Informationsstelle Tom
Postfach 1285
CH-8058 Zürich-Flughafen

Claussen-Organisation
Tal-Haus/Rütte
7865 Todtmoos-Rütte

Nicola Cutolo
Bari *Via COLLODIN 31*
Italien
04/080 /221223

Etora Ferien- und Seminar-
zentrum
Playa Roca, Costa Teguise
E-Lanzarote
Kanarische Inseln
Telefon 0034/28816916

oder:

Rütteberg 1
Postfach 7
7801 Sölden bei Freiburg
Telefon 0761/408053

Dr. Leonhard Hochenegg
Eugenstr. 1
A-6060 Hall in Tirol
Telefon: 05223/3306

Anatolij Michailowitsch
Kaschpirowskij
Tschkalowstraße
SU-Kiew

Leah Maggie Garfield
USA-Horton Valley
Oregon

Matthew Manning
Bing St. Edmunds
GB-Suffolk

Register

334

335